国家社会科学基金教育学青年课题
"我国高等教育层次结构集聚实证研究"(项目编号:

U0500254

我国高等教育集聚研究

高文豪 | 著

知识产权出版社

全国百佳图书出版单位

—北 京—

图书在版编目（CIP）数据

我国高等教育集聚研究／高文豪著. —北京：知识产权出版社，2025.1.
ISBN 978-7-5130-9584-6

Ⅰ. G649.2

中国国家版本馆 CIP 数据核字第 2024EY9469 号

内容提要

在建设高等教育强国的时代背景下，为科学促进我国高等教育的集聚发展，本书首先系统梳理了国内外高等教育集聚的现状及案例，其次构建了我国高等教育集聚的动力机制，最后对我国高等教育发展态势进行了初步预判并提出对策建议。

本书适合高等教育领域研究者阅读。

责任编辑：李　婧　　　　　　　　　责任印制：孙婷婷

我国高等教育集聚研究

WOGUO GAODENG JIAOYU JIJU YANJIU

高文豪　著

出版发行：知识产权出版社 有限责任公司	网　　址：http://www.ipph.cn
	http://www.laichushu.com
电　　话：010 - 82004826	
社　　址：北京市海淀区气象路 50 号院	邮　　编：100081
责编电话：010 - 82000860 转 8594	责编邮箱：laichushu@cnipr.com
发行电话：010 - 82000860 转 8101	发行传真：010 - 82000893
印　　刷：北京中献拓方科技发展有限公司	经　　销：新华书店、各大网上书店及相关专业书店
开　　本：720mm×1000mm　1/16	印　　张：20.75
版　　次：2025 年 1 月第 1 版	印　　次：2025 年 1 月第 1 次印刷
字　　数：324 千字	定　　价：108.00 元

ISBN 978-7-5130-9584-6

contents 录

第一章　绪论

第一节　研究缘起与意义

一、研究缘起

1. 中国特色社会主义进入新时代，对高等教育提出新需求是开展本研究的时代背景

习近平总书记在党的二十大报告中指出："改革开放和社会主义现代化建设深入推进，书写了经济快速发展和社会长期稳定两大奇迹新篇章，我国发展具备了更为坚实的物质基础、更为完善的制度保证，实现中华民族伟大复兴进入了不可逆转的历史进程，""今天，我们比历史上任何时期都更接近、更有信心和能力实现中华民族伟大复兴的目标。"❶

新时代呼唤新思想的产生。我们党在进行中国特色社会主义伟大实践探索过程中，在马克思列宁主义、毛泽东思想、邓小平理论、"三个代表"重

---

❶ 习近平.高举中国特色社会主义伟大旗帜 为全面建设社会主义现代化国家而团结奋斗——在中国共产党第二十次全国代表大会上的报告[EB/OL].（2022-10-25）[2024-11-22]. https://www.gov.cn/xinwen/2022-10/25/content_5721685.htm.

要思想、科学发展观指导思想的基础上，经过继承、发展和创新，产生了马克思主义中国化的最新成果来指导实践的发展，即习近平新时代中国特色社会主义思想。习近平新时代中国特色社会主义思想是基于新时代历史性成就积淀的重大理论创新成果，具有非常丰富的理论体系。党的二十大报告概括和阐述的习近平新时代中国特色社会主义思想的世界观和方法论，即"六个坚持"：坚持人民至上、坚持自信自立、坚持守正创新、坚持问题导向、坚持系统观念、坚持胸怀天下。❶"六个坚持"深刻揭示了习近平新时代中国特色社会主义思想的理论品格和鲜明特质，是党在思想理论层面的又一次创新，为加强新时代党的思想理论建设提供了根本遵循，为推动党和国家各项事业高质量发展提供了坚强保证。具体而言，"六个坚持"是对习近平新时代中国特色社会主义思想的世界观和方法论的高度凝练、科学概括；进一步宣示了我们党矢志不渝推进马克思主义中国化时代化的坚定决心；进一步丰富和发展了当代中国马克思主义、21 世纪马克思主义；进一步提供了以中国式现代化全面推进中华民族伟大复兴的科学指引。❷

新时代必然酝生出新的发展任务。当今世界格局正面临百年未有之大变局，在"两个一百年"奋斗目标的历史交汇节点，新时代中国共产党的历史使命，就是实现中华民族伟大复兴的中国梦。经济建设、政治建设、文化建设、社会建设、生态文明建设"五位一体"的战略部署必须紧紧围绕这一中心目标。在经济建设方面，建设现代化经济体系是"新时代"发展的战略目标。随着我国经济发展进入新常态，经济增速从高速增长转向中高速增长的高质量发展阶段，正处在转变发展方式、优化经济结构、转换增长动力的攻关期，建设现代化经济体系是跨越关口的迫切要求和我国发展的战略目标，需要以供给侧结构性改革为主线，推动经济发展质量变革、效率变革、动力变革，

❶　习近平.高举中国特色社会主义伟大旗帜 为全面建设社会主义现代化国家而团结奋斗——在中国共产党第二十次全国代表大会上的报告[EB/OL].（2022-10-25）[2024-11-22].https://www.gov.cn/xinwen/2022-10-25/content_5721685.htm.

❷　王芳.坚持用习近平新时代中国特色社会主义思想的世界观和方法论统领思想理论建设[N].贵州日报,2023-1-18(10).

不断增强我国经济创新力和竞争力。这一经济发展战略目标，以及对增强经济创新力的现实紧迫需求，将无形的要求及压力瞬间转移到教育领域，尤其是直接向社会输送高素质生产力的高等教育领域。因此，新时代实现中华民族伟大复兴的战略目标，对高等教育发展中的质量、规模、结果、效益等提出了更高要求。

从社会个体在新时代的需求来看，新时代中国特色社会主义的矛盾已经悄然发生了转变，由"人民日益增长的物质文化需要和落后的社会生产之间的矛盾"，转变为"人民日益增长的美好生活需要和不平衡不充分发展之间的矛盾"。作为社会有机组成部分的个体，已不仅对物质文化生活提出了更高要求，而且在民主、法治、公平、正义、安全、环境等方面的要求也日益增长。在当今社会，由于高等教育在劳动力市场所释放出的强烈的有效价值认定信号，在促进人的发展，满足美好生活需要的过程中，没有任何一种途径在促进幸福感增长方面比高等教育更加直接、更加有力度。但是，高等教育面临区域发展不平衡、高等教育资源过度集中、结构矛盾比较突出等问题，社会主要矛盾的变化，同样对高等教育提出了更高要求。

2. 国家区域一体化战略的实施，为高等教育集聚研究提出了客观需要

党的十八大以来，以习近平同志为核心的党中央，深入推进区域一体化发展战略，相继在国家战略层面制定和实施了京津冀协同发展、长三角经济一体化、粤港澳大湾区建设、成渝地区双城经济圈建设等诸多区域发展战略，为拓展区域发展空间注入强大助推剂。

2013 年，中原经济区召开了首次市长联席会议。豫、冀、鲁、晋、皖五省 30 个省辖市市长签署了战略合作协议，筹谋打造跨省级行政区域的中西部城市群和经济区，使之成为引领中西部发展的重要增长极。

2015 年中共中央、国务院印发了《京津冀协同发展规划纲要》，在下一阶段，聚焦京津冀协同发展将是国家发展战略决策。目前，"一批高新企业、高校已在'中关村'这个平台上辐射京津冀三地；北大、清华等高校与天津、

河北的合作也越来越密切，仅北大就与天津各企事业单位、高校、科研机构合作项目170余个；与河北各企事业单位、高校、科研机构合作项目160余个"。聚焦京津冀教育一体化进程，为京津冀区域经济一体化发展提供多层次、多类型、多规格的劳动者，成为推动京津冀一体化协同发展的重要组成部分。

2019年5月13日，习近平总书记主持召开中共中央政治局会议，审议《长江三角洲区域一体化发展规划纲要》，标志着长三角一体化国家区域战略演进达到新高度。根据中央的要求，上海应发挥龙头带动作用，苏浙皖要各扬所长，"将长三角建成最具影响力和带动力的强劲活跃增长极"，要紧扣"一体化"和"高质量"两个关键，带动整个长江经济带和华东地区发展，形成高质量发展的区域集群。2020年8月20日，习近平总书记在合肥主持召开扎实推进长三角一体化发展座谈会时进一步作出明确指示，要紧扣"一体化"和"高质量"两个关键词抓好重点工作。长三角区域一体化发展把实现高质量发展作为根本的目标要求，长三角区域不仅要成为推动全国高质量发展的重要动力源，还要成为国家甚至世界高质量发展的一个标杆。而要达此目的，需要在保持增长稳定的同时，着力做好以下两个方面的工作：一是要一体推动经济结构的优化，特别是推动产业结构的优化，形成附加值高、竞争力强的高端高智的产业结构；二是要一体推动经济动能转换，即主要由资源驱动转向创新驱动。长三角一体化战略，致力于探索如何通过区域协调发展，协同推进城市群建设，从而使长三角成为带动我国经济发展和改革开放的龙头，它代表着国家区域战略演进的一个新高度，将引领和推动区域和国家经济社会发展跃上新台阶。

2019年2月18日中共中央、国务院正式印发了《粤港澳大湾区发展规划纲要》，推进粤港澳大湾区建设，是以习近平同志为核心的党中央作出的重大决策部署，是习近平总书记亲自谋划、亲自部署、亲自推动的重大国家战略，是新时代推动形成全面开放新格局的新举措，也是推动"一国两制"事业发展的新实践。新时代粤港澳大湾区建设，面临提升国际竞争力、实现转型发展、创新合作发展体制机制等新机遇，同时必须破解供求结构、经济增长内生动力、生产要素高效便捷流动、生态环境等面临的发展难题。习近平总书记多次就推进粤港澳大湾区建设作出指示，充分发挥市场在资源配置中的决定性作用；在促进双向投资、推动贸易便利化、构建新型合作模式、搭建多元合作平台等方面积极探索；建设好大湾区，关键在创新，"粤港澳大湾区将成为中国湾区经济的实验者，为中国发展带来新契机。"❶

2020年10月16日，中共中央政治局召开会议，审议《成渝地区双城经济圈建设规划纲要》。会议要求，成渝地区应牢固树立"一盘棋"思想和一体化发展理念，健全合作机制，打造区域协作的高水平样板。成渝地区将围绕提升内联外通水平、打造西部经济中心和科技创新中心、优化区域发展布局、打造内陆改革开放高地和高品质生活宜居地等重点任务，进一步突出重庆、成都两个中心城市的协同带动，注重体现区域优势和特色，使成渝地区成为具有全国影响力的重要经济中心、科技创新中心、改革开放新高地、高品质生活宜居地，打造带动全国高质量发展的重要增长极和新的动力源。

中国的城市群划分在"十四五"规划中得到了进一步明确和细化，主要分为三种类型：成熟型城市群、发展型城市群和形成型城市群。成熟型城市群在经济、人口和基础设施等方面表现出色，具备较强的综合实力。主要包括长三角城市群、珠三角城市群、京津冀城市群；发展型城市群正在快速发展，具有较大的潜力和成长空间，主要包括：辽中南城市群、哈长城市群、山东半岛城市群、关中城市群、中原城市群、海峡西岸城市群、长江中游城市群、成渝城市群；形成型城市群尚处于发展初期，面临较多挑战，需要进一步培育和支持，主要包括：北部湾城市群、晋中城市群、呼包鄂榆城市群、兰西城市群、黔中城市群、滇中城市群、宁夏沿黄城市群、天山北坡城市群。城市群是区域

---

❶ 着眼发展大局，共享时代荣光——以习近平同志为核心的党中央关心粤港澳大湾区建设纪实 [EB/OL]. (2019-02-21) [2020-10-10]. http://www.xinhuanet.com/politics/leaders/2019-02/21/c_1124146648.htm.

经济发展格局中最具活力和潜力的核心区域，已成为国家参与全球竞争与分工的主要载体。城市群的高质量有序发展和功能互补，可以形成更强的集聚经济效应和正外部性。❶ 城市群的健康持续发展，形成有序的产业布局、交通布局、生态布局、城镇布局和公共服务布局，需要研究高等教育层次结构下人才培养的问题。

国家区域战略发展，成为进一步调整我国产业结构、优化公共服务、提升基础设施建设水平、缩小地区经济社会发展差距的重要战略性决策，在服务城市群发展及推动区域一体化进程的过程中，需要高等教育提供相应的人才保障及智力支撑，因此高等教育集聚研究对助推国家区域一体化战略的实施，具有现实意义。

3. 实现教育现代化，迈入教育强国行列，推动我国向学习大国、人力资源强国和人才强国的宏伟目标迈进，成为开展本研究的内在驱动

实现教育现代化、迈入教育强国行列，是推动我国从学习大国、人力资源强国向人才强国转变的重要目标，也是中华民族实现伟大复兴的基础工程。2024 年 9 月 9—10 日，全国教育大会在北京召开。习近平总书记在大会上发表重要讲话，明确指出，建成教育强国是以中国式现代化全面推进强国建设、民族复兴伟业的坚实基础和战略支撑。习近平强调，党的十八大以来，教育事业取得了历史性成就、发生了格局性变化，为加快教育现代化和实现教育强国战略目标奠定了坚实基础。习近平总书记特别强调，要坚持以立德树人为根本任务，紧紧围绕"培养德智体美劳全面发展的社会主义建设者和接班人"这一目标，深化教育体制机制改革，强化教育、科技、人才一体化布局，优化高等教育资源配置，加强职业教育体系建设，全面提升我国教育对经济社会发展的服务贡献能力。党的二十大报告强调，教育是国之大计、党之大计，必须将教育放在优先发展的战略位置，指出教育的发展与国家的现代化建设密切相关，是实现中华民族伟大复兴的重要基础，并首次将教育、科技和人才整合为一个

---

❶ 李文静."十四五"时期中国城市群高质量发展的思路与策略[J].学术研究,2021(1):90-91.

部分进行论述，强调三者之间的相互作用和共同支撑作用。为深入贯彻落实党的二十大精神和全国教育大会精神、加快教育现代化建设步伐，制定了《教育强国建设规划纲要（2024—2035 年)》等文件，明确了到 2035 年实现教育强国的目标，对教育现代化、建设教育强国作出部署。教育现代化是一个涉及普及、质量、公平、结构等方面整体水平提升的系统工程，在高等教育教育的发展方面，一个中心工作就是不断优化人才培养结构，提升服务贡献能力。

"双一流"建设更是将提升人才培养水平作为核心工作。统筹推进世界一流大学和一流学科建设，是党中央、国务院面向新时代发展需求作出的战略部署。习近平总书记指出，要坚持立德树人，遵循教育规律，弘扬优良传统，扎根中国大地办大学，努力建设世界一流大学和一流学科。一流大学的重要使命之一，就是为国家和民族培养拔尖创新人才。推进中国特色的世界一流大学建设，最根本的落脚点在于培养中国特色社会主义事业合格建设者和可靠接班人。《统筹推进世界一流大学和一流学科建设总体方案》中，强调"突出人才培养的核心地位，着力培养具有国家使命感和社会责任心，富有创新精神和实践能力的各类创新型、应用型、复合型的优秀人才。2018 年 8 月，教育部、财政部、国家发展改革委联合发布《关于高等学校加快"双一流"建设的指导意见》，明确"双一流"建设的核心是人才培养，一流本科在"双一流"建设中具有基础地位。因此，回归常识、回归本分、回归初心、回归梦想，培养多层次、多类型的一流人才，不断提高人才培养质量，是"双一流"建设的落脚点。优化人才培养的规模和结构、推进高层次人才供给改革，优化不同层次学生的培养结构，适应需求调整培养规模，以培养一流人才作为教学体系、科研体制、人事制度、管理体制等各项改革的根本出发点，在"双一流"建设的语境下，更加具有现实意义。

4. 我国高等教育大众化进程中面临的实际问题，为开展本研究提出了实际的需求

进入 21 世纪之后，我国高等教育大踏步前进，实现了跨越式的发展。随

着高校扩招政策的推行，我国高等教育规模总量现在已经超过美国，居于世界首位。"1996 年，我国本专科的毕业生数量位居世界第一，是 187 万，美国是 171. 23 万人，这是其授予学士学位和准学士学位的人数……到 2002 年，我国高等教育在校生人数已经达到 1462 万，总规模超过了美国。到 2004 年，我国本科毕业生 148 万，超过了美国授予学士学位的人数 140 万人"。❶ 伴随着我国高等教育大众化进程的推进，高等教育的发展已经由增加规模转向更加注重高等教育层次结构，为经济与社会发展提供高素质的、一流的劳动力大军，是高等教育发展及人才培养过程中面临的紧迫任务。我国高等教育面临着如下实际问题。

第一，人才培养的类型、层次与社会发展需要相脱节。社会发展不同阶段对高等教育人才培养的类型与层次方面的需求是不同的，经济社会的良性发展，既需要仰望星空的创造型人才，也需要脚踏实地的技能型操作者，不同劳动者之间虽职责分工不同，却都是社会发展过程中不可替代的。由于我国传统文化及学科本位主义的影响，高等教育层次结构出现了明显的结构性失衡，具体表现为"一方面，学术型人才和工程管理类应用型人才已供大于求；另一方面，技能型、操作型的岗位性人才严重短缺"。❷ 因此，根据区域内部当前的经济发展水平及社会发展所面临的实际情况，研究各个层次结构类型的人才培养和需求问题，是我国高等教育大众化进程中的重要议题。

第二，我国高校长期以来在办学层次方面面临趋同的盲目性问题，多元化不够。高校在办学层次趋同方面的问题，是与人才培养层次结构失衡息息相关、互为因果的一个问题，正是因为我国高校长期均将高水平、研究型作为自己的战略目标，因此在学校发展的战略选择中，"在办学类型上，普通高校都要办成多科性、综合性、研究型的高校；在办学层次上，都要办成本科、硕士、博士阶段教育"。❸ 在这种情境下，学校自身发展的历史及现状、高等教

---

❶ 纪宝成. 中国高等教育结构的战略性转变[J]. 中国高教研究,2005(12):3.

❷ 纪宝成. 中国高等教育结构的战略性转变[J]. 中国高教研究,2005(12):4.

❸ 纪宝成. 我国高等教育大众化进程中的挑战与对策[J]. 高等教育研究,2006,27(7):5.

育发展的内部规律性极容易被忽视，因此，便不同程度地出现高校升格成风，千校一面，高校多样化、差异化发展特征不明显，培养的人才和向社会输送的毕业生无论在原创性创新思维还是在实际操作能力方面，均有不同程度的欠缺，不能很好地满足社会发展的实际需求。

5. 高等教育在地理空间范围内的集聚会产生高等教育的溢出效应，对集聚效应的研究可以进一步发挥高等教育集聚优势，提升高等教育发展质量和水平

高等教育的集聚可以产生集聚溢出效应，在经济学领域，规模经济是指"考虑在既定的（不变的）技术条件下，生产一单位单一的或复合产品的成本，如果在某一区间生产的平均成本递减，那么，就可以说这里有规模经济"。❶ 高等教育在区域空间范围内的集聚具有极强的溢出效应，具体表现在以下方面。

一是在高等教育自身领域，集聚不但促进了高等教育各层次结构比例的优化，增加了各层次之间的互补性，而且极大地便利了增加了高等院校教师、学生及行政管理人员基于专业背景知识、兴趣爱好和业务等方面的交流与合作，在加深和密切彼此联系的过程中促进知识的更新和拓展，同时，也利于开展跨学科的研究。不同的理论基础、研究方法和研究视野交织在一起，有利于信息交换和技术扩散，在思想火花的碰撞中培育创新型研究成果。除此之外，可以探索校际联合培养人才的新模式，共享教学、科研实验室等基础设施，减少不必要的重复性投资，提高高等教育资源利用效率，提升人才培养质量的同时降低人才培养的成本，产生高等教育的规模经济。

二是从经济社会发展角度，可以实现区域经济发展与高等教育发展之间的良性互动，优质高等教育资源集聚产生的科研成果，具有即时转变成经济、社会成果的时间和空间条件，能够促进大学与产业的融合，从而提升区域及城市

---

❶ 许庆，尹荣梁，章辉.规模经济，规模报酬与农业适度规模经营[J].经济研究，2011，3：61.

的经济发展水平。反过来，区域经济的发展必然又会反哺高等教育的发展，在不断的反哺循环过程中实现螺旋式的上升。

本书的选题缘起于中国高等教育发展现阶段的现实需要，以世界高等教育强国的美国为比较研究对象，希望在分析对比中，可以进一步认识到我国与美国现阶段高等教育集聚现状，进一步探究高等教育集聚的影响因素与动力机制，为优化我国高等教育层次结构提出相关政策建议。

二、研究意义

1. 理论意义

本书基于伯顿·克拉克"三角协同关系"理论，构建了我国高等教育集聚的影响机制。该模型由市场因素、资源禀赋、政府及高等教育发展历史四个要素构成：市场因素为高等教育集聚提供直接动力；资源禀赋在高等教育集聚过程中起着基础性的作用；政府在高等教育集聚过程中发挥着导向作用；高等教育发展历史在底层逻辑层面影响着高等教育集聚。依据构建的影响机制框架，对推动我国高等教育集聚提供思路借鉴，并且提出高等教育集聚的第二阶段——高等教育扩散问题。因此，本书构建的高等教育集聚影响机制具有一定的理论创新价值。

2. 现实意义

本书在如下方面具有现实意义。

（1）高等教育集聚问题聚焦于整体上提升我国高等教育发展质量和水平，对当下我国经济社会发展及参与国际竞争具有现实意义。21世纪，人类社会在经历了工业革命、电气革命及信息革命之后，已经进入了"第四次工业革命"阶段，这是一场全新的绿色工业革命，它的实质和特征就是大幅度地提高资源生产率，经济增长与不可再生资源要素全面脱钩，与二氧化碳等温室气体排放脱钩。鉴于大学在教学、科研领域发挥的巨大功能，以及在服务社会方面的不可替代性角色，科学实验手段不断进步、科研探索领域不断开阔的大学，已经成为推动科技进步和经济发展的最重要来源与动力。通过对高等教育层次结构的研究，能够为社会输送进行原始创新的研究型人才，掌握复杂技术的高端技能型人才，以及具有熟练操作技能的技术型人才，这将会为我国迎接"第四次工业革命"的到来，实行"中国制造2025"战略，在世界各国纷纷启动重振制造业强国的竞争中，在国际舞台上时刻保持前行、谋得一席之地。

（2）高等教育集聚研究置于中西比较的研究视野之下，对我国迈入高等教育普及化阶段的发展具有现实的借鉴意义。教育部发布的《2023年全国教育事业发展统计公报》显示，2023年全国共有各种形式的高等教育在学总规模4763.19万人，高等教育毛入学率60.2%。在高等教育规模方面，普通本科招生478.16万人，比上年增加10.23万人，增长2.19%，另有专科起点本科招生91.25万人；在校生2034.69万人，比上年增加69.05万人，增长3.51%；毕业生489.74万人，比上年增加18.18万人，增长3.85%。研究生招生130.17万人，比上年增加5.92万人，增长4.76%；其中，博士生15.33万人，硕士生114.84万人。在学研究生388.29万人，比上年增加22.93万人，增长6.28%；其中，在学博士生61.25万人，在学硕士生327.05万人。毕业研究生101.48万人，其中，毕业博士生8.71万人，毕业硕士生92.76万人。[1] 自2019年我国高等教育毛入学率51.6%，我国高等教育普及化程度不断加快，在普及化阶段，高等教育的入学条件、发展模式、人才培养模式、产学研合作模式等将会发生重大变化。本书将研究视角延伸到国外高等教育发达国家的高等教育集聚，通过案例分析的详细解剖模式，总结发达国家高等教育集聚规律，为我国普及化阶段优化高等教育发展提供借鉴。

（3）在区域经济一体化发展的背景下，如何加快我国高等教育集聚是一个现实问题。随着我国经济发展进入新常态，一方面经济发展速度由高速增长转变为中高速增长，另一方面在经济发展动力更加注重创新驱动。经济发展新

---

[1]　教育部. 2023年全国教育事业发展统计公报［EB/OL］.（2024-10-24）［2024-11-22］. http://www.moe.gov.cn/jyb_sjzl/sjzl_fztjgb/202410/t20241024_1159002.html.

常态表现在区域经济发展层面，区域经济一体化是其外在表征，京津冀协同发展、长三角经济一体化、长江经济带、粤港澳大湾区等，已经上升为国家战略决策，对促进区域经济发展注入了新活力。高等教育与经济发展二者之间具有紧密的关系，高等教育通过人力资本的中介为经济发展输入源源不断的智力支撑，经济增长又为高等教育的持续发展提供物质基础与市场空间。在二者紧密的关系之下，立足如何进一步推进区域经济一体化战略的实施角度，对高等教育集聚展开研究，具有现实意义。

第二节 研究方法

一、文献研究法

所谓文献研究是指对记载的关于教育科学的情报信息和知识进行有效组织检索的一种方法，通过有效检索可以帮助我们确定研究选题，了解相关选题的研究现状及最新前沿动态，从而达到提高研究工作效率的目的。广泛阅览相关国内外关于高等教育集聚的文献资料是开展本书研究的基础性工作，也是贯穿本书研究全过程的一种主要研究方法。

二、案例研究法

案例研究法最早应用于法学教育，由哈佛大学法学院首创。当时针对法学教育领域中传统的教学法受到全面反对，以及法律文献急剧增长的现实，哈佛大学法学院采取以案例研究溯源法律条文意义的思路，这与美国法律实践中承认判例为法律的国情相符合。由此案例研究得以产生，后来逐步发展到医学和商学教育领域。案例研究中，研究者选择一个或几个场景为对象，系统地收集数据和资料，进行深入研究，探讨某一现象在实际生活环境下的状况，是一种特有的设计逻辑、特定的资料搜集和独特的资料分析方法。案例研究法既可采用实地观察行为获取资料，也可以通过研究文件来获取资料。与其他研究方法相比较，案例研究具有独特的优势，能够对案例进行细致的描述和系统的理解，对动态的相互作用过程与所处的情境脉络加以掌握，可以获得一个较全面与整体的观点。❶ 本书将会采用案例研究的方法，准确地说是采取通过研究文件来获取资料的案例研究方法，对国内外高等教育集聚区域进行集中分析，系统地研究各个区域高等教育集聚的现状和影响机制。

三、比较研究法

教育科学的比较研究，"是对某类教育现象在不同时期、不同地点、不同情况下的不同表现进行比较分析，以揭示教育的普遍规律及其特殊表现，从而得出符合客观实际的结论"❷。研究两个事物的不同表征，探究差异，认识差距进而探究本质的原因与规律方面，比较研究方法是不二之选，用更加学术和充满逻辑美感的表达便是，"知识不能单从经验中得出，而只能从理智的发明同观察到的事实两者的比较中得出"❸。比较研究是本书一个重要的研究方法，本书选取美国、日本等国家高等教育集聚的案例，与我国长三角、成渝地区及粤港澳大湾区的高等教育集聚状况进行对比研究，在比较中总结异同，从而为我国进行高等教育集聚提供启示和借鉴。

四、统计分析法

案例研究虽然可以直接为研究者提供系统的观点，使研究者对研究对象建

---

❶　陆雄文管理学大辞典[M].上海:上海辞书出版社,2013.

❷　裴娣娜.教育研究方法导论[M].合肥:安徽教育出版社,2000:223.

❸　爱因斯坦文集:第三卷[M].北京:商务印书馆,1976,278.转引自裴娣娜.教育研究方法导论[M].合肥:安徽教育出版社,2000:224.

立起比较深入和全面的理解，但是也存在如下问题：一是难以对发现进行归纳，案例研究的归纳不是统计性的而是分析性的，归纳带有一定的随意性和主观性；二是技术上的局限和研究者的偏见，案例研究不是一种标准化的数据分析方法，数据的分析和解释容易受到研究者意见分歧和偏见的影响；三是耗费大量的时间和人力耗费。

为了弥补案例研究的不足，尤其是统计性而非分析性的归纳及非标准化的数据分析方法问题，本书又采用了以数据分析为主的统计分析方法。统计分析属于定量研究中的一种研究方法，主要是通过对事物属性进行数量上的分析，以数值的形式呈现分析结果，而不是根据研究者的认识和经验确定研究对象性质和经验的一种研究方法。本书通过 STATA 这一专业统计分析软件，对影响我国高等教育集聚的要素进行实证分析，在对面板数据分析的基础上，分析影响高等教育集聚的因素，探讨当前存在的问题，梳理高等教育集聚的规律，为我国高等教育集聚优化发展提供依据。

五、理论分析法

理论分析方法与经验分析方法相对，是在感性认识的基础上通过理性思维认识事物的本质及其规律的一种科学分析方法。理论分析属于理论思维的一种形式，是科学分析的一种高级形式。它是在思想上把事物分解为各个组成部分、特征、属性、关系等，再从本质上加以界定和确立，进而通过综合分析把握其规律性。据此，本书基于伯顿·克拉克在高等教育系统的运行机制方面提出的围绕学术权威、政府权力及市场三要素关系的"三角协调模式"理论基础上，对我国高等教育集聚动力机制进行研究，对这一模型的构成要素、特征等方面做了系统分析。

第三节 研究思路与本书结构

本书第一章为绪论，主要明确了开展高等教育集聚研究的背景及意义，在此基础上回顾了国内外相关研究的现状，并明确了开展研究的主要方法。第二章为概念界定与理论基础，清晰的概念界定是开展研究的前提和基础，本章主要对与本研究相关的一系列概念，如集聚、高等教育集聚、高等教育一体化、高等教育层次结构等内涵进行了具体的界定，为本书研究的开展奠定了基础，也为高等教育集聚研究寻找到了理论基础。第三章对新中国成立以来高等教育发展的历史进行梳理，总结高等教育发展经验，分析新时代我国高等教育发展面临的挑战，从历史和现实双重维度，为更好地开展高等教育集聚研究奠定基础。第四章着重对当前高等教育在七大行政区的集聚现状进行研究，在具体量化研究的基础上，对高等教育集聚在空间范围内的变化趋势进行了总结，并着手分析了变化的原因。这是从横向的视角对高等教育集聚问题进行了审视。第五章集中对国内外高等教育集聚的案例进行剖析，采用案例分析的方式，长三角、粤港澳、成渝地区高等教育集聚，以及美国的硅谷、日本的筑波、中东海湾地区高等教育集聚，进行了详细的研究，试图以此进一步加深对高等教育集聚的规律性认识。第六章对我国高等教育集聚进行实证分析，针对上一章节案例研究难以对发现进行归纳的问题，即存在归纳不是统计性的而是分析性的，使归纳带有一定的随意性和主观性的问题。本章采用面板数据，以量化的方式对高等教育集聚的影响因素进行科学解释，总结高等教育集聚的动力机制。本章是从纵向的维度对高等教育集聚进行研究，以严谨的科学数据对之前通过高等教育集聚现状、案例研究总结的因素进行验证。第七章为我国高等教育集聚研究的动力机制，通过定性和定量的综合研究，试图从更为一般规律性的底层逻辑对我国高等教育集聚的动力机制进行总结概括。第八章为政策建议部分，所有有价值的研究都需要对现实的问题进行回应，本书也如此，在该章节，试图根据前述所有的相关研究，对我国高等教育集聚的优化给出政策建议。具体框架如图 1-1 所示。

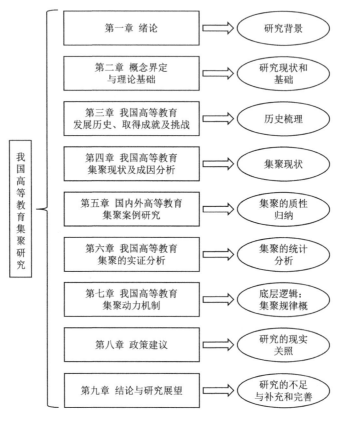

图 1-1　本书研究思路框架

一、研究的创新与不足

（一）创新点

（1）构建了我国高等教育集聚的影响机制。本书为高等教育集聚找到了合适且恰当的理论基础，即结构—功能主义理论及产业集聚的相关理论，结合经济学领域对经济集聚影响因素的充足研究，基于高等教育发展的特殊规律，通过基于伯顿·克拉克的"三角协同关系"理论所带来的启发，构建了我国高等教育集聚影响机制。该机制由市场因素、资源禀赋、政府及高等教育发展历史四要素构成：市场因素为高等教育集聚提供直接动力；资源禀赋在高等教育集聚过程中起着基础性的作用；政府在高等教育集聚过程中发挥着导向作用；高等教育发展历史在底层逻辑层面影响着高等教育集聚。依据构建的影响机制框架，不但能对推动我国高等教育集聚提供思路借鉴，而且还有助于解决谋略提出高等教育集聚的第二阶段——高等教育扩散问题。本书构建的理论具有一定的科学预见性及现实检验性。

（2）在内容层面依托高等教育集聚影响机制，探讨了高等教育集聚的"回波效应"和"扩散效应"。高等教育在某区域的集聚在带来巨大集聚溢出效应的同时，也极有可能会造成高等教育的非均衡发展，加大区域的不平衡，对其他地区高等教育资源形成巨大吸引力。从马克思辩证法的视角，高等教育的集聚也有可能产生"回波效应"。当前，中西部"双一流"高校"集体东扩"，在东部沿海发达地区设立研究院、研究生院、分校等，便是其反应。基于此，本书集聚探讨了高等教育集聚的第二阶段——高等教育集聚的扩散问题，也就是"回波效应"的反向作用导致的"扩散效应"，并且以京津冀高等教育协同发展的背景下，北京高等教育资源的疏解为例进行了说明。因此，在某种意义上，本书在关于高等教育集聚影响机制的探讨在内容上具有一定的现实预见性。

（3）在研究方法层面，本书关于高等教育集聚影响机制的分析，综合运用了质性研究和定量研究，在研究方法方面互相取长补短，从而使研究结论更加科学和严谨。在定性研究方面，主要采取了案例研究的方法，通过对国内外高等教育集聚区域进行集中分析，系统地研究各个区域高等教育集聚的现状和影响机制，经由对案例进行仔细的描述和系统的理解，加深对动态的相互作用过程与所处的情境脉络情况的掌握，从而对该问题的认知获得一个较全面与整体的观点。但是质性研究方法也存在明显不足：一是难以对发现进行归纳，案例研究的归纳不是统计性的而是分析性的，归纳带有一定的随意性和主观性；二是技术上的局限和研究者的偏见，案例研究不是一种标准化的数据分析方法，数据的分析和解释容易受到研究者意见分歧和偏见的影响；三是耗费大量的时间和人力。因此，为了弥补案例研究存在的不足，尤其是统计性而非分析性的归纳，以及非标准化的数据分析方法问题，本书又采用了以数据分析为主的统计分析方法。通过运用专业统计分析软件，对影响我国高等教育集聚的要素进行实证分析，在对面板数据分析的基础上，分析影响高等教育集聚的因素，探讨当前存在的问题，梳理高等教育集聚的规律，为我国高等教育集聚优化发展提供依据。在研究方法上，质性研究和定量研究相互结合，彼此取长补短，相互印证，提升了研究结论的科学性和严谨性。

（二）研究不足

（1）实证研究中的自变量指标选取方面尚待进一步完善。以构建的模型为基础，本书对交通运输条件、央属高校数量、生源数量、人口规模、市场规模、企业数量、经济发展水平、研发经费投入水平、政府高等教育政策等展开研究，但是指标选取方面仍不是很完整，比如如何将沿海地区和中西部地区纳入框架，如何加入虚拟变量等，需要予以进一步深化。

（2）构建的高等教育集聚影响机制仍需进一步修正完善。本书在伯顿·克拉克"三角协同关系"框架下，构建了我国高等教育集聚的影响机制。该模型由市场因素、资源禀赋、政府及高等教育发展历史四个要素构成。市场因素为高等教育集聚提供直接动力；资源禀赋在高等教育集聚过程中起着基础性的作用；政府在高等教育集聚过程中发挥着导向作用；高等教育发展历史在底层逻辑层面影响着高等教育集聚。

众所周知，一个新理论的提出需要经过中外学者的反复讨论与论证，以及理论对于现实问题的具体解释能力，虽然本书依据构建的影响机制框架对分析高等教育集聚现象具有一定程度的解释力，而且谋略提出高等教育集聚的第二阶段——高等教育扩散问题也具有一定的现实印证，但是终归只是根据本书研究得出的一家之言，还有很多不完善、有待推敲之处，因此，本书构建的高等教育影响机制距离一个相对成熟的、具有现实解释力的理论创新尚有不小差距，仍需要进一步不断的修正与完善。

第四节　文献综述

一、国外学者关于高等教育集聚的研究视角

现阶段，国外学者关于美国高等教育集聚布局的研究比较少，通过在史蒂芬斯数据库（EBSCO）、科学技术和医学领域学术资源平台（Springlink）等数据库，对关键词进行组合输入检索，得到的有效文章较少。根据目前资料的检索情况，国外学者主要从以下两个视角对高等教育集聚进行了研究。

（一）产教研之间的集聚关系

卡尔松（Karlsson）与安德森（Andersson）❶，基于普遍认同的大学研发对公司绩效产生积极的影响观点，使用联立方程的方法研究了瑞典的大学研发及工业研发之间的区位关系。研究结果表明，工业研发的位置对大学研发的位置非常敏感，而大学研发的位置对工业研发的位置同样敏感。而且大学研发对产业研发有着积极的促进作用，这种作用力会随着大学与企业之间的距离的增加而逐渐递减。鉴于研发和创新之间的相互依赖关系会产生集聚效应，大学空间布局的主要策略便是集聚。道格拉斯·伍德沃德（Douglas Woodward）、奥克塔维奥·菲格雷多（Octávio Figueiredo）与保罗·吉马良斯（Paulo Guimarães）❷，主要研究了美国高科技中心与大学之间的位置关系，通过

---

❶ KARLSSON C,ANDERSSON M. The location of industry R & D and the location of university R & D － how are they related[R]. Royal Institute of Technology,CESIS－Centre of Excellence for Science and Innovation Studies,2005.

❷ WOODWARD D,FIGUEIREDO O,GUIMARAES P. Beyond the Silicon Valley:University R & D and high-technology location[J]. Journal of Urban Economics,2006,60(1):15-32.

Dirichlet-Multinomial 模型，检验了随着新的高科技企业的建立，大学研发的溢出效应被就地吸纳的假设。大学的研发支出对决定某地工厂的建立发挥着积极、显著的影响。高科技产业公司产生的可能性与大学研发的边际投入是正相关的，而且作者借助模型，定量测算了大学研发经济溢出效应的半径范围，即145英里。❶ 沃伦（Warren）、汉克（Hanke）与特尔（Trotzer）通过研究如何提升美国大学科研成果直接转化为生产力的有效性的问题，经过定性与定量的研究，认为大学研究成果转化为经济增长对许多国家的未来发展是至关重要的，在提出科技成果有效转化的三种模式（资源整合模式、本地散射模式、动态知识门户网站模式）时，研究者主张美国高校应该布局在区域知识创新体系的中心，像硅谷、波士顿附近的128号公路及奥斯汀附近便是相对理想的选择。❷ 安德士（Audretsch）、莱曼（Lehmann）与沃宁（Warning）研究了大学所产生的溢出效应与公司选址之间的关系，基于上市公司的大数据分析显示，创建于德国的高科技公司，地理空间位置接近大学，深受大学科学研究机制、人力资本及自然科学和社会科学的知识溢出效应的影响。研究者经过研究认为，基于知识和高科技导向的公司在选址时为了获取知识的溢出效应应该偏向于接近大学。❸

（二）高等教育集聚与区域经济增长之间的关系

卡弗里（Caffry）通过建立相关模型评估大学对区域经济发展的影响，通过在大学、政府和企业的相关正常记录数据中获得财政支出比例、学生消费、财政税收、学生、教师和行政人员的住房租金等数据，发现高等教育无论是对本地商业企业、政府还是个人都具有巨大的积极影响，通过具体计算，证实了

---

❶ 1英里≈1609米。

❷ WARREN A,HANKE R,TROTZER D. Models for university technology transfer：resolving conflicts between mission and methods and the dependency on geographic location[J]. Cambridge Journal of Regions,Economy and Society,2008,1(2)：219-232.

❸ AUDRETSCH D B,LEHMANN E E,WARNING S. University spillovers and new firm location[J]. Research policy,2005,34(7)：1113-1122.

高等教育与区域经济增长之间的关系。●

布卢斯通 (Bluestone) 研究了马萨诸塞州首府驻地波士顿的高等教育对本州经济发展所产生的影响。通过研究，他得出结论：波士顿驻地的大学每年可以为本州增加较大的额外收入；本地大学学生的消费带动力本州许多消费和税收收入；本州还可以收取非当地居民学生的学费、生活费、联邦政府对本州及非本州学生的生均拨款等经费和赞助经费。因此，从经济角度而言，发展波士顿的高等教育是一项投资收益较高的投资项目。研究者最后对 1991 年秋季班入学的 2572 名学生进行了一项实地调查，调查结果显示，这批学生的日常生活及消费为马萨诸塞州财政收入贡献了 10.5 亿美元，仅在有偿教育培训的税收一项就超过了 3410 万美元。●

劳赫 (Rauch) 认为，人力资本平均集中水平的提升具有较大的公共性，较高人力资本聚集的地区应该有较高的薪金水平和土地租金价格。在考虑到个体劳动和居住等因素的情况下，劳赫利用 SMSAs 的数据支持，验证了自己的观点，并且估计了人力资本的地域集中对生产率的影响，最终认为人力资本空间范围的集聚与生产率和薪金水平具有显著的正相关性。●

藤田 (Fujita) 和蒂斯 (ThiSSe) 通过综合中心——外围模型及克鲁格曼、罗默等学者的内生增长模型，创建了一个双区内生增长模型 (two-region model of endogenous growth)。特意在中心—外围模型中添加一个研发部门，使创新活动涵盖使用熟练劳动力时的知识外部性。通过分析，研究者认为，这样一个研发部门的存在，强化了聚集的倾向，并验证了这样一种观点，即集聚导致的经济增长可以造成帕累托主导 (Pareto-dominant)，当经济从分散走向集聚，创新的速度便会加快。●

● CAFFREY J,ISAACS H H. Estimating the Impact of a College or University on the Local Economy[M]. Washington:American Council on Education ,1971.

● BLUESTONE B. UMASS/Boston:An Economic Impact Analysis[J]. 1993.

● RAUCH J E. Productivity gains from geographic concentration of human capital:evidence from the cities[J]. Journal of Urban Economics,1993,34:380-400.

● FUJITA M,THISSE J F. Does geographical agglomeration foster economic growth? And who gains and loses from it? [J]. Japanese Economic Review,2003,54(2):121-145.

巴特伯里（Batterbury）开发了一种现实主义的评价框架，通过实证研究为高等教育与增强区域发展提供了实证依据。[1]

沃基（Voger）和肯（Keen）以纽约州立大学系统（SUNY）本身在分支机构、学生等方面的集聚为具体的分析对象，实证研究了从1960年到2001年对本地区经济增长所产生的影响。研究结果表明，应继续投资纽约州立大学系统的建设，因为它与经济增长之间具有显著正相关性。[2]

罗塞罗（Rosero）与格瓦拉（Grace）[3] 基于拉丁美洲8个国家的国家数据统计研究院获得的区域系列实际GDP、每阶段的人口数量、区域领土面积、教育水平、政府支出的面板数据，以及在拉美国家经济委员会（ECLAC）获得的国内生产总值（GDP）、区域和产业发展水平和城市化率的面板数据，并且鉴于研究的拉丁美洲8个国家流通的货币不同，按照世界银行2000年的平价购买力标准将每个国家的GDP进行了标准化转换。研究者在此基础上建立计算模型，经过计算得出的明显结论表明，集聚经济对拉美地区经济的增长具有十分重要的意义，但对不同地区的影响程度也存在着程度大小之别。

二、国内学者关于高等教育集聚的相关研究

（一）关于高等教育集聚概念的研究

现阶段关于高等教育集群、高等教育战略联盟、高等教育群落及高等教育布局等专题的研究，都从不同侧面涉及高等教育集聚问题，因此本书除了对高

---

[1] BATTERBURY S,HILL S. Assessing the impact of higher education on regional development:using a realist approach for policy enhancement[J]. Higher Education Management and Policy,2004,16(3):35-52.

[2] VOGER,KEEN W H. Public higher education and New York state's economy[J]. Economic Development Quarterly,2010,24(4):384-393.

[3] GRACE R. Impact of agglomeration on the regional growth of Latin American countries. (2015).

等教育集聚的文章进行综述，也针对上述关键词的研究，摘取比较有代表性的文章进行文献综述。

闻曙明和施琴芬认为，"高等教育集聚应该是以某一或某几个知名高校为核心，大量相互关联的学校及其支撑机构在（地理）空间上集聚，以形成强劲、持续的竞争优势的现象"。❶

刘锐和孙武认为教育联盟是指"教育机构之间为了实现一定目标而结成的优势互补、有合作也有竞争的教育联合体"❷，独立的教育机构及与教育相关性的目标是联盟的固有特征属性。

王庆认为大学集群是指"一组自主独立的大学以拓展办学功能为本位、以实现创新为路径、以获取竞争优势为目标，在某一区域或特定领域依据某种内在关联因素联系在一起，并与周边环境整合一体化的空间集聚体"。❸

沙迪认为大学集群是"以若干高水平大学为核心，相互关联的学校及其支撑机构在（地理）空间上集聚，以形成强劲、持续的竞争优势的现象"。❹

潘海生和周志刚认为高校集群是指"在为了一定的目的或者竞争优势，在某一区域内，一组自主独立的大学形成的相互关联、联结的、与环境（如与企业、科研机构等）有机融合的、结构松散的网络组织结构"。❺

刘惠林❻、曲绍卫，杨玉春和田汉族❼认为，高等教育布局是指高等教育资源（主要包括高校的数量、学科专业、类型、固定资产、教师、学生、信息、交通、教学设施）在不同地区的分布与组合。经济发展、科学技术水平

---

❶　闻曙明,施琴芬.高等教育集聚起因分析[J].江苏高教,2005(2):13.

❷　刘锐,孙武.教育联盟:21世纪中国高等教育发展战略[J].理论界,2005(9):123.

❸　王庆.大学集群要素结构和三维特征分析[J].当代教育论坛:宏观教育研究,2006(11):81.

❹　沙迪.关于大学集群的思考[J].高校教育管理,2007,1(4):1.

❺　潘海生,周志刚.高校集群:高等教育集聚的本质与研究视角[J].未来与发展,2009(11):80.

❻　刘惠林.简论21世纪我国高等教育资源的空间配置[J].黑龙江高教研究,2001(3):1.

❼　曲绍卫,杨玉春,川汉族.经济视野中的高等教育[M].青岛:中国海洋大学出版社,2006:133-134.

进步与社会公平正义都与高等教育布局有着直接联系。

(二) 关于高等教育集聚的研究视角

现阶段，虽然国内学者对高等教育集聚进行过的专题研究较少，但是研究的视角相对而言比较丰富，且较深入，主要包括对民办高等教育集聚的研究、对集聚本质的研究、对集聚发展模式的研究、对高等教育集聚产生原因的研究，对集聚外部性的研究、对集聚效应的研究、对全国范围内不同地区集聚程度的研究及其他视角的研究。下面，本书对上述的研究视角进行简单的梳理。

易明等从经济学视角分析了我国民办高校的地方集聚现象，认为目前我国现阶段民办高校也存在着集聚不均衡问题，陕西、浙江、广东及山东等地民办高校分布较集中，接着以产业集聚理论为基础，探讨了民办高等教育集聚形成机制及存在的问题。❶

闻曙明、施琴芬和王剑敏探讨了高等教育集聚与高校隐性知识管理之间的关系，认为隐性知识的管理在高校集聚状态下更加有利，拓宽了隐性知识管理的范围，同时，高校隐性知识的管理反过来又深化了对高等教育集聚的认识，促进了集聚的形成。❷

闻曙明、施琴芬和王剑敏解释了高等教育集聚的形成原因与本质，认为高等教育集聚的原因在于共享硬件办学资源、人才和智力、深化高校之间的合作、良性竞争及服务地方积极发展需要。知识的生产和转移是高等教育集聚的最终目的。❸

吴轩和蔡靖方分析了武汉高等教育所产生的集聚效应，高等教育资源在武汉的集聚，对武汉的发展产生四大有利效应，概括起来主要是合作创新效应、

---

❶ 易明,郑珊珊,陈伟.我国民办高校地方集聚的经济学分析[J].大众商务:教育版(民办教育研究),2005(5):18-20.

❷ 闻曙明,施琴芬,王剑敏.高等教育集聚与高校隐性知识管理互动分析[J].江苏高教,2006(1):21-23.

❸ 闻曙明,施琴芬,王剑敏.高等教育集聚与高校隐性知识管理互动分析[J].江苏高教,2006(1):21-23.闻曙明,施琴芳.高等教育集聚起因分析[J].江苏高教,2005(2):13-15.

人力资本效应、文化效应及城市化的加速效应。❶

潘海生和周志刚探讨了高等教育集聚的本质，认为高等教育集聚的本质在于高校集群，在对高校集群做出概念界定的基础上，从概念上区分了高校集群与大学联盟、大学城及高校联合办学体的区别，认为高校集群具有经济性和知识性的双重属性，其目的在于知识的交流与共享。❷

姚芳研究了高等教育集聚地区在巨大智力资源优势前提下的发展模式问题，通过与硅谷、新竹及中关村的个案比较，认为高等教育集聚区的发展要发挥地方政府的作用、加深产学研合作、创造区域文化环境及拓展多样化的融资渠道。在比较研究的经验总结基础上，姚芳借鉴相关经验，提出了有助于上海市杨浦区"三区联动"下的高等教育集聚地区发展模式。❸ 王廷吸收借鉴了上海市杨浦区"三区联动"的经验，提出了宁波"三区联动"下的高等教育集聚区的创新发展模式。❹

刘姿含认为高等教育集聚具有较大的外部性，可以带动地区经济的增长，以大连高新技术园区的高等教育集聚区为佐例，高校在大连高新技术园区的集聚，拉动了园区的消费、投资、政府支出及出口额。高等教育集聚所产生的溢出效应，推动了科技进步与创新，促进了区域经济发展。❺

杨海波对高校社会资本集聚进行了研究，其目的在于通过集聚高校内、外部社会资本，以期达到提高高校效能的目标。研究结论认为，高校社会资本集

————————

❶ 吴轩,蔡靖方.武汉高等教育产业的集聚效应分析[J].沙洋师范高等专科学校学报, 2008(3):69-72.

❷ 潘海生,周志刚.高校集群:高等教育集聚的本质与研究视角[J].未来与发展,2009 (11):78-81.

❸ 姚芳.高等教育集聚地区发展模式研究[D].上海:复旦大学,2008;姚芳."三区联动":高等教育集聚地区发展的新模式:上海市杨浦区的实践与探索[J].经济研究导刊,2009 (6):238-239.

❹ 王廷.三区联动:高等教育集聚区的创新发展之路[J].高等工程教育研究,2014 (3):50-54.

❺ 刘姿含.高等教育集聚区对地区经济增长的带动效应[J].城市,2010(5):39-41.

聚的策略在于政府的推动、高校内外部社会资本的有机结合及强化根植机制。❶

喻征针对数字化学习无效、无序等具体问题，以集聚优势理论为主要指导理论，研究了如何通过集聚优势资源，设计数字化学习空间模块，优化高校数字化学习空间的问题。❷

马卫华、刘奥林通过 CRn 和区位基尼系数等定量的研究方法，探讨了我国高校产学研合作的地理集聚问题，认为现阶段我国高校产学研合作的地理集聚存在着非均衡的问题。在大区层面，东北和华北大区较集中；在省级层面北京和江苏集中度较高。❸

李勇刚基于 1999—2012 年 35 个大中城市面板数据，在空间计量模型的基础上，研究了高等教育集聚产生的空间溢出效应对经济增长的影响。结论认为，高校的集聚对我国经济增长具有显著相关性，精确计算得出高等教育集聚的产出效应为 0.06，也就是说高等教育集聚程度每提高 1%，就会促使经济增长提高 0.06 个百分点。❹

王传荣等通过定量研究，得出经济及教育发展水平是影响高等教育空间集聚的重要因素。❺

(三) 关于高校集群的研究

相对现阶段较少的高等教育集聚研究而言，关于高校集群的研究相对比较丰富，本书认为高等教育集聚与高校集群在概念内涵上有诸多的相通之处，因

❶ 杨海波.高校社会资本集聚及实现路径探析[J].内蒙古师范大学学报:教育科学版,2011,24(7):10-13.

❷ 喻征.集聚优势理论视角下的高校数字化学习空间研究[D].锦州:渤海大学,2013.

❸ 马卫华,刘奥林.我国高校产学研合作的区域分布和地理集聚[J].高教探索,2014,2:18-23.

❹ 李勇刚.高等教育集聚、溢出效应与区域经济增长:基于市级面板数据的空间计量分析[J].兰州财经大学学报,2015(6):36-43.

❺ 王传荣,梁雪,商海岩.中国高等教育空间集聚的影响因素研究:基于省际面板数据的分析[J].北京工业大学学报:社会科学版,2014,14(4):75-82.

此，本书对现阶段相关学者所涉及的高校集群研究也进行了相关的文献梳理，主要包括对高校集群的特征、形成的原因、集聚——溢出效应、发展模式、竞争优势及优化策略等方面。

阎光才研究了美国高校在城市大量集群形成的群落现象。美国城市社区中群落的扩张主要得益于名校效应，经济政治发展水平，以及群落在社区中所营造出的良好的文化氛围。美国高校群落扩张未陷入单一化和均质化的窠臼的主要原因是不同高校之间在功能及结构方面的不同定位。❶

王庆概括了大学集群的要素和特征，认为大学群落的要素组成包括核心层、紧密关联层、服务支撑层及宏观环境层等要素，从形态、业态和动态三维度论述了大学集群的特征。具体而言，"形态"方面包括地域集聚性、领域多向性及分合双重性；"业态"方面包括内在关联性、行为指向性及智力密集性；"动态"方面包括互动创新性、累积因果性及自适调整性。❷

沙迪认为，大学集群受传统意义的自然禀赋特征与现代意义的知识创新特征的驱动，即共享办学资源（主要是硬件基础设施），以及生产、传播、创新知识的需要。大学集群式扩张发展的最终目的在于实现知识的创新、生产与转移。❸

大学集群所产生的集群模式和集聚——溢出效应研究。湛俊三认为大学集群可以产生集聚效应，高校之间做到优势互补，从而实现范围经济。刘祖良和高桐杰概括出了我国大学集聚—溢出的几种主要发展模式，即"海—陆""陆—陆""产—学"及"载体"集聚—溢出发展模式，并分别对每种模式所具有的特点及产生的发展契机予以详细论述。有一点需要指出，作者明确提出

---

❶　阎光才.城市社会中的高校群落现象透视：兼析美国城市高校分布格局的人文生态[J].教育研究,2003,24(5):51-57.

❷　王庆.大学集群要素结构和三维特征分析[J].当代教育论坛：宏观教育研究,2006(11):89-91.

❸　沙迪.关于大学集群的思考[J].高校教育管理,2007,1(4):1-5.

"海—陆"溢出半径大约为 2300 千米。❶

吴岩等总结了我国高等教育资源集群分布的四种主要模式，即以国防政策驱动的、以市场经济驱动的、以区域文化驱动的，以及以人口密度驱动的大学集群。关于集权所产生的集聚—溢出效应，认为正是美国特色鲜明的几个大学集群在功能上很好地支持了美国独具特色的经济产业功能区的发展，保证了美国的世界霸主地位；在中国，集聚—溢出效应不但对本区域而且对相邻近的区域都会在人才培养、知识创新、文化传承及社会服务方面带来巨大的溢出效应。❷

潘海生、周志刚和苑林峰认为，大学集群形成的动力机制在内是由于集聚经济效应和知识竞争优势，在外受政府推动力和名校效应的影响，内部和外部因素共同作用，形成大学的集群。❸

潘海生、周志刚着重研究了大学集群的竞争优势以及优势的阶段性特征问题。结论认为，资源共享、交换和整合是形成竞争优势的主要原因；在研究竞争优势的阶段性特征时，特别强调大学间无形声誉机制的影响，声誉及信任机制的完善与否，决定了异质性的大学资源的最终交易类型，不同交易类型背后需要不同的治理机制，这最终决定了大学集群竞争优势的不同发展阶段。❹

关于集群发展的策略优化方面。冒荣和宗晓华主张，高校集群发展，重点在于建立公正的公共资源分配制度，建立有序的分工协调制度及建构多元化的评价制度。❺刘祖良和高桐杰指出我国大学集群发展的相应对策，即在空间布

---

❶ 刘祖良,高桐杰.我国大学群集聚—溢出发展研究:模式·状况·对策[J].现代教育管理,2011(8):25-28.

❷ 吴岩,刘永武,李政,等.建构中国高等教育区域发展新理论[J].中国高教研究,2010(2):1-5.

❸ 潘海生,周志刚,苑林峰.大学集群本质探悉与动力机制分析[J].西南交通大学学报:社会科学版,2011,12(3):82-86.

❹ 潘海生,周志刚.大学集群竞争优势及其形成机制研究[J].科技进步与对策,2011,28(7):140-143.

❺ 冒荣,宗晓华.合作博弈与区域集群:后大众化时代我国高等教育发展机制初析[J].高等教育研究,2010(4):35-40.

局方面要三级集聚，梯级溢出，主张将我国现阶段的 25 个大学集群划分为三个层级：一级 3 个，二级和三级各 11 个；提升品质方面要着重加强产学互动。❶ 李翠琴等认为，大学集群发展应该注重制度建设与创新，构建内部治理结构及管理制度。❷

随着区域一体化进程的推进，近些年关于区域高等教育集群发展的研究也日趋增多，其中尤其以粤港澳大湾区高等教育集聚的研究相对较多。卓泽林等指出，粤港澳大湾区高校汲取发展应遵循从目导向、特色导向、创新导向、竞争导向和品质导向，具体通过转变区域宏观战略、完善顶层设计、丰富高等教育功能多样性、转型高等教育服务职能和升级高等教育合作机制加快湾区高校集群。❸ 陈先哲认为，在竞争中合作及在合作中竞争的竞合理论，对粤港澳大湾区高等教育集群发展具有较强的理论解释力和实践指导意义。根据竞合理论逻辑，粤港澳大湾区高等教育集群可分为两大竞合类型：一种是同质高等教育竞合关系类型，适宜遵循长期竞争、短期合作的实践逻辑；另一种是异质高等教育竞合关系类型，适宜遵循长期合作、短期竞争的实践逻辑。❹ 卢晓中等指出，粤港澳大湾区高等教育集群的整体关联性较高，但在规模、结构和质量上都还需进一步提升；在个体多样性上，集群架构已经基本成型并各有所长，但空间布局上以四大城市为中心的团块状发展与不均衡共存；在管理一体性上，集群具有共同的目标和愿景，但还需完善满足各方利益的合作共享机制，以有效发挥集群功能。❺ 粤港澳大湾区高等教育集群发展在加强整体关联性上应明

❶ 刘祖良,高桐杰.我国大学群集聚—溢出发展研究:模式·状况·对策[J].现代教育管理,2011(8):25-28.
❷ 李翠琴,贵志祥,周强,等.高校地缘集群及其生成机制[J].现代大学教育,2012(3):22-27.
❸ 卓泽林,杨体荣.粤港澳大湾区高校集群建设的发展导向及其路径[J].教育发展研究,2019(11):16-39.
❹ 陈先哲.粤港澳大湾区高等教育集群的竞合发展逻辑[J].华南师范大学学报(社会科学版).2021(5):83-90.
❺ 卢晓中,陈先哲.粤港澳大湾区高等教育集群发展:理论审思与实践策略[J].大学教育科学.2021(4):12-19.

确打造"科—产—教"融合的高等教育集群发展模式,大力推进不同类型高校与不同区域、产业之间的衔接互动;在加强个体多样性上应大力构建中心城市以点带面、全面铺开的空间布局,大力推进大湾区创新型大学的建设,促进高等教育集群的多样性;在加强管理一体性上应充分利用大湾区特色,大胆先行先试,积极探索高等教育合作办学的湾区道路。卢晓中提出,大湾区经济社会发展的"湾区"性质、创新湾区和科技湾区的大湾区建设定位、大湾区国际教育示范区建设目标是粤港澳高等教育集群发展的原因,粤港澳大湾区高等教育集群的发展路向,在于建构自上而下与自下而上协同的大湾区高等教育集群发展的整体性、发展大湾区高等教育集群发展的多样性、推动以规则衔接与机制对接为重点的大湾区高等教育集群发展的管理一体化。❶吴思和卢晓中通过对比旧金山湾区、纽约湾区和东京湾区高校汲取发展经验,认为国际一流湾区,高等教育呈现集群发展、结构优化的态势,且层次结构、类型结构、科类结构及布局结构都各自形成鲜明的特点。通过比较,当前粤港澳大湾区高等教育存在发展不均衡、结构不合理等问题,粤港澳大湾区高等教育集群发展应从优化高等教育层类结构、布局结构和推进高等教育集群发展管理一体化诸方面推进。❷李晶等指出,粤港澳大湾区高等教育是政治逻辑、经济逻辑、文化逻辑及教育自身逻辑综合作用的结果。筹建粤港澳大湾区高等教育协作委员会、实施阶段性的合作计划及建立企业、大学和科研机构的联盟是实施粤港澳大湾区高等教育整合的进路。❸许长青等指出,粤港澳大湾区高等教育融合发展存在体制与机制差异、资源与实力差异、文化与价值差异、动机与需求差异等问题,推动粤港澳大湾区高等教育融合发展,要加强顶层设计、国民教育、战略规划等强制性制度同构;实施教育联盟、大学集群等模仿性制度同构;建立合

❶ 卢晓中,武一婷.粤港澳大湾区高等教育集群发展的战略选择与基本路向[J].兰州大学学报(社会科学版),2021(5):9-15.

❷ 吴思,卢晓中.国际一流湾区高等教育集群发展的结构优化及对粤港澳大湾区的启示[J].北京教育(高教),2022(11):6-12.

❸ 李晶,刘晖.粤港澳大湾区高等教育整合的逻辑与进路[J].高等教育研究,2018(10):31-36.

作平台、拓展合作模式、健全制度保障等规范性制度同构。❶

(四) 关于中外高等教育集聚和布局的比较研究

关于中外的比较研究，多数选择美国高等教育作为对比研究的对象。国内目前关于中美高等教育集聚的研究比较少，就可获得的资料情况来看，也仅限于对高等教育某个层次的比较研究。例如，李立国和曾旭萍比较研究了中国和美国博士生教育的集聚效应。通过以定量的研究方法比较中国和美国两个国家高等教育总规模、研究经费投入和各省（州）每年所授予博士学位数量的相关性之后，结论认为美国博士研究生教育规模的地域分布特征不但与高等教育在校生规模匹配，而且与科学研究发展水平较匹配，发挥出集聚效应；中国博士研究生教育规模的地域分布特征在科学研究发展水平方面与美国较相似，但是在高等教育在校生规模的匹配度方面低于美国，同时也具有一定的集聚性。❷

相较于中美两国高等教育集聚情况，现阶段关于中美高等教育布局比较的研究相对更容易获得。就资料的搜集整理而言，涉及中美高等教育布局比较的研究，学位论文仅有梁妮的一篇硕士学位论文《我国高校规模的区域分布研究》，期刊文章也仅有赵宏斌，刘念才，梁妮，苗招娣、梅海玲及陈然，赵庆年，钟耿涛等学者进行过研究论述。

梁妮等在《中美研究型大学区域分布比较研究——基于人口、GDP 的视角》一文中，运用相关性和聚类分析等方法，具体研究比较了中国和美国研究型大学及在校学生数在大的地理区域和省级（州级）行政区域内的分布与区域人口、GDP 的相关性。其结论认为，我国研究型大学及在校学生数的区

❶ 许长青,卢晓中.粤港澳大湾区高等教育融合发展:理念、现实与制度同构[J].高等教育研究,2019(1):28-36.
❷ 李立国,曾旭萍.博士研究生教育的集聚效应研究[J].复旦教育论坛,2011(2):38-42.

域分布与区域人口、GDP 相关性较差，而美国的相关性相对较高。❶

梅海玲认为，中美两国高等教育布局在省（州）级之间均存在非均衡性，但是美国具体到省（州）级内部，美国具有州级内部分布比较均衡，高校布局的多样化和层次化；与 GDP 和人口更协调及高等教育管理体制更加多样化的特点。❷

梁妮在《我国高校规模的区域分布研究》一文中，实证研究了中美两国高校规模区域分布与区域经济和人口的相关性与差异性，并比较了中美两国高校规模区域分布；在此基础上，又重点研究了我国高校规模区域分布的差异程度及影响我国高校规模区域分布差异的因素。通过实证研究，作者得出如下结论：中美两国的高校规模，在省级（州级）行政区域分布的总体相关性较高，分布具有均衡性；在经济和人口的相关性方面，美国高校规模在郡级行政区域的分布具有很好的相关性，而我国在地级行政区域的分布相关性比较一般；经济、人口及民办高校数量是引发聚集布局的主要诱因。在研究的基础上，作者提出了我国高等教育集聚、布局调整的方向，即建立高校规模区域合理布局的战略规划；增加经济落后地区的高等教育投入，扩大区域人口的受教育机会；沿海省市应增大高等教育在校生规模，适应地方经济发展需要；在地级城市层面增加高等院校规模，改变和提升地级市布局，以此分流省会城市的压力。❸

陈然、赵庆年和钟耿涛，全面总结了中国和美国两国高等院校的区域布局及布局特征美国虽然在学校总体布局、人口教育水平、研究型大学等方面也存在着非均衡性特征，但是其布局特征却呈现出高等院校数量、发展水平与地方经济发展状况及人口数量相协调；公立院校设置的区域分布满足公共需求；学校布局的审查和批准程序公开、严格。❹

---

❶ 梁妮,苗招弟,赵宏斌.中美研究型大学区域分布比较研究[J].江苏高教,2007(2).

❷ 梅海玲.中美高等教育区域布局比较研究[J].理工高教研究,2009,28(6):102-105.

❸ 梁妮.我国高校规模的区域分布研究[D].上海:上海交通大学,2008.

❹ 陈然,赵庆年,钟耿涛.中美两国在高校区域分布上的比较及启示:高校分布与区域经济社会发展的关系角度[Z].中国农学会教育专业委员会四届二次学术年会会议论文集.

三、关于现有研究的述评

综合上述文献综述，现阶段相关学者对高等教育集聚的相关研究已经进行了多方面的探讨，并形成了一定的结论，进一步深化研究此问题提供了借鉴。现有的研究贡献主要如下。

（1）对高等教育集聚的概念进行了界定。现阶段国内外学者对高等教育集聚的概念已经进行了初步的界定，对高等教育集聚中的主体、集聚范围、集聚的本质、集聚的方式及集聚的目的等进行了说明，即高等教育集聚是一定地理空间范围内的高校，通过各种正式和非正式关系相互作用，最终为形成竞争优势，以促进知识的交流和传递的一种战略选择性行为。国内外学者还对高等教育集聚与高等教育群落、集群、高等教育战略联盟、大学城及高校布局等概念做了区分：大学战略联盟和大学城是集聚的一种初步的形态，高等教育集聚的最主要区别在于其综合运用正式契约形成的正式关系和依靠声誉机制等形成的非契约关系。此外，国内外学者也对高校集群进行了系统化的研究，集中对高等教育集群的特征、形成的原因、集聚——溢出效应、发展模式、竞争优势及优化策略等方面进行了研究。

（2）形成了相对较为综合的研究视角。现阶段，国内学者关于高等教育集聚的相关研究虽然也相对较少，但是研究的视角相对而言比较丰富，主要包括对现阶段民办高等教育集聚非均衡的现状进行了研究；论述了知识生产和交流的集聚本质；总结和国外相对发达的高等教育集聚发展模式，认为我国高等教育集聚区的发展要发挥地方政府的作用、加深产学研合作、创造区域文化环境及拓展多样化的融资渠道；在高等教育集聚诱因研究方面，系统归纳了共享硬件办学资源、人才和智力资源、深化高校之间的合作、实现良性竞争及服务地方发展需要等关键因素；通过案例，研究了高等教育集聚对区域发展产生的消费、投资、政府支出及出口额等外部性，并且定量精确计算集聚产生的溢出指数。

（3）对中外高等教育集聚和布局进行了初步比较研究。现阶段，所涉及的中外高等教育集聚布局的研究，主要是以美国作为主要的参考对象，其相关研究主要是通过定量的研究方法，以区域经济和人口作为比较指标，研究了两国在州（省）级，以及郡（市）级的高校规模区域分布的情况；同时比较了两国在州（省）级研究型大学与区域人口、GDP 的相关性；比较研究了中国和美国博士生教育的集聚效应；并且对社区学院、赠地学院在美国高校布局中所发挥的作用进行了论证。

虽然相关研究工作已经比较系统，但是关于高等教育集聚的研究仍有不足之处，值得我们继续深入探讨，这也是尚待本研究继续深入开展的地方。

（1）学者并未对高等教育集聚这一概念进行详细且清晰的界定。众所周知，清晰的概念界定是做好后续相关研究的前提，概念的内涵和外延是展开具体研究的依据。本书试图从既往的相关研究视角，将其纳入统一的概念体系之内，从高等教育集聚的范围、主体、外在表现、形成机理（区位优势、规模经济高等教育的先发优势）、高等教育集聚的目的（成本优势、知识信息溢出效应、竞争优势）对高等教育集聚重新进行概念界定。

（2）学者并未针对我国高等教育集聚这一现象进行深入的专门研究。现阶段学者对我国高等教育集聚的研究视角相对比较狭隘，仅关注于大学集聚所释放出的溢出效应，以及对区域经济发展所产生的积极影响方面，而对在深层次上对高等教育集聚的研究较少，比如高等教育集聚的影响因素、导致集聚不同影响因素背后的原因等。高等教育集聚这一问题在我国研究的仍相对较少，究其原因，主要便是高等教育集聚概念界定不清所致。因此，本书将在构建的高等教育集聚概念框架体系下，对我国高等教育集聚问题展开深入的研究。

（3）现有的研究方法比较单一，尚待更加综合化的研究方法，且研究的理论指导方面不足。一项科学的研究需要以科学的研究方法为基础，这是学术研究最为广泛接受的价值认知。现有的质性的研究主要集中于理论的探讨，主要采取理论思辨，辅之以国外区域的比较展开，从而得出一定的研究结论；而在定量的研究方面，主要选取特定的变量，建立相关模型并开展数据分析，从而得出结论；在变量的选取上，不同的学者选取了不同的研究指标，因此得出的结论也各有不同。但是，当前无论是质性研究还是定量研究：一方面，在系统性和科学性方面，并不能构成一个相对较为系统且成熟的研究结论，其研究结论都具有一定的局限性，与根据选取的研究对象及研究变量紧密相关；另一方面，不同研究方法的综合运用和有效结合不足。

在研究方法上的不足，一个可能的原因是未能扎根于寻找一个系统的科学理论。鉴于此，本书在相关方面向前跨越了一小步，以结构功能主义、产业结构集聚理论为指导对高等教育集聚展开具体研究；并且详细论述和阐释了该理论指导开展本研究的合理性，为具体的研究工作找到了贯彻始终的逻辑主线，使相关的研究更具有体系化和科学性。

（4）由于既有研究方法和理论指导方面的欠缺，导致在构建关于高等教育集聚影响机制方面的研究较少。本书拟对我国高等教育集聚的影响机制展开专题研究，综合采用定量研究和定性研究的方法，通过中外高等教育集聚案例的深入剖析和对比，总结相关规律；同时以量化研究予以辅助，对总结的规律的科学性进行验证，在此基础上构建关于我国高等教育集聚的影响机制，从而为加快我国高等教育集聚提供理论指导。尤其是在国家区域一体化发展的时代背景下，本书对从高等教育集聚的视角促进区域一体化战略的深化落实，更加具有现实指导意义。

第二章　概念界定与理论基础

  研究思路

　　本章在章节安排上聚焦核心概念的清晰界定，并为整个研究寻找理论支撑，主要内容包括对集聚、高等教育集聚、高等教育一体化等概念进行界定，对帕森斯的结构功能主义理论、产业集聚理论等进行详细的介绍。在此基础上，本章还对国内外相关研究现状进行梳理，为如何开展高等教育集聚相关研究奠定基础。

第一节　相关概念界定

一、集聚

　　集聚是指会合、聚会，按照《现代汉语词典》的解释，集聚是指集合，汇聚。集聚是空间经济学研究中使用得比较多的一个核心概念，不同学者都对集聚的概念进行过界定，其解释相对完善合理的为卡尔多（Kaldor），主要从导致集聚原因的视角对集聚进行了讨论。他认为集聚始于规模报酬递增，是由于大规模生产导致的成本节约，是由于自身熟练掌握技能和技巧之后的累积优势作用的结果，是专业分工的结果，是为了能够更有效和便利地交流思想、观点及经验。❶ 亚瑟（Arthur）从新经济地理学理论的角度对集聚进行了概念界定，认为集聚是规模报酬递增，偶然性历史事件在路径依赖机制下的累积及区位优势地位的"锁定"。❷ 国内学者认为，所谓集聚是指"以协同的方式把区域内的各种要素有机地整合起来，在协调各行为主体个体绩效的基础上使区域系统整体绩效达到最优"。❸ 基于上述学者对集聚概念的分析，本书的集聚定义为：人类活动在特定地理空间上的聚合现象，对特定区位的选择不可避免受路径依赖的影响，其根本动力在于获得并保持由集聚所产生的某种优势利益和地位。

二、高等教育集聚

国内学者对高等教育集聚的概念从不同的角度进行了界定。闻曙明等认为，高等教育集聚来源于产业集聚，是指在某一地理空间范围，围绕某一所（或某几所）知名院校，大量高等院校及其相关科研机构在地理上因相互间交流与合作形成竞争优势的现象。❹ 朱芮瑶认为，高等教育集聚是指"多所高校在特定地区以某一所或几所高校为核心聚集在一起，相互竞争合作，形成优势互补，为区域的发展提供支持，促进高校甚至区域总体创新能力的提升"。❺ 王丹黄认为，高等教育集聚是指"在一特定的区域内，以一所或多所具有某种显著特征的大学为中心，其周围高等教育学府、科研院所等教育机构相互关

❶ KALDOR N. The Case for Regional Policies[J]. Journal of Political Economy,1970(17): 337-348.

❷ JEFFREY A. Effects of Human Resource Systems on Manufacturing Performance and Turnover[J]. Academy of Management Journal,1994,37(4):670-687.

❸ 倪卫红,董敏,胡汉辉.对区域性高新技术产业集聚规律的理论分析[J].中国软科学,2003(11):141.

❹ 闻曙明,施琴芬.高等教育集聚起因分析[J].江苏高教.2005(2):13.

❺ 朱芮瑶.高等教育集聚对区域创新能力影响研究[D].大连:东北财经大学,2016:13.

联，形成具有'大学城'形式的集聚区，该集聚区内各教育机构相互合作、优劣互补，形成资源互动共享、竞争与协作并存的为区域经济增长提供有效支持的开放系统"。● 邱均平和温芳芳认为，高等院校数量和教育质量都对我国教育水平具有影响，因而对高等教育集聚的研究也需分类。● 陈书玉明确将高等教育集聚分为数量集聚和质量集聚进行研究，高等教育数量集聚是指受过高等教育的人力资本在空间上的集聚，体现教育资源的规模；高等教育质量集聚是指高等教育质量的集中度，体现高等院校科研地位的极化，集聚区内学校越好说明高等教育质量集聚水平越高。●

综合既有研究，本书认为高等教育集聚是指在高等教育发展过程中，在一套共同价值观念的指引下，处在一个特定区域范围内，不同办学层次和类型的高校、科研院所等高等教育机构，在区位优势、规模经济、先发优势等要素驱动下，出于减少投入成本、获取竞争优势、共享知识信息溢出效应，而发生的空间集聚状态及过程，以实现社会资源的整合和均衡发展，"大学城"是其外在表现形式。它既包括静态的过程，即高等教育机构、要素、信息、资源等在时间及空间上集中的状态，也包括动态的过程，即高等教育机构、要素、信息、资源等在时间及空间范围内的重组过程。

可以从如下几个方面来具体理解高等教育集聚。

（1）高等教育集聚的共享价值观。观念是行动的先导和动力，高等教育集聚的实现，需要在政府决策者、高等教育机构系统、经济系统、社会系统之间共享一套价值理念，即高等教育集聚发展可以形成集聚溢出效应，形成产学研深度融合的科技创新体系，树立良好的口碑，推动社会的发展。正是基于这一共享的价值理念，在理性决策的基础上，以"大学城"形式存在的集聚区出现。

● 王丹萁.高等教育集聚、区域创新绩效对产业结构升级的影响分析[D].南昌:南昌大学,2018:14.

● 邱均平,温芳芳.我国高等教育资源区域分布问题研究:基于中国大学及学科专业评价结果的实证分析[J].中国高教研究,2010(7):17-21.

● 陈书玉.高等教育集聚程度对高等院校创新能力的影响:基于大学层面的实证分析[D].哈尔滨:哈尔滨工业大学,2019:12.

（2）高等教育集聚的范围。高等教育集聚首先是发生在特定区域范围内的现象，由相邻近的地域空间组成，一般而言需要跨地域、跨省域，但是在个别情况下发生在单一的行政区域内，比如北京的中关村。

（3）高等教育集聚的主体。高等教育集聚的主体由不同层次、类型的大学、科研院所等高等教育机构组成，彼此之间形成一种合作或竞争的状态，形成一种结构合理、类型多元的格局。

（4）高等教育集聚的外在表现。高等教育集聚以"大学城"的形式存在，是一种不同层次的高等教育机构、学生规模之间相互联系和支撑的规模集聚。需要指出的是，高等教育集聚概念下的"大学城"，在空间范围存在两个维度：一是指由具有不同行政隶属关系下的众多大学跨区域共同组建而成，其管理的复杂程度较高，有时甚至是由不同的高等教育管理体制、法律制度下的高校集聚而成，比如具有"一国两制，三种法律体系和三个关税区"现实特征的粤港澳湾区；二是指在单一行政区域范围内，不同高校集聚而成的大学城，比如济南市的长清大学城等。

（5）高等教育集聚的形成机理。

① 区位优势。高等教育集聚区域在区位方面的优势是其得以形成集聚区的前提条件，而且这种区位所具有的优势具有不可替代性，是其他区域不可比拟和超越的。它既包括生态环境、自然资源、地理位置等天然属性，又包括具体由政府政策、市场环境、社会环境、科技发展、人口规模、文化氛围、交通条件等共同形成的社会属性。自然属性和社会属性共同决定了既定区域所具有的区位优势，二者缺一不可。

② 规模经济。高等教育集聚的规模经济，可以简单理解为，由于既定区域范围内高等教育机构的集中，导致该区域范围内高等教育成本下降的一种现象。如下几个因素促成了高等教育集聚的规模经济：第一，协同创新。一个新理论、新知识、新思想的产生，经过其他学术共同体成员的吸收并进行合理化的改造，便会成为协同创新的源泉。第二，高等教育资源的集聚。教师、教学科研设施与试验设备、学科点等是高等教育资源的重要组成部分，资源的集聚

可以最大限度释放其经济效益。第三，劳动力的有效需求与供给。高等教育集聚区内的企业可以更及时和有效地雇用和寻找到满足自身企业生产需求的劳动力。

③ 高等教育的先发优势。某一地区高等教育自身的发展或许源于历史的偶然，或许源于时代变迁的需要，抑或许纯粹是受到政治力量的驱动，总之，其高等教育的发展较其他地区而言，在人才培养、科学研究、社会服务、文化传承等方面具有很强的先发优势地位，在路径依赖下，其优势地位将会被不断放大产生锁定效应，对集聚区外的学生、教师、资金等具有强烈的"拉力"。

（6）高等教育集聚的直接目的。高等教育集聚的一个直接结果便是获得集聚效应，从而促进高等教育的发展。规模效应是高等教育集聚得以形成的一个重要机制，而集聚效益则是高等教育集聚所要达到的重要目的。高等教育集聚效应具体体现在以下几个方面。

① 成本优势。由于特定区域内的不同层次、类型的院校及人员集聚于特定的区域，高等教育规模明显扩大，集聚区域内高等教育机构的办学成本、科研成本等随之下降。高等教育集聚区域内的高等教育机构通过教学科研设施的共享与开放、形成多元化的人才培养模式，迅速达到扩大高等教育规模、完善教学科研设施，使企业迅速匹配到需要的熟练劳动力人才等效果。

② 知识信息溢出效应。集聚区域内彼此临近的高等教育机构位置，为不同学科背景、专业领域的教师提升了增加彼此交流和学习的机会，逐渐形成一个专业化的网络结构。这极大地便利了不同院校之间、教师之间的沟通及协作，使区域内创新网络和环境不断互动。同时，不同院校之间物理空间位置的接近，极大降低了知识流动的成本，加速了知识和信息的传播速度与频率，通过共享新知识、新方法、新技术和新思想，加速了区域内的技术创新。

③ 竞争优势。不同高等教育机构在区域内的集聚，将会极大提升区域内高等教育的创新和自我革新能力，从而形成独特的发展竞争优势。这种竞争优势是全方位的，不仅包括获得成本优势，更在于形成的形成良好声誉口碑，营

造的利于高等教育发展的创新环境。

（7）高等教育集聚的根本目的。通过集聚溢出效应加快集聚区域内部知识和信息的传播，推动技术创新的出现，构建高等教育发展的竞争优势，是高等教育集聚的直接目的，促进和维持社会的整合和均衡发展才是高等教育集聚的更深层次的目的。通过高等教育集聚实现高等教育的发展只是一种手段，其真正目的在于通过学生传授和灌输社会价值观念和道德规范，以及向社会大众提供一套价值观、信仰、意识形态，保持社会规范的合理及有序。

高等教育集聚的概念如图 2-1 所示。

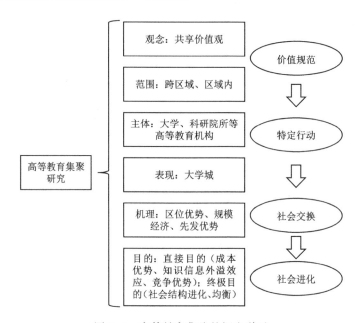

图 2-1　高等教育集聚的概念谱系

注：高等教育集聚研究的左列框架提供了从观念到目标的系统性结构，右列则从社会理论的视角阐释了这一框架的实现机制与实际效应。左列中的观念、范围、主体、表现、机理和目的构成了集聚理论的核心要素，而右列通过价值规范、特定行动、社会交换和社会进化揭示了这些要素如何在区域与社会层面发挥作用，最终实现高等教育集聚的社会价值和功能目标。

三、高等教育一体化

学者在研究企业经兼并和合并形成的企业组织形式问题过程中最早提出了一体化的概念❶，因此现阶段学者关于经济一体化的研究最为深入。可以从"过程"和"状态"两个维度理解经济一体化，"过程"是指采取种种措施消除各国经济单位之间的差别待遇，"状态"是指差别待遇的消失状态❷；"过程"也是对土地、资金、劳动力等生产要素的再配置，"状态"是指生产要素最佳配置状态的形成。❸ 按照性质，一体化可以分为"消极一体化"和"积极一体化"。"消极一体化"是指商品、土地、资金和劳动力流动在规章制度的约束下，物理边界的消除，是一种低水平的一体化。"积极一体化"是强调通过建章立制，加强自由市场的力量，是一种高水平的一体化❹；按照范围，一体化可分为国家一体化、区域一体化和国际一体化。一体化不仅反映在经济领域，同样政治、文化和教育等领域也是一体化的构成部分，当一体化作用于经济层面，强调国家间各种贸易障碍的消除，当一体化作用于政治层面，则致力于打造制度、政策和安全方面的共同体，当一体化作用于社会层面，注重国与国之间贸易、邮政、旅游等的合作交流。❺ 当一体化作用于教育尤其是高等教育，追求的国家间或区域间不同高等教育的"协调""联合""标准""分享"，"协调"是指大学学位制度、入学要求、升学系统、学分转换、文凭认证等方面协调一致，"联合"是指促进和加快一体化的所有行动，"标准"是

---

❶ 陈建军,陈国亮等. 新经济地理学视角下的生产性服务业集聚及其影响因素研究——来自中国 222 个城市的经验证据田[J]. 管理世界,2009(4):83-95.

❷ BALASSA B A. The theory of economic integration[M]. New York:Greenwood Press, 1961.

❸ CURSON V. The Essentials of Economic Integration[M]. New York:Martin's Press,1974.

❹ 黄伟荣. 中国—东盟自由贸易区开级研究——贸易效应与发展前景[D]. 北京:对外经济贸易大学,2019.

❺ NYE J S. Comparative regional integration:Concept and measurement[J]. International Organization,1968,22(4):855-880.

指建立大学课程、项目及相关活动的标准，"分享"是指高等教育教学模式、资源和信息的共享。❶

高等教育一体化与高等教育集聚之间既有区别又有联系。第一，在空间范围内，高等教育一体化的空间范围更广，既包括主权国家之间的高等教育机构、信息、要素的集中状态和过程，也包括主权国家范围内区域间的集中状态和过程。本书关于高等教育集聚主要讨论主权国家范围内跨区域及区域间的集中状态和过程。第二，高等教育集聚效应的发挥是一体化的结果之一，高等教育集聚是高等教育一体化的动态效应之一。也就是说，高等教育集聚仅仅是一体化的一个侧面。第三，无论是高等教育集聚还是高等教育一体化，在时空状态中都是一个动态和静态相结合的过程，是各种类型、层次高等教育机构、资源等在空间集中的状态和过程，是一个人为消除高等教育制度、信息等壁垒的过程，实现区域内教育发展的合作和统一。

四、高等教育层次结构

关于高等教育层次结构的相关概念，高等教育学界已经取得相对一致的认识。肖玮萍认为"所谓高等教育层次结构，又称水平结构，是指高等教育系统内各层次之间的比例关系及其作用方式，在我国习惯上分为专科、本科和研究生教育三个层次。"❷ 金荷香❸、乔慧茹和孙绍荣❹、孙晋晋和王喜峰❺、戚

---

❶ 万秀兰.非洲教育区域化发展战略及其对中非教育合作的政策意义[J].比较教育研究,2013(6):1-7.

❷ 肖玮萍.系统论视野下我国高等教育层次结构优化探析[J].现代教育科学:高教研究,2011(2):89.

❸ 金荷香.我国高等教育层次结构的现状及其改革[J].中国农业教育,2006(2):21.

❹ 乔慧茹,孙绍荣.我国高等教育层次结构的优化研究[J].长春理工大学学报:社会科学版,2011,24(1):90.

❺ 孙晋晋,王喜峰.优化我国高等教育层次结构的原则[J].吉林省教育学院学报(上旬),2010(9):13.

万学和郝克明❶等均做出相类似的概念界定。因此，本书所指的高等教育层次结构，是高等教育结构中的有机组成部分，主要是指专科、本科及研究生（硕士研究生及博士研究生）三个层次高等教育之间比例关系与其作用方式。

第二节　理论基础

一、帕森斯结构功能主义理论

结构功能主义以其对社会系统的制度性结构进行功能分析而在西方社会学领域占据重要地位，美国社会学家 T. 帕森斯在 20 世纪 40 年代提出了结构功能主义这一名称。帕森斯在《社会行动的结构》《社会系统》《现代社会的结构与过程》《行动理论与人类状况》等著作中，把结构功能主义发展成为一个对 20 世纪中期几乎所有社会科学领域都产生了重要影响的思想运动，并成为结构功能分析学派的领袖人物。本书首先需要说明的一点，结构功能主义是一个理论流派。帕森斯并不是该流派的唯一代表性人物，在帕森斯之后，他的学术衣钵传承者默顿，进一步发展完善了结构功能主义，建构出经验功能主义，从而成为继帕森斯之后结构功能主义的又一标志性人物。由于本书的研究需要，在理论介绍部分重点以帕森斯所建构的结构功能主义理论为主。

(一) 帕森斯结构功能主义产生的背景

一个具体理论的产生，必然是社会环境的产物。作为帕森斯时代的美国社会的政治经济环境变迁对结构功能主义理论的构建具有直接的影响。

在 20 世纪 30 年代前后，由于受到经济危机的影响，动荡、冲突和矛盾在

---

❶ 戚万学.高等教育学[M].济南:山东大学出版社,2008:218.

美国社会随处可见，为应对经济危机，罗斯福新政实行了国家干预资本主义的一系列政策，希望通过各种改革和复兴的政策手段，渴望消除社会经济动荡，协调社会与个人、工人与资本家、垄断集团与垄断集团之间的利益关系。帕森斯构建的结构功能主义理论对社会系统均衡与稳定的强调，是深受罗斯福新政影响的一个结果。"二战"之后，饱受战乱之苦的人们更加渴望构建一个稳定的社会，希望建立一个没有冲突和战争的和平世界。一方面，为了尽快结束战争造成的社会秩序失范、人心动荡不安的局面，继续在人文社会科学构建出一个合适的理论，"在战争结束后的几年里，到处存在着炽烈的希望和美好的信仰——新世界的太阳冉冉升起，流血牺牲开创出了孕育一个崭新世界的条件，在这个世界里没有昔日的矛盾和冲突"。❶ 另一方面，"二战"爆发不久，美国宣布实行不参战的中立政策，趁机大发战争财，直到1942年日本偷袭珍珠港之后，美国才宣布投入作战，因此可以说，美国是受到战争影响最小的国家。战后美国经济迅速发展，一跃成为资本主义世界新兴霸主，将英法等老牌资本主义国家远远甩在身后，美国的社会呈现出一片繁荣的景象。文化中心的转移随着世界经济重心的变化而变化，是一条颠扑不灭的真理。当美国成为全球经济重心之后，世界社会科学的学术重心也便转移到美国。为了论证现存的美国社会是一个合理合法性的完美社会，是一个"良性"社会的主要模式，也急需一种一般而又普遍性的宏大理论来说明美国社会的优越性，这也促使帕森斯从社会整体的系统考虑来保障社会经济的发展，试图通过构建一个抽象化的社会系统理论，来协调社会各系统之间出现的各种矛盾和冲突，因此，其理论更倾向社会秩序维持和制度优化方面。

在学术层面，结构功能主义的崛起是挑战芝加哥学派胜利的宣言。以实用主义思想为基础的芝加哥学派，在20世纪40年代之前一直占据着社会学主流思想的宝座，芝加哥学派的兴起当然也与当时的社会环境息息相关。"芝加哥学派在当时实用主义思潮的影响下对芝加哥城市的社会问题开展了一系列的实

---

❶ 杰弗里·亚历山大.社会学二十讲——二战以来的理论发展[M].贾春增,董天民,等译.北京:华夏出版社,2003:3.

证研究，从而使这个学派总体上具有注重实地调查、都市社区研究和解决实际问题的经验研究。在研究对象上，芝加哥学派以历史和社会现实中具体的社会现象为研究对象，关注"社会问题"，而不是发展和验证解释性理论"。❶ 随着美国整个社会的发展，尤其是战后在工业化浪潮的洗礼之后，很多城市原有的社会问题得到缓解，城市渐趋井然有序，这也就从根本上消除了芝加哥学派所存在的社会基础，其理论主张与社会现实出现了背离。在政府当局的需求看来，帕森斯所倡导的结构功能主义力图将经验与理论研究相结合，希冀建立一个系统的社会学理论体系来调节社会行动、整合社会关系、维持社会稳定的思想，相较于相较芝加哥学派更加具有契合性。

（二）帕森斯结构功能主义的思想渊源

帕森斯结构功能主义理论是一个在综合相关学者理论研究基础上，取其精华、为我所用，不断融合而成，是一个理论的"大熔炉"。通观结构功能主义的相关理论内容，我们似乎仍然可以看到，孔德、斯宾塞、涂尔干、韦伯等一位位人类思想史上的文化巨擘的影子——从身边走过。

奥古斯特·孔德的社会有机系统论。孔德用生物有机论对社会学进行划分，孔德认为，某一特定的生物现象只有在整个生命机体中才能体现其价值，一个物质要具备生命特征，必需要具备全面性和完整性，缺少了生物体的任意一部分，此物质便再也不是有生命的物质；沿袭这一思路，孔德将生物有机论的思想迁移到社会学中，提出了社会有机系统论，强调某一特定的社会现象应当置于整个社会中来加以分析和理解，要注重从整体的宏观层面上对社会进行整体系统的研究。也就是说，在孔德的理论体系中，社会系统是一个类似于有着生命的生物有机系统，具体把社会解构为"家庭——它们是社会真正的要素或细胞，然后是阶级和种族——它们是社会真正的组织，最后是城市和社

---

❶　周晓虹.芝加哥社会学派的贡献与局限[J].社会科学研究,2004(6):94-98.

区——它们是社会的器官"。❶ 孔德构建的社会有机系统论的观点，为结构功能主义提供了理论来源。

赫伯特·斯宾塞的社会有机论和社会进化论。斯宾塞同样提出了社会有机体理论，其思想虽然也来源于孔德，但是与孔德有着本质的不同。斯宾塞以生物学中的进化论为基础提出了社会进化框架，对动物有机体和人类社会进行了相关的系统划分和各部分系统的功能说明，但最终目的是维持和巩固社会的秩序和平衡。在社会进化的过程中，进步和发展虽然是一个总的趋势，但是整个过程不可避免要遭受社会外部环境的影响，为了实现社会的均衡发展，就需要一个不断调节适应的过程。沿着斯宾塞的相关理论观点，我们可以找到结构功能论的理论源头，而且在斯宾塞理论体系中，关于结构、功能、分化、同质性和异质性、功能相互依存等概念术语，都被融入，并有效支撑着结构功能主义理论。❷

埃米尔·涂尔干的社会有机体理论和社会团结理论。涂尔干的社会有机体理论认为，社会是具有结构功能的体系，组成社会体系的各部分相互作用和支持，都将对社会整体产生一定影响，社会系统各组织通过彼此之间的调适来完善社会体系。他指出，如果各部分失去平衡，便会打破社会的"正常状态"进入"病态社会"模式，而恢复原有各系统平衡状态的方式在于社会系统自身的调节和维持功能。除此之外，社会团结、整体意识、社会化等是涂尔干社会研究的核心概念。在具体的论述过程中，他论证阐述了社会意识和社会整合的思想，并且把教育作为实现个体社会化、达成社会共识的有效手段。涂尔干所主张的整体各部分维系社会整体的观点，对帕森斯结构主义产生直接影响。

马克斯·韦伯的社会行动与理性化过程理论。韦伯将社会行动分成"目的合理性行动""价值合理性行动""情感行动"和"主观行动"四种类型，从这一具体划分中，我们可以发现他对行动主体"主观意义"的重视与强调，

---

❶ 乔纳森·特纳.社会学理论的结构(第六版)[M].邱泽奇,张茂元,等译.北京:华夏出版社,2001:9.

❷ 贾春增.外国社会学史[M].北京:中国人民大学出版社,2000:216.

他认为"合理性"才是理解不同社会行动的核心。帕森斯将社会行动作为结构功能主义理论的研究核心，并构建出社会行动理论，足见受韦伯社会行动与理性化过程理论影响之深。

帕森斯在《社会行动的结构》中评论道："涂尔干只是清楚地看到定则的功能性方面，即定则对于决定个人行动的关系的地方，韦伯看到了它们在巨大的'构造'全貌中的结构性方面。"依此，帕森斯着重阐述了他的结构功能主义行动理论的构想。而他对社会系统中三种类型的行动定义和说明，是对韦伯社会行动目的合理性精华的汲取和提升。帕森斯对于社会结构中的控制层面的分析，是对先前韦伯提出的科层制统治形式的思考与演绎，期望通过建立合理概念的方式进行社会学的系统研究，高度赞赏其对行动体系性质概念的界定，把社会制度化看作结构和过程，据此从宏观层面上来把握社会行动的相关问题。

（三）帕森斯结构功能主义的理论框架

社会行动理论、社会系统理论、社会交换理论是帕森斯结构功能主义的主要核心理论构成，在晚年帕森斯又提出社会控制与变迁理论，共同构成了帕森斯的宏观社会体系理论。

1. 社会行动理论

社会行动的研究是帕森斯结构功能主义理论的起点，《社会行动的结构》对社会行动理论进行了集中阐述。帕森斯认为，在科学的概念化过程中，具体现象被分成若干单位或部分。粒子是物理学的基本单位，我们可以以具体的质量、速度、空间位置、运动方向对其特性加以描述，正是因为这些描述，这些行动体系中的单位才具有了基本特征，因此这些单位也就是存在的。在传统力学看来，一个单位只有质量但是不能确定空间位置，其存在也是没有意义的，按照此种逻辑，帕森斯提出了一种关于社会行动的基本概念框架——"单位行动"（unit act）是各种社会行动关系中最小的系统单位，并且从某个特定参照系的角度将单位行动当作一个具体存在的单位实体。那么如何对这一单位的行动进行描述就显得尤为重要。在帕森斯构建的社会行动理论之中，一项

"行动"在逻辑上要包含如下四个性质：①一个当事人，即"行动者"；②为了说明起见，这个行动必须有个"目的"，即该行动过程所指向的未来事态；③该项行动必然在一种"处境"内开始，其发展趋势在一个或几个重要方面不同于该行动所指向的事态，即目的。这种处境又可分解为两类成分：一类是行动者所不能控制的，就是说不能根据自己的目的加以改变或者防止它们被改变；另一类是行动者能够控制的。第一类可以叫做行动的"条件"，第二类可以叫做行动的"手段"；④这个单位在用于分析方面时，它的概念内在地包含着这些成分之间某种形式的关系。也就是说，只要该处境允许对于达到目的的手段有所选择，在那种选择中就存在着行动的一种"规范性取向"。❶

2. 社会系统理论

随着自然科学和社会科学的不断进步，出现了对帕森斯的社会科学问题进一步梳理的内在要求，也正是在此背景之下，帕森斯认识到他构建的社会行动理论，必须在有机整体中才能更好地在逻辑和结构上完成相互整合和联系。这也促使了帕森斯的研究实现了从"单元行动"转向"社会行动系统"，并认为要"以科学的观点把（个体行动者的）互动过程看作一个系统，并运用已成功地应用于其他科学的对系统进行分析的理论方法加以考察"。❷ 帕森斯将文化系统、社会系统、人格系统和行为有机系统作为社会行动的四个有机系统。这四个系统各自保持着其特有的力量，各个子系统之间的均衡是整个社会系统得以存在的前提条件。

文化系统具体是指系统内人们共同认同的价值体系和具有的文化传统，诸如宗教信仰、语言、民族习俗等。社会化结果的产生是整体社会价值观被社会成员内化的结果，从而为社会持续稳定发展提供内在的聚合力。社会系统是帕森斯强调的重点，也可以称作制度化，它是由社会具有不同价值取向的行动者相互作用的结果，"行动理论的目标就变成理解制度化模式（社会系统）是如何被价值观、信仰、规范及其他观念的复合体（文化系统）以及动机与角色

---

❶ 帕森斯.社会行动的结构[M].彭刚,译.南京:译林出版社,2003:44.

❷ T. Parson s. The Social System[M]. New York:The Free Press,1951:3.

扮演技巧的结构（人格系统）所制约的"。❶ 每个行动者的需要不同，对待事情的动机及秉承的态度也各异，这是由与每个行动者的性格及其所具有的不同社会属性所决定的，这也就是人格系统。帕森斯在这三个系统之上又提出了行为有机体系统，从生物学角度来看待行动系统的具体个体，行动者要在普遍性与特殊性，扩散性与专一性，情感性与中立性，先赋性与自获性，私利性与公益性之间做出抉择。稳定、整合与均衡是社会系统的长期目标。

3. AGIL 模型

在后期研究中，帕森斯发展了一种理论模型，这个新模型没有描述具体的经验任务，它只是处理产生单位行动不同要素的基本社会过程。新模型表达了一种更高层次的抽象。我们会看到这种抽象有一个很大的优点，它更精致、更简明，它使帕森斯能够解决曾使他混乱的问题。同时，这种抽象也不是没有缺点，它的精致使帕森斯远离了真实世界的细节。帕森斯称他新发明的模型为"交换模型"。他的学生将它命名为 AGIL 模型，它是以每个子系统的首位字母组成的缩写，读"AGILE"时，它传达了这个新模型具有更大灵活性的信息。这个 AGIL 模型将社会系统分成四个不同的方面进行描述，其中任何一个方面都不完全符合现存的某一种制度，但每一个方面既与稳定性相联，也与变化性相关。这四个方面代表了与思想关系和物质关系不同的接近程度。新模型意义在于以最有效的和可能的方式综合了唯心主义和唯物主义的传统。

"适应"（A：Adaptation）是代表社会中最与物质世界接近的力量，即强制的、"条件的"力量，无论人们是否喜欢它，都必须面对并适应它。经济是最与之相适、接近的领域。

"达到目标"（G：Goal attainment）代表这样的力量，由于这种力量深受物质的适应关系的影响，更受制于思想的控制，组织是通向这种子系统的关键，它企图控制外部力量的冲击以达到精心确定的目标。政治和政府是明确

❶　特纳.社会学理论的结构(第七版)[M].邱泽奇,张茂元,等译.北京:华夏出版社,2006:39.

与"G"相联系的社会领域。

"整合"（I：Integration）代表由导向团结的内推力形成的力量。团结是在群体内部发展出的被称为我们的情感，因为它是一种特殊的群体，它受规范而不是更广泛的价值观所支配。因此，尽管整合很少受客观的物质条件的影响，更不受适应或达到目标的影响，但它受纯主观方面的支配比最初可能的设想要少。

"维持模式"（L：Latent pattern maintenance）代表社会中最纯粹的主观力量，它是普遍性价值的领域，尽管这些价值与制度化的客观关系有很强的联系。"L"毕竟是社会系统而不是文化系统的一个方面，因此，它也受物质的强制因素支配。

适应（A） 经济资源	达到目标（G） 政治目标
维持模式（L） 价值观	整合（I） 规范

图 2-2　帕森斯 AGIL 理论

这些领域或子系统中没有一个是完全概念性的或完全物质性的，它是被帕森斯用以代表它们的相互关系的图式连接起来的一个点（见图 2-2）。

用这种方式画出的子系统中的每一个点被用来标注边界关系现象。行动的每个领域是一个子系统，子系统的边界是由其他具有较多物质关系或思想关系的子系统组成的。从中介体这个事实，帕森斯得出了互相依赖的结论。每个子系统通过它的边界进行交换。每个子系统的需求，可以由相邻边界提供，相邻子系统的需求由它来提供（见图 2-3）。

每个概念性和物质性的利益性层次，都依赖于拥有更多的物质性和概念性关系的子系统的支持或"输入"。帕森斯用一种经济的类比来强调这种相互贯通的思想。每个子系统是由来自邻近的子系统的输入形成的。四个子系统中的每一个子系统都生产一种明确的输出或产品——金钱、权力、规范和价值。这种产品是由它周围的子系统

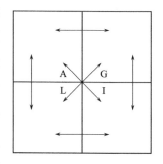

图 2-3　AGIL 理论边界关系

给它的输入或曰"生产要素"制造出来的。这种产品本身又成为一种"新的生产要素"，一种输入，其邻的子系统用它来制造自己的产品或曰"输出"。

4. 社会进化理论

帕森斯的结构功能主义从源头上深受美国社会环境的影响，致力于追求一个稳定的、理性的社会秩序，因此不可避免地将系统视作为一个静止的状态，没有意识到冲突和进化的一面，因此饱受不同学者的批判。为此，帕森斯晚年的学术生涯，在社会交换框架基础上，提出了社会进化的理论，用于指导和分析不断变化着的社会。帕森斯社会交换理论认为，社会系统中的四个子系统之间在保持能量平衡的前提下，整个系统将会处于稳定状态，任何一个子系统的能量失衡都可以造成整个系统的震荡，帕森斯在自己总结社会变迁的原因认为，"一个原因可能是在于行动系统间的交换中信息或能量的过剩；变迁的另一个原因来自能量或信息的供不应求，重新引起了社会体系结构内部和外部的再调整问题"。❶ 帕森斯从人类社会从低到高发展的规律总结社会的进化，认为经过分化、适应力提高、包容，最终达到价值普遍化，即发展演变出一套新的价值观为社会及个体所普遍接受，从而使进化后的社会结构更加稳定。

（四）帕森斯结构功能主义的核心命题

1. 价值规范：结构功能主义的思想基础

帕森斯的结构功能主义的研究始于社会行动，但是社会行动若想被社会所接受并具有意义，那么则必须遵守一定的价值规范。所谓"规范"是指行动者在确立目标、选择手段、克服障碍时所遵循的社会标准。超乎合理限度规范的行为将彻底失去意义，"正如运动脱离不了空间中位置的变化一样，脱离开朝向同规范相符合的任何努力，行动就不存在"。❷ 行动作为一个过程，实际

---

❶ 乌塔·格哈特.帕森斯学术思想评传[M].李康,译.北京:北京大学出版社,2009.
❷ 高宣扬.当代社会理论[M].北京:中国人民大学出版社,2005:546.

上就是将各种条件成分向着与规范一致的方向改变的过程。❶ 任何个体的行动都受到某种社会义务的限制，受制于一种无形的社会指令。

社会秩序有序维持的背后，都有着一套被社会信奉的"共同价值观念"，因为它的存在，深深影响着行动者的价值取向和行为选择，"任何行动者在决定选择什么手段的时候，不只是局限于其主观的因素，而且一定要考虑到社会规范，并由此使个人行动者同整个社会的价值符号系统联系在一起"。❷ 价值规范作用于日常生活的例子随处可见，酒驾入刑、逃票罚款、损坏公物照价赔偿等。

2. 社会化：结构功能主义的理论中介

社会学家将"社会化"作为个体内化到社会中的一种手段，使自然人成长为社会人。所谓内化，是指社会个体不仅从外在的行为上遵守社会行为准则，而且自愿将这些准则作为自己所信奉的价值准则，内化为一种价值理念和价值诉求。帕森斯将社会化引入结构功能主义，并将其作为该理论的中介。他认为，一个自然人成长为被社会所认可和接受的社会人的明显标志，就是肩负起自身所扮演的社会角色。比如，医生的角色在于治病救人，警察的角色在于维护社会公平正义，军人的天职在于保家卫国，校长的角色在于办学治校，这也是整个社会可以正常运转的前提基础。

一个进一步需要思考的问题是，社会个体该如何社会化，以及为何要社会化。在现代社会，按照个体成长的自然规律，家庭、学校、同龄人群体、工作单位依次交替成为个体社会化的主要场所，而且在个体社会化的每一个阶段，社会化的内容是不同的。比如，以学习文化知识为主的学校阶段的社会化，与努力创造社会价值的工作期间的社会化，社会化的内容肯定是各异的。但不管在哪一个阶段，个体的角色必须符合集合体的要求，并且文化价值系统所产生的规范影响越来越大，替代了自己身体原始感觉需要的各种驱动。这一过程如

---

❶ 塔尔科特·帕森斯.社会行动的结构[M].张明德,夏遇楠,彭刚,译.南京:译林出版社,2008:731.

❷ 高宣扬.当代社会理论[M].北京:中国人民大学出版社,2005:547.

果用帕森斯的学术语言进行概括，那便是"孩童开始以某些他认为体现成人价值观念的愿望为取向，他体内的需要则开始变成从文化上加以组织的需要"。❶ 社会化之所以在帕森斯结构功能主义的理论中占据重要地位，正是因为它作为一种中介，可以"负责向新成员传授和灌输社会价值观念、道德规范，使他们掌握承担角色的本领"。❷

3. 社会的整合和均衡：结构功能主义的终极理想

社会整合是迪尔凯姆社会学中的一个重要概念体系，只不过最初迪尔凯姆称之为"社会团结"。他认为，社会整合的目的在于通过结束社会的混乱、混沌和无序状态，保持社会规范的合理及有序。无论是个体的发展还是社会的进步，都不能脱离社会整合。以迪尔凯姆这一思想为基础，通过批判性的吸收和借鉴，帕森斯形成了结构功能主义的最终目标——促进和维持社会的整合和均衡发展。

社会均衡状态的实现，需要社会功能的正常发挥。社会均衡目标的实现过程中，存在着两个最关键的问题，分别是如何将人格系统与文化系统如何整合到社会系统之中。对于人格系统的整合，帕森斯提出两种途径：一种是社会化机制，上文已经提及，社会成员内化必要的文化模式，以此指导、调整行为；另一种是社会控制机制，发挥约束性及强制性手段和措施的作用。对于文化模式作用于社会均衡，一个最重要的方式便是一定的文化观念，比如价值观、信仰、意识形态等，可以为行动者提供一些大众的观点。

二、产业集聚理论

高等教育具有准公共产品属性，与追求经济利益的企业不同，因此既可以将高等教育视为一种产业，同时也不能完全将高等教育视为一种产业。高等教育的集聚与企业、行业的集聚也便有诸多不同之处，甚至其集聚现象背后的原

---

❶ 克里斯·希林,非利普·梅勒.社会学何为[M].李康,译.北京:北京大学出版社,2009:24.

❷ 贾春增.外国社会学史[M].北京:中国人民大学出版社,2002:226.

因更加多元和复杂。根据现有国内外学者对高等教育集聚的相关研究来看，尚未有一个单一而确定的理论对其进行阐述与研究，因此在进行高等教育集聚研究过程中，需要借助经济学和产业经济学等领域关于产业集聚的理论，对高等教育集聚问题进行"切割"与"把脉"。

（一）产业集聚理论概述

产业集聚在产业经济学领域被国内外学者广泛研究，所谓"产业集聚"是指"在产业的发展过程中，处在一个特定领域内相关的企业或机构，由于相互之间的共性和互补性等特征而紧密联系在一起，形成一组在地理上集中的相互联系、相互支撑的产业群的现象"❶。这些在地理空间范围内集中的产业，位于同一产业链的上下端不同位置，呈现出竞争与合作的状态，通过不断在产业链的纵向延伸及横向拓展形成专业化的分工格局。集聚区内的产业将获得比非集聚区内的产业更加充足的发展空间，其原因在于集聚区域之内处于不同产业链位置的产业，通过集中聚合可以激发出一种巨大的集聚——溢出效应，共享劳动力、生产技术、政策、信息、交通基础设施等生产要素，进而获得规模经济效益，提升区域内集聚产业的市场竞争力。

（二）产业集聚理论的形成机理

国内外学者针对产业集聚理论形成机理的研究，经过几代人的不断传承与拓展，从多角度较为全面地进行了阐述与揭示。

1. 产业区位：区位理论

区位理论从产业区位的维度解释了产业集聚理论的形成机理。区位理论是较早关于分析产业集聚与地理区位之间关系的相关理论，其理论自产生之日起

---

❶ MBA 智库百科.产业聚集理论［EB/OL］.（2016-10-22）［2020-11-2］.http://wiki.mbalib.com/wiki/% E4% BA% A7% E4% B8% 9A% E8% 81% 9A% E9% 9B% 86% E7% 90% 86% E8% AE% BA.

便在相关学者与时俱进的研究中不断完善，大致经历了一个从古典到近代再到现代三个不同演变阶段。

（1）古典区位理论：成本最低。

古典区位理论研究视角主要集中于人类活动场所，单个企业或者厂商的布局选址的理论基础在于市场完全竞争状态下的价格理论，人类活动空间选择及空间内人类活动的有机组合是其基本内涵。

工业区位理论始于杜能的相关研究。在 1862 年出版的专著《孤立国同农业和国民经济的关系》中，杜能基于对德国农庄长达 10 年之久的观察和分析，从地租级差、交通运输费用和产品价格方面分析了农业区位理论，提出农庄的土地，除了土地的天然属性，距离城市消费品市场中心的距离大小事成为决定土地利用价值和方式的主要因素。[1]

半个世纪之后，阿尔弗雷德·韦伯将工业区位研究推进了一大步，在其代表性著作《工业区位理论》中，系统全面阐述了工业区位理论。韦伯的工业区位理论核心是对运输指向、劳动力指向、集聚指向的分析，构成了其关于指向性分析的基础。韦伯以运输成本为基础，分析并运用当时社会的运输价格体系实际验证了运输指向规律，认为运输系统的类型、道路系统状况及运输货物的属性是影响运输成本的主要因素；劳动力指向规律认为，导致工业生产偏差的主要因素在于"区位图和劳动力区位的地理位置、围绕区位图上运费最小点的等运费系列及每单位产品重量劳动力区位的节指数"[2]；关于集聚指向性的分析为之后的区域理论分析提出了扩散效应和极化效应两种分析基础。韦伯还提出了影响工业在区域内集聚布局的影响因素，他认为工业集聚布局是在综合受到集聚力和分散力基础上互动作用的结果，技术、劳动力、市场因素及经济环境是促使工业在地理空间布局的集聚力，地租的不断增加是主要的分散力。除此之外，为了衡量大生产单位在实际过程中对小生产单位的吸引力大

---

[1]　杜能.孤立国同农业和国民经济的关系[M].吴衡康,译.北京:商务印书馆,1986.

[2]　保建.企业区位理论的古典基础:韦伯工业区位理论体系述评[J].人文杂志,2002(4):58.

小，韦伯还提出了计算集聚程度的公式。

古典区位理论将集聚区域中心的形成归结为区位成本，区位内经济生产以最小的投入获得最大的经济产出是区位中心的核心原则。韦伯更是直接认为低廉的商品运输成本和雇佣劳动力成本起着决定性的作用。

（2）近代区位理论：利润最大。

古典区位理论将成本最低作为核心原则，但是近代区位理论学者认为成本最低其实不一定能带来最大的利润，追求利润最大化才是集聚的最主要原因。在此理念上，费特、泰勒和廖什继承和发展了古典区位理论。

克里斯泰勒作为一名杰出的地理学家，为学界所熟知的"中心地理论"在其代表性著作《德国南部的中心地》中提出，他按照城市的中心居民点、行政管理及交通等职能，把区域内的城市和相应的城市等级做了划分，将其之间的关系概括为一个正六边形，她认为在一个区域内部有且仅有一个城市中心时，所呈现出的圆形服务面是中心城市理想的服务范围；在这个区域内部一旦存在两个或两个以上的同等级城市中心，此时圆形的服务面内部便出现了空白区域，相应的居民服务便无法达到最优。如果不存在空白区域，圆形之间便会相互重叠，圆形的市场区域逐渐转变为六边形的一个顶点，各个等级的中心地之间组成一个呈现依次递减的规律性的六边形，由此便形成了中心地理分布模式。

廖什在市场空间的基础上，在其专著《区位经济学》中提出了市场区与市场网的理论模型，由此成为区位理论在近代阶段的代表。这一模型认为：第一，产品生产和消费都是在既定的地理区间范围内部进行的，产品生产者的最终目标是追求利润最大化，而成本最小其实并不一定能确保生产者利润的最大化，因此这就导致获得最大的市场及市场区才是生产者选择区位的最佳选择；第二，一个企业的销售范围是以产地为圆心，销售距离最大值为半径构成的圆，产品的价格是产品需求量的减函数，"单个企业的产品总销售额是需求曲线在销售圆区旋转成的圆锥体"❶；第三，由于不断有企业进入，而且各个企业之间均有由自己销售距离构成的既定的销售范围，因此出现了圆外空档。不过最终这种圆形的市场是比较短暂的，因为进入的企业在不断地扩大自己的销售范围，圆与圆之间的空档终会被某一企业所占据，圆形市场经过企业间的挤压之后形成一个六边形的市场网络。

（3）现代区位论：综合决定论。

现代区位理论充分吸收和借鉴了古典区位理论和近代区位理论的观点，对两者不断融合，最终发展出了以综合决定论为主要原则的现代区位理论。

伊萨德是现代区位理论的奠基式人物，他提出区位的选择和产业的集聚是在综合考虑多种因素之后的结果，即产品生产者不但需要考虑实现产品利益最大化，还需要综合考虑不同区域之间诸如薪酬标准、自然资源及环境、价格水平等因素。在伊萨德之后，将行动者的行为要素也逐渐纳入区位理论的分析框架。例如，克鲁梅极其注重作为职业阶层经理人在区位选择过程中所发挥出的作用，认为区位选择与家庭背景、个人性格、社会环境及政府政策等因素均相关。区位选择的因素分别由内外两个维度，古典区位论和近代区位论的分析重点不约而同地偏向外部因素，而作为个人家庭、性格等内部维度对区位选择之间的联系被忽视。

因此，现代区位理论将区位要素的选择更多地倾向决策者（如经理职业阶层）个人的价值理念和行为方式，因此成本最低或者追求利润最大并不一定是最佳区位选择的唯一标准；再从研究的对象方面看，现代区位理论逐渐摆脱研究单一的工业区位或者农业区位，而是将各种区位纳入统一联系的区位体系之内，某一区位的选择都会不可避免地影响到其他区位。

从古典区位理论到近代区位理论再到现代区位论，区位理论关于产业集聚的研究不断深入，从古典区位理论对集聚的动力归于技术、劳动力、市场因素及经济环境导致的成本最低，到近代区位理论将中心地的形成归结为由于区位

---

❶ 张清正.中国金融业集聚及影响因素研究[D].长春:吉林大学,2013.

本身具有的中心居民点、行政管理及交通等职能属性导致的利润最大，再到现代区位理论将研究的焦点转变为既要考虑成本和利润，又要对决策者（关键行动者）价值观予以充分关注的综合决定论，全面分析了产业集聚的形成机理。

2. 外部经济：规模经济理论

规模经济理论从外部经济这一维度解释了产业集聚理论的形成机理。规模经济是产业集聚理论的一个子分支理论，同时也是区位理论关于集聚所产生经济效益方面的深度论证性理论。

如果一定要给规模经济理论寻找一个起源，那么可以直接追溯到古典经济学的创始人亚当·斯密。他在《国民财富的性质和原因的研究》中最先论证了劳动分工与社会生产力进步之间的关系。现代意义上的规模经济理论兴起于美国，阿尔弗雷德·马歇尔、张伯伦、罗宾逊及贝恩等学者关于规模经济形成原因机制的研究，形成了完整的规模经济理论，其中以马歇尔对规模经济理论的阐述最具代表性。

马歇尔的研究始于在《经济学原理》对"内部规模经济"以及"外部规模经济"两个概念的提出。马歇尔通过长期致力于考察英国工业企业区域集聚现象，最终认为其原因与外部规模经济紧密相关。所谓外部规模经济，是指在既定的空间区域范围之内源于某一种产业集聚，导致该区域范围内企业生产成本下降的一种现象。马歇尔认为外部规模经济同内部规模经济现象同样重要，可以影响产业组织效率。基于外部规模经济概念，马歇尔对规模经济的成因做了研究。

第一，公开性的行业秘密与协同创新。长久设置于某处的工业，会对那些需要同样技能的企业获得最大收益，行业的秘密成为公开的信息；某一人产生的新思想，经过其他人的吸收并经过合理化的改造，便会成为协同创新的源泉。

第二，辅助工业存在。高度专业化机械对某一行业生产的辅助性用品，比对集聚于一起的一批行业生产的辅助性用品，更加经济和实用。"在同一种类的生产的总量很大的区域里,即使用于这个行业的资本不是很多,高价机械的经济使用,有时也能达到很高的程度。因为辅助工业从事于生产过程中的一个小的部门,为许多邻近的工业进行工作,这些辅助工业就能不断地使用具有高度专门性质的机械,虽然这种机械的原价也许很高,折旧率也许很大,但也能够本。"❶

第三,专业技能型劳动力的有效需求与供给。集聚区内的工业企业可以更及时和有效地雇用和寻找到满足自身企业生产需求的劳动力,"在一切经济发展的阶段中,地方性工业因不断地对技能提供市场而得到很大的利益。雇主们往往到他们会找到他们所需要的有专门技能的优良工人的地方去。"❷

第四,补充性质❸工业集聚的经济效益。在某些行业中,因劳动需求的特性,不同性别从业者的比例存在显著差异。例如,钢铁行业主要需求男性劳动力,而纺织行业则对女性劳动力的需求较高。如果这两类行业分别分布在不同区域,可能导致区域内就业结构失衡,影响劳动资源的优化配置,从而增加生产成本,并可能对家庭收入产生不利影响。然而,若将两类行业在同一地区进行集聚布局,则可以通过产业间的互补性实现经济效益:一方面,区域内劳动力的性别分工更加均衡,有助于降低企业的劳动力获取成本;另一方面,家庭中男女劳动力可以同时获得就业机会,从而提升家庭整体货币收入水平。由此可见,补充性质的产业集聚通过优化资源配置与平衡劳动力市场,不仅提升了区域经济效率,也对社会经济发展具有积极意义。

第五,区域经济健康持续发展。区域内单一化的工业,会增加受到原材料和货币供应短缺造成经济崩溃的概率,因此集聚多元化的工业,可以有效增加经济抗风险的能力,"主要是依靠一种工业的区域,如果对这种工业的生产品的需要减少,或是它所用的原料的供应减少,则它就易于遭到极度的萧条。有

❶ 马歇尔.经济学原理[M].北京:商务印书馆,1981:284.
❷ 马歇尔.经济学原理[M].北京:商务印书馆,1981:284.
❸ 补充性质指的是在劳动力、资源需求、产业链上下游等方面存在差异性但又能互为补充的工业类型。

几种不同工业高度发展的大城市或大工业区，在很大程度上就可避免这种害处。如果其中有一种工业一时失败了，其他的工业就能间接地支持它；并使本地的店主能对这个工业中的工人继续予以帮助。"❶

第六，顾客便利。顾客的便利也是研究区位问题需要考虑的重要因素，因为顾客选择购买零碎性的商品，会遵循就近原则，但是对某些特别偏爱的商品，为了挑选出质量最上乘的商品会不怕麻烦，因此，家居日用品的商家不必遵循集聚原则，但是高质量的物品供应商应该遵循区位集聚的原则。

马歇尔认为上述诸多因素不断促使着那些追求外部规模经济的工业企业集聚于特定的地理区位。

3. 报酬递增：新经济地理学理论

新经济地理学理论从报酬递增这一维度解释了产业集聚理论的形成机理。

20世纪90年代以来，以克鲁格曼为代表的新经济地理学研究使产业集聚得以真正进入理论界的研究视野，为产业集聚提供了更加系统、科学的分析框架。克鲁格曼关于经济活动在空间范围内的集聚，他的代表作《收益递增和经济地理》，将区位理论关于交通运输成本纳入其研究框架，并且在D-S模型❷的基础上，构造了其研究经济活动的空间数量模型。在这一研究模型中，他解释了"核心"和"边缘"区域形成的过程与机理。❸克鲁格曼新经济地理学的提出，同样是建立在前人研究的基础上，他充分吸收和借鉴了规模报酬递增规律、市场外部性等理论的养分。

新经济地理学主要研究的中心问题是经济活动集中在特定地理空间的机

---

❶ 孙洁.文化创意产业集聚动力机制研究[D].上海：上海社会科学院，2012.转引自马歇尔.经济学原理[M].北京：商务印书馆，1981：286.

❷ 1977年，Dixit和Stiglitz在《美国经济评论》上发表了 *Monopolistic Competition and Optimum Product Diversity* 将罗宾逊(J. Robison)和张伯伦(Edward Chamberlin)在1933年提出的垄断竞争思想赋予了严谨而漂亮的模型表述，即D-S模型，这一模型为后来的新贸易理论以及新经济地理理论奠定了技术条件。

❸ 保罗·克鲁格曼著，吴启霞，安虎森译.收益递增与经济地理[J].延边大学学报(社会科学版)，2006(1)：50-57.

理，通过基于微观一般均衡方法，构建经济活动空间计量模型，概括出导致集聚的向心力和离心力，以及向心力和离心力是如何影响经济活动空间分布结构的目标。经过研究，以克鲁格曼为代表的新经济地理学家概括出影响经济活动集中在特定地理空间的机理：规模报酬递增、空间集聚和路径依赖。

与传统地理经济学研究不同，新经济地理学第一次将空间区位与规模报酬递增结合在一起，认为相较于规模报酬不变、完全竞争和比较优势，规模报酬递增、垄断经济和规模经济显得更加重要。规模报酬递增的原因正是在于区位空间范围内的经济集聚，它在本质上是一种成本节约效应，这种成本节约是由相互联系的产业区位毗邻所决定的。空间集聚是城市扩张和繁荣的一个因素，又和规模报酬递增息息相关，根本原因是产业大量集聚形成成本节约效应，相同和相近的产业集聚于一个地方，相异的产业集聚于另一个地方，最终出现了空间集聚。

克鲁格曼在分析具体产业集聚的"向心力"时，吸收和引入了制度学派"路径依赖"的核心概念，认为"路径依赖"是引致区位产业集聚的一个非常重要的因素。因为不同区位之间具体的地理位置是无法改变的，每个区位之间的集聚空间格局是多种多样的，在这些多样化集聚空间格局形成过程中，偶然性和特殊性的历史事件发挥着举足轻重甚至是决定性的作用，"因为某一历史偶然扰动，使某一区域的产业集聚产生了一定的先发优势，这将促使某一经济活动的长期集聚，历史的偶然扰动所形成的模式一经确立，这个模式将可能形成以报酬递增为基础的集聚过程，进而使产业区位优势不断得到加强"。❶ 产业集聚存在"向心力"，也存在诸多"离心力"，如地租差异、外部规模不经济等。

新经济地理学理论框架如图2-4所示。

---

❶ 刘林.高等教育与人才集聚两种投入对区域经济增长的共轭驱动研究:以江苏、浙江两省为例[D].北京:中国矿业大学,2014.

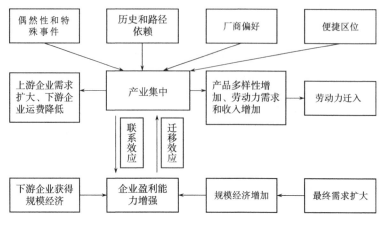

图 2-4 新经济地理学理论框架

对上述新经济地理学关于产业空间集聚的模型进行一个简单的归纳，"产业集聚起始于历史偶然，基于'路径依赖'，初始优势被放大，产生了'锁定'效应，在空间上不存在各要素报酬趋于相等的自动平衡。集聚的产生和区位都具有'历史依赖性'，集群内的企业由于内外部规模经济带来了收益，诱使集群外企业携资金、技术、劳动力等资源靠拢集群，使"路径依赖"更为强烈，而集群外企业无法企及"。❶

（三）产业集聚效应

关于产业集聚效应，学界并没有形成一个专门逻辑化、系统化的理论体系，本章关于产业集聚所产生的效应，是在国内外现有关于产业集聚研究的基础上尝试予以总结的结果。产业集聚所产生的集聚效应，大致可以从以下三个维度进行论述。

1. 生产要素集聚下的成本优势

产业集聚可以导致明显的外部经济，由于处于同一产业链条不同位置的企

---

❶ 张清正.中国金融业集聚及影响因素研究[D].长春:吉林大学,2013.

业及从业人员集聚于特定的地理区位，产业规模及市场规模明显扩大，产业链条健全完善导致集聚区域内企业成本下降和效益增加。产业集聚区域内的企业在市场规模、劳动力供给、原材料供给、信息和技术扩散等方面具有显著优势。❶ 产业集聚区域内的企业通过技术设备升级形成专业化的劳动分工，以及基础设施的开放与共享，可以迅速达到拓展市场规模、完善基础设施建设、迅速匹配到需要的熟练劳动力人才及降低商品交通运输成本的效果。在强大的"路径锁定"效应之下，产业集聚区域内的生产要素进一步区域优化，从而获得比非集聚区域更好的发展空间。❷ 克鲁格曼在中心—外围模型中也指出，在产业集聚的过程中向心力起到一种自发性的持续性力量，这一过程中伴随着交通运输成本的下降，以及产业所占据总产值比例的提升，集聚区域内的企业在降低商品交通运输成本、增加收益水平及扩展市场规模等方面产生巨大的优势。❸ 藤田昌久认为在产品生产商和服务商各自在企业选址存在博弈的前提下，产业集聚可以形成降低交通运输成本、汇聚专业化的熟练劳动力及交易成本的经济效应。❹ 国内部分学者的研究同样认为，产业集聚可以使集聚区域内的企业形成巨大的人才集聚效应，在劳动力获取及使用方面存在巨大的便利优势。❺ 因此，产业集聚效应最直接的体现便是使集聚区域内企业具有生产要素集聚的成本优势，通过充足的专业化劳动力获得及使用、原材料的供应、商品交通运输成本降低，降低市场交易成本，增加经济效益。

---

❶　MARSHALL A. Principles of economics[M]. London:Macmillan,1920:2-30.

❷　WEBER A. Theory of the Location of Industries[M]. Chicago,Ill,USA:University of Chicago Press,1962.

❸　KRUGMAN P. History and industry location:The case of the manufacturing belt[J]. The American Economic Review,1991 b,81(2):80-83.

❹　FUJITA M. Economics of agglomeration:Cities, industrial location, and regionalgrowth[M]. London:Cambridge university press,2002.

❺　胡蓓,翁清雄.产业集群特征对集群内人才根植意愿的影响:基于我国四个产业集群的一项实证研究[J].工业工程与管理,2008,13(5):113-119.

2. 网络结构下的知识、信息溢出效应

集聚区域内彼此临近的企业位置，为不同企业、员工之间的联系和沟通提供了便利的条件，使彼此间交流和学习的机会增加，逐渐在集聚区域内形成一个专业化的网络结构。专业化的网络结构，极大地便利了企业之间的沟通及协作，集聚区域内的各个企业依托这种便利的网络结构，不断进行集体学习，使区域内创新网络和环境不断互动，集聚区域获得持续发展能力。❶ 集聚区域内的企业在网络结构下也可以产生巨大的知识溢出效应，因为企业之间彼此临近的物理空间位置，使知识流动和转移成本降低，从而利于知识和信息的传播。知识的更新是企业发展中产生新知识、激发新的生产方法和技术的前提条件，因此在网络环境下，产业集聚加速了区域内的技术创新。❷ 马歇尔更直接用"免费服务"概括出集聚产生的巨大外溢性，彼此临近的企业之间可以共享新知识、新方法、新技术和新思想在产业集群中的外溢和扩散。❸ 因此，可以认为，产业集聚可以降低信息流通和交换的成本❹、产生知识溢出效应❺。

3. 形成竞争优势

波特在其著名的竞争优势理论中认为，汇聚一批制造商和供应商组成的产业集聚，将会极大地增强产业的创新和自我升级能力，形成独特的发展竞争优势，而传统中作为经济发展水平衡量主要标准的国内生产总值，其实并非能真正反映出某一国家或地区所具有的核心竞争优势。波特关于核心竞争优势的建

---

❶ CAPELLO R. Spatial transfer of knowledge in Hi-Tech Milieux: Learning versus collective learning progresses[J]. Regional Studies, 1998, 33(4): 352-365.

❷ 池仁勇. 区域中小企业创新网络形成, 结构属性与功能提升: 浙江省实证考察[J]. 管理世界, 2005(10): 102-112; 池仁勇. 区域中小企业创新网络的结点联结及其效率评价研究[J]. 管理世界, 2007(1): 105-112.

❸ MARSHALL A. Principles of economics[M]. London: Macmillan, 1920: 2-30.

❹ FUJITA M, SMITH T E. Additive interaction model of spatial agglomeration[J]. Journal of Regional Science, 1990, 30(1): 51-74.

❺ JAFFE A B, TRAJTENBERG M, HENDERSON R. Geographic localization of knowledge spillovers as evidenced by patent citations[J]. Quarterly Journal of Economics, 1993, 108(3): 577-598.

构，提出了"菱形理论"框架：生产要素、需求状况、相关产业和支持产业表现、企业策略、结构和竞争对手。波特认为产业集聚可以使一个国家或地区产生竞争优势，但是竞争优势的表现并非仅限于生产成本的降低和效益的增加，而更在于良好的声誉、经济规模，营造利于创新和企业发展的良好环境，产业集聚可以实现竞争优势。❶ 集聚效应有助于形成一个国家或地区的竞争优势，形成良好口碑，营造利于产业发展的创新环境。

第三节　本章小结

本章主要对集聚、高等教育集聚、高等教育一体化及高等教育层次结构等核心概念进行了相关界定，认为高等教育集聚是指在高等教育发展过程中，在一套共同价值观念的指引下，处在一个特定区域范围内，在区位优势、规模经济、先发优势等要素驱动下，不同办学层次和类型的高校、科研院所等高等教育机构，出于减少投入成本、获取竞争优势、共享知识信息溢出效应，而发生的空间集聚状态及过程，以实现社会资源的整合和均衡发展，"大学城"是其外在表现形式。它既包括静态的过程，即高等教育机构、要素、信息、资源等在空间上集中的状态，也包括动态的过程，即高等教育机构、要素、信息、资源等在空间上集中的过程。清晰的概念界定为本研究的具体展开限定了具体的话语情景。接着，对本书研究的寻找相关理论基础，其一是帕森斯结构功能主义理论，其二是来源于产业经济学的产业集聚理论。在明确核心概念，并寻找理论指导的基础上，紧接着对国内外关于高等教育集聚的研究现状进行了梳理，梳理后发现，高等教育集聚的概念进行了界定、形成了较为综合的研究视角，并且对中外高等教育集聚和布局进行了初步比较研究，现有研究对进一步深化研究此问题提供了借鉴。现有研究同样存在着不足之处，也便是本书拟进

---

❶ PORTER M E. Clusters and the new economics of competition[J]. Harvard Business Review, 1998, 76(6): 77-90.

行的研究方向所在，具体而言：其一，学者并未对高等教育集聚这一概念进行详细且清晰的界定；其二，学者并未针对我国高等教育集聚这一现象进行深入的专门研究；其三，现有的研究方法比较单一，尚待更加综合化的研究方法，且研究的理论指导方面不足；其四，由于既有研究方法和理论指导方面的欠缺，导致在构建关于高等教育集聚影响机制方面的研究较少。

第三章 我国高等教育发展历史、取得成就及挑战

研究思路

本章主要对新中国成立以来高等教育发展的历史进行梳理，总结高等教育发展经验，分析新时代我国高等教育发展面临的挑战，从历史和现实双重维度，为更好地开展高等教育集聚研究奠定基础。

第一节 新中国成立后我国高等教育的发展历程

教育社会学重要创始人涂尔干曾经提出，无论在什么时代，教育的器官都密切联系着社会的其他制度、习俗和信仰，以及重大的思想运动。因此，要想真正理解一个教育主题，使教育器官具有内在力量和生命都必须将其放到机构的发展背景当中，放到一个演进的过程当中，在一个历史的框架内来研究教育制度。❶ 对于社会科学来说，所有的科学都必须是历史的，所有的社会科学都

---

❶ 爱弥尔·涂尔干.教育思想史的演进[M].李康,译.上海:上海人民出版社,2003.

应该用过去时态来写，因为在某一特定时间点上的现实都是过去时间点上发生事情的逻辑结果。❶ 如金德尔伯格所说，经济学需要历史更胜于历史需要经济学。❷ 对于高等教育而言，更需要承认历史的作用，因为高等教育的过去总是深深渗透高等教育现在的发展，"高等教育的界限埋嵌在历史发展中"❸，"高等教育的历史多是由内部逻辑和外部压力谱写而成的"❹。为此，研究将从历史的角度对建国至高校扩招前的高等教育的发展历程进行回顾，明晰不同阶段我国高等教育资源区域分布的变化，以期能为高等教育资源区域分布的变化提供合理解释。

在此需要说明的是新中国成立至高校扩招之前这段时间，高等教育虽有所发展，但规模偏小，质量偏低仍是我国高等教育发展的现状与困境。改革开放以来，我国高等教育步入正轨，高等教育毛入学率从 1991 年的 3.5%提升至 1998 年的 9.8%，低于马丁·特罗提出的 15%的大众化标准，仍处于高等教育精英化时代。这一时期我国高等教育的主要矛盾表现为人民日益增长的接受高等教育的需求同高等教育供给不足之间的矛盾。相较于对优质教育资源的渴望，人们更希望得到的是一次高等教育入学的机会。因此，在此阶段，研究使用高等教育规模资源表征高等教育资源，即使用普通高等学校数或普通高等学校在校生数代替区域高等教育资源。

一、新中国成立后的 17 年（1949—1966 年）

1949 年新中国诞生，我国教育制度处在重大的历史转折期。新中国初期的高等教育与国民经济的恢复相适应，确立中国共产党在高等教育领域里的领

---

❶ 伊曼纽尔·沃勒斯坦.书写历史[M].上海:上海三联书店,2004:41.

❷ 宋媛媛.美国金融混业经营制度变迁研究[D].开封:河南大学,2010:摘要.

❸ 约翰·S·布鲁贝克.高等教育哲学[M].王承绪,等译.杭州:浙江教育出版社,2001:3.

❹ 克拉克·克尔.高等教育不能回避的历史:21 世纪的问题[M].王承绪,译.杭州:浙江教育出版社,2001:5.

导地位。党和政府根据"维持原有学校，逐步加以必要的和可能的改良"的总方针，采取先接管、接收和接办，后逐步加以改造的方法，先后接管了旧中国的公立学校，接收了外国津贴的教会学校，接办了旧中国的私立学校。其中公立高校占 60.78%，私立高校占比为 30%，教会学校为 9.8%。在地区分布上，上海高校最多，达到 36 所，占全国全部高校数的 17.56%，高校在校生数为 2 万多人，平均每十万人口中在校生数为 21 人；北京在这一时期拥有 16 所高校，在校本专科生数接近 1.5 万人；重庆和成都作为四川省两个高等教育资源最为丰富的地区，分别拥有 15 所高校和 10 所高校，占四川省高校总数的 69%；江苏共有 14 所高校，其中南京和苏州各 4 所，无锡 2 所；广东省共有 12 所高校，其中广州拥有 10 所，而湖北的 11 所高校全部在武汉；天津、河北拥有 11 所高校，其中天津 10 所，在校本专科生为 0.53 万人，平均每 10 万人口中在校生为 103 人。从大区的分布来看，华东地区一枝独秀，共有 73 所高校，接近一半集中在上海；西南地区共有 42 所高校，其中 36 所位于四川省；中南和华北地区的高校数分别为 36 所和 28 所，东北地区 17 所，而西北地区仅有 9 所。其中接近 6 成的高校位于沿海地区，而内地和边远地区的高校数少，宁夏、内蒙古、青海和西藏等省区没有一所大学，河南、山西和新疆等地也仅有一至两所高校。此外，新中国成立初期高校类型结构不合理，学科设置不合理，存在文重工轻、师范缺乏等主要问题。新中国成立初期高等师范学校仅有 12 所，全国高校在校生数不足 12 万人，其中文科和法科在校生共有 5 万多人，而工科仅有 3 万人，且工科系科设置较少，一般只设机械、电机、土木和化工等。当然这种学校类型和学科结构的设置是与旧中国社会政治经济极其落后相适应的。旧中国经济落后、工业不发达、科技需求少、科技含量低、财政落后教育投入不足等均是造成新中国成立初期文重工轻、师范缺乏的因素。

院系调整前，我国高校区域分布特征表现为区域结构布局不合理，多数院校分布在沿海地区和大城市。1952—1957 年，我国高等院校开始了有计划、有步骤的院系调整。这次院系调整的重点是"整顿与加强综合大学，发展专门学院"，同时这次院系调整以大行政区为单位，原则上在大区内进行。1952年院系调整共涉及近140所高等院校，占当时高校总数的70%。调整后，全国高校总数为201所，其中综合类高校21所，工业院校43所，师范院校33所，农林院校28所，医药院校32所，财经院校13所，政法院校3所，其他院校28所。此次院系调整的一个突出特点是集中于高等院校内部结构方面，基本实现了发展工科和师范院校的调整目标。高等教育部在总结1952年院系调整经验的基础上，提出了1953年院系调整工作方案。● 这次院系调整以中南区为重点，华东、华北、东北三区院系调整基本完成，主要进行专业调整，西南、西北地区则主要进行局部的院系和专业调整。经过1953年的院系调整，全国高校数有所减少，由新中国成立时的205所减少至182所。虽然高校数量减少，但学生规模有增加。高校招生数由1952年的78 865人增加至1953年的81 544人，在校生数则由1952年的191 147人增加至1953年的212 181人。在学生层次结构上，本科学生比例由68.7%增加至71.4%，专科学生比例则由31.3%下降至28.6%。研究生教育发展较快，其在校生规模由1952年的2763人增加至1953年的4249人。由于此次院系调整仍是在各大行政区划内进行，高等院校地区分布不合理的现状并没有得到明显改善。如北京、天津、上海等17座城市共有97所高校，占全国高校总数的50%，在校生规模接近16万人，占全国高校在校生总数的61.9%。1955年，高等教育部发布的《关于1955—1957年高等学校院系调整有关事项的通知》中明确指出，学校的设置应避免过分集中，学校的发展规模一般不宜过大。1955—1957年调整的重点在于改变高校过分集中于少数沿海大城市的不合理的现状。这次调整的主导思想是：贯彻精简节约的方针，既要逐步加强内地学校，又要注意充分发挥沿海和接近沿海城市学校现有的潜力。具体来说，就是将集中在沿海大中城市的高等院校分散到内地，促进内地高等教育发展。截至1957年，华北地区共有高校49所，占21.4%，较1949年增加了21所，比例提高7.7%；东北地区28

● 何东昌.中华人民共和国重要教育文献(1949—1975)[M].海口:海南出版社,1998:213.

所，较 1949 年增加 11 所，比例提高 3.9%；中南地区由 1949 年的 36 所增加至 45 所，占比则由 17.6% 提高到 19.7%；西北地区由 9 所增加至 22 所，占比由 4.4% 提高到 9.6%。而华东地区和西南地区高校数量均有不同幅度的下滑，其中华东地区高校数由 1949 年的 73 所减少至 1957 年的 57 所，西南地区则由 42 所减少至 28 所。❶ 因此，通过院系调整，我国高校分布不合理的状况得到了较大程度的改善，为高等教育落后地区的发展打下了基础，其积极影响至今犹存。

1958—1960 年是我国教育革命时期，1958 年，我国对高等教育的办学体系、领导体制和招生、毕业生分配制度等方面均进行了改革。领导体制实行除少数综合性大学、某些专业学院仍由中央教育部或有关部门领导外，大部分高校下放，归省（区、市）领导❷，招生体制则改变全国统一招生的制度，实行学校单独招生或者联合招生。❸ 1958 年 11 月，高等教育革命进入高潮期。与 1957 年相比，全国高校数由 229 所增加至 791 所，增长率高达 245%，其中中南地区和东北地区增长率最高，分别为 351% 和 346%，华东地区高校数增长率也高达 267%，华北、西南和西北地区的增长率分别为 147%、164% 和 182%。1959 年 1 月，中共中央召开教育工作会议，确定了巩固、调整和提高的教育方针。为提高教学质量、保障新生质量，同年恢复了全国统一高考制度。在这一方针政策的指引下，我国高校规模增长幅度明显放缓。1959 年，全国高校数为 841 所，较 1958 年增加了 6%。其中增长幅度最大的西北地区增幅也仅为 11%。1960 年，高等学校数达到 1289 所，招生数达到 32.3 万人，在校生数达到 96.2 万人，都创造了历史空前的最高指标。❹ 教育革命时期，我国高等教育秩序被打破，造成了人力、物力和财力的大量浪费，使高等教育质量严重下滑。1961—1965 年是我国国民经济调整期。1961 年 1 月，八届九中

---

❶ 数据由笔者根据《中国教育年鉴(1949—1981)》自行整理而得。

❷ 郝维谦.高等教育史[M].海口:海南出版社,2000:159.

❸ 《关于高等学校 1958 年招考新生的规定》[M]//杨学为.高考文献(上)(1949—1976).北京:高等教育出版社,2003:325-326.

❹ 郝维谦.高等教育史[M].海口:海南出版社,2000:186.

全会确定了"调整、巩固、充实、提高"的国民经济方针。依据此方针，高等教育事业在数量上实现了稳步发展，质量上有所提高。1961 年至 1965 年高校规模不断压缩，其中 1961 年调整幅度最大，到 1963 年年底基本完成高校压缩规模的任务。

1949—1966 年，我国高校主要集中于沿海地区和大城市的不合理的布局结构得到一定程度的改善。计划经济时期，我国高校布局结构的调整主要通过政府自上而下的行政命令得以实现，即通过新建、撤销和迁移等突变的方式使我国高校布局结构在短时间内发生变化，政府在其中起着绝对的主导作用。

二、社会转型期（1978—1998 年）

"文化大革命"结束后，我国高等教育事业迎来了新的发展局面。高校如雨后春笋般地出现，许多在"文化大革命"期间被拆并，或被迫停止的高校得意恢复和重建，我国高等教育进入新的发展阶段。

改革开放初期，政府高等教育工作的重点在于高校的恢复与重建，对高校区域布局问题并没有做出明确的规定，只是在原则上要求"高等学校的设立应吸取以前发展过程中的经验教训，考虑各地的实际情况，做到布局合理，以促进国民经济的发展"。❶ 1984 年 10 月，党的十二届三中全会通过了《关于经济体制改革的决定》，指出："随着经济体制改革，科技体制和教育体制的改革越来越成为迫切需要解决的战略性任务。" 1985 年 5 月 27 日，中共中央公布了《关于教育体制改革的决定》，详细阐述了我国教育体制改革的目的、任务、责任和手段等。以《关于教育体制改革的决定》为标志，真正拉开了我国高等教育体制改革的序幕。高等教育体制改革以简政放权、明晰中央和地方的责权关系、提高地方政府办学的积极性、扩大高校办学自主权、拓宽高等教育投资渠道及对高校内部管理体制和高校招生、毕业生分配等为重要内容。总

---

❶ 教育部人事司.高等教育学[M].北京:高等教育出版社,1999:161.

体上来看，改革开放至 20 世纪 90 年代初期，我国政府部门在高等教育发展上采取的些许措施一定程度上体现了高等教育区域布局的演变历程，主要体现在如下四个方面：部分大城市在老牌院校的帮助下建立了一批分校；部分发展水平较高的中专院校升格为高等专科院校；在部分经济发展水平较高的城市新建一批大专层次的职业大学，以及因特殊行业发展需求而建立一批行业特色型大学。这一时期我国高校数也有较大幅度变动，全国高校数由 1978 年的 598 所增加至 1988 年的 1075 所，十年间增加 477 所，平均每年增加近 48 所。从六大行政区划高校数的变化来看，华东地区高校总数一直遥遥领先，由 1978 年的 163 所增加至 1988 年的 312 所，年均增长比率为 9.14%；中南地区则由 123 所增加至 240 所，年均增长比例为 9.51%；华北地区由 100 所增加至 183 所，年均增长比例为 8.3%；东北地区由 86 所增加至 147 所，年均增长比例为 7.09%；西南和西北地区分别由 73 所和 55 所高校增加至 113 所和 98 所。

1992 年党的第十四次全国代表大会上确立了市场经济体制模式，经济建设步伐不断加快，社会对大学生的需求不断增加。这一需求折射出我国高等教育改革发展要适应经济体制改革的步伐，同时高等教育的经济价值得到重视，高等教育市场化、产业化的倾向日益凸显，市场在配置高等教育资源方面的力量逐渐加强。1993 年《中国教育改革和发展纲要》颁布，促使我国高等教育系统、深入地进行了管理体制、办学体制、投资体制、招生和毕业生就业体制及教育教学等方面的改革。

1982 年《中华人民共和国宪法》规定：国家鼓励集体经济组织、国家企事业组织和其他社会力量依照法律规定举办各种教育事业。受其鼓舞，社会力量办高等教育机构的现象出现，如联合办学、非政府独资办学、公办民助办学、民办公助办学等形式的新型大学。1987 年《关于社会力量办学的若干暂行规定》发布，明确了社会力量办学在我国教育系统中的地位和作用。《中国教育改革和发展纲要》将国家对于社会力量办学的指导方针界定为"积极鼓励，大力支持，正确引导，加强管理"。之后，民办教育得到蓬勃发展。据统计，1995 年民办学历教育高校有 18 所，民办非学历教育高校达到 800 余所，在校生达到 145 万人。高等教育办学体制的改革一定程度上缓解了经济建设和社会发展对多元化人才的需求，同时对我国高等教育地区布局产生了重要影响。由于我国区域经济发展的不均衡，导致民办教育在发展过程中呈现出明显的非均衡性。据原国家教委成人教育司对 1996 年地区民办教育在校生数占全国民办教育在校生数的比重看，东部地区占 49.15%，中部地区占 48.85%，西部地区仅为 2%。❶ 因此，整体而言，民办高校相对集中于经济发达地区，同时普通高等学校相对集中的城市。

高等教育管理体制改革主要是改变政府对高校管得过多、统得过死，改高等学校"条块分割"为"条块结合"，结束行业高校与地方经济发展脱节的局面，逐步建立国家与省级政府两级管理，以省级政府管理为主的、面向社会和市场办学的新型管理体制。为达到此目标，主要做法之一就是将大部分中央行业部门所属高校通过共建、划转等方式逐渐转移到地方，并最终合并到地方高校之中。到 1997 年年底，已有 86 所中央行业部属高校实行与地方政府共建，其中 8 所高校完全划归地方政府管理。❷ 截至 1998 年，全国共有 248 所高校经合并调整为 102 所普通高校，全国共有 229 所高校开展了校际合作，形成 163 个合作办学体。随着高等教育管理体制改革的不断推进，长期条块分割的管理体制被打破，逐步走向条块结合，高等教育结构、布局在全国范围内逐步走向合理。

整体上而言，进入 20 世纪 90 年代，我国高校数量上变化不大，六大行政区划的普通高校数量的变化差距较小，说明这一时期我国高校布局结构的调整由改革开放初期的大幅度变动逐渐向高等教育管理体制改革方面变动，更加注重教育资源的整合和重组。

三、大众化时期（1999—2018 年）

世纪之交，我国进入全面建设小康社会、加快推进社会主义现代化的新的

---

❶ 金忠明,李若驰,王冠.中国民办教育史[M].北京:中国社会科学出版社,2003:272.
❷ 周川.新一轮院系调整的特征与问题[J].高等教育研究,1998(2):25-28.

发展阶段。自 1999 年高等教育扩招，进入 21 世纪初，我国高等教育由精英化迈入大众化阶段。这一时期，西部大开发战略提上日程，并启动实施。同时，党的十六届五中全会和党的十七大报告中提出，要促进区域协调发展，缩小区域发展差异等政策目标。在现实需求和政府政策的导引下，政府对高等教育区域布局结构调整逐渐转入东、中、西部协调发展阶段。一系列重要会议的召开及相关政策的发布，为政府调整高等教育的区域分布奠定了基调。

2000 年，我国高等教育管理体制改革基本完成，形成了中央和省两级管理，以省为主的管理体制。这样部委所属高校数量大幅度缩减，但随之而来的问题则是部属高校地区分布严重失衡。以教育部直属高校为例，全国 75 所教育部直属高校，北京地区就独占 24 所，而河南、江西、河北、内蒙古、广西、贵州、云南和海南等十三个省区没有一所教育部直属高校。从"211 工程"高校来看，1993 年 3 月，"211 工程"正式实施，共涉及 112 所高校，是新中国成立以来由国家立项的规模最大，层次最高的教育工程。在此期间，入选"211 工程"高校的数量不断增加，直到 2011 年，教育部表示不再设立新的"211 工程"大学。"211 工程"大学的建设遵循了一个基本原则，即"一省一所，一部一所"，就是说除了教育部直属的高校全部进入"211 工程"外，隶属地方的高等院校一省原则上只能有一所高校进入"211 工程"，隶属各部委的高校原则上也只能有一所高校进入"211 工程"，当然部分省份也有例外。当下我国 211 工程大学省际分布的基尼系数达到 0.53❶，较 1978 年的 0.63 有小幅下滑，但差距依然很大，呈现"一超多中心"的发展现状。我国"985 工程"高校建设共分为三期，其中"985 工程"一期项目实施时间为 1999—2001 年，共 34 所高校入选；二期项目和三期项目的实施时间分别为 2004—2007 年和 2008—2012 年，期间共有 5 所高校入围。从"985 工程"高校的分布看，其在各省间分布的基尼系数达到 0.85❷，处于极度不均衡状态。东部 11

---

❶ 该结果由笔者根据当下我国"211 工程"高校的省际分布计算而得。

❷ 该结果由笔者根据当下我国"985 工程"高校的省际分布计算而得。

个省（区、市）共有"985 工程"高校 24 所，而中西部地区 20 个省（区、市）仅有 15 所。

2010 年《国家中长期教育改革和发展规划纲要（2010—2020 年）》提出优化高等教育区域布局结构，设立支持地方高等教育专项资金，实施中西部高等教育振兴计划。❶ 中西部高等教育振兴计划明确要求扩大中西部学生入学机会，优化院校布局结构，深入推进省部共建地方高校、加强中西部高校基础能力建设和支持中西部高校提升综合实力。❷ "十二五"期间，中央财政投入 100 亿元计划支持中西部 23 个省（区、市）及新疆生产建设兵团的 100 所左右省属地方本科高校。2012 年 9 月 7 日，"中西部高校综合实力提升工程"启动，要求在没有教育部直属高校的 14 个省份，专项支持一所本区域内办学实力最强、办学水平最高、有区域优势的高水平大学。而省部共建地方高校可追溯至2004 年河南省和教育部签署共建郑州大学的协议。发展至今，省部共建逐渐被"部省合建"所替代，即在没有教育部直属高校的省份，按"一省一校"原则，重点建设 14 所高校，精准施策，指导合建高校做好发展规划，尽快形成优势特色，打造推动区域发展的新引擎、高等教育发展的新高地，并为打赢脱贫攻坚战做出应有贡献。❸

2015 年 8 月 18 日，中央全面深化改革领导小组会议审议通过《统筹推进世界一流大学和一流学科建设总体方案》；10 月 24 日，国务院印发《统筹推进世界一流大学和一流学科建设总体方案》；对新时期高等教育重点建设作出部署，将"211 工程""985 工程"及"优势学科创新平台"等重点建设项目，统一纳入世界一流大学和一流学科建设；同年 11 月，由国务院印发，决定统

---

❶ 中华人民共和国教育部.国家中长期教育改革和发展规划纲要（2010—2020 年）[EB/OL].（2010 - 7 - 29）[2019 - 3 - 21]. http://www. moe. edu. cn/srcsite/A01/s7048/201007/t20100729_171904. html.

❷ 中华人民共和国中央人民政府.教育部 国家发展改革委 财政部关于印发《中西部高等教育振兴计划（2012—2020 年）》的通知[EB/OL].（2013 - 05 - 22）[2019 - 03 - 21]. http://www. gov. cn/gzdt/2013 - 05/22/content_2408927. html.

❸ 闽南网."部省合建"高校发展完整名单 青海大学入选[EB/OL].（2018 - 3 - 13）[2019 - 3 - 21]. http://www. mnw. cn/edu/news/1956479. html.

筹推进建设世界一流大学和一流学科。为进一步提升中国高等教育综合实力和国际竞争力，为实现"两个一百年"奋斗目标和实现中华民族伟大复兴的中国梦提供有力支撑。2017 年，中共中央、国务院作出建设世界一流大学和世界一流学科（简称"双一流"）的战略决策，这是中国高等教育领域继"211工程""985 工程"之后的又一国家战略。"双一流"建设的总体目标：推动一批高水平大学和学科进入世界一流行列或前列，加快高等教育治理体系和治理能力现代化，提高高等学校人才培养、科学研究、社会服务和文化传承创新水平，使之成为知识发现和科技创新的重要力量、先进思想和优秀文化的重要源泉、培养各类高素质优秀人才的重要基地，在支撑国家创新驱动发展战略、服务经济社会发展、弘扬中华优秀传统文化、培育和践行社会主义核心价值观、促进高等教育内涵发展等方面发挥重要作用。到 2020 年，若干所大学进入世界一流行列，若干学科进入世界一流学科前列。到 2030 年，更多的大学和学科进入世界一流行列，若干所大学进入世界一流大学前列，一批学科进入世界一流学科前列，高等教育整体实力显著提升。到 21 世纪中叶，一流大学和一流学科的数量和实力进入世界前列，基本建成高等教育强国。2017 年 9 月 21 日，教育部、财政部、国家发展和改革委员会联合发布《关于公布世界一流大学和一流学科建设高校及建设学科名单的通知》，世界一流大学和一流学科建设高校及建设学科名单正式确认公布，一流大学建设高校 42 所，一流学科建设高校 95 所；10 月 18 日，习近平总书记在党的十九大报告中指出，要加快一流大学和一流学科建设；12 月底，各高校"双一流"方案陆续公布，方案是各高校围绕"双一流"建设总体目标。

2016 年 12 月 7 日，习近平总书记出席全国高校思想政治工作会议并发表重要讲话，指出"要坚持把立德树人作为中心环节，把思想政治工作贯穿教育教学全过程"，"我们对高等教育的需要比以往任何时候都更加迫切，对科学知识和卓越人才的渴求比以往任何时候都更加强烈"，深刻阐明了高校思想政治工作的基本思路、关键环节和科学方法，为高校思想政治工作提供了根本遵循、指明了前进方向。2018 年，习近平总书记出席全国教育大会，这是继

1985 年、1994 年、1999 年、2010 年之后，党中央召开改革开放以来第五次、新时代第一次全国教育大会。习近平总书记发表了重要讲话，讲话站在新时代坚持和发展中国特色社会主义的战略高度，深刻阐明了教育在党和国家工作大局中的战略地位，首次提出教育是国之大计、党之大计，把教育摆在前所未有的高度，集中阐述了"九个坚持"，科学回答了教育根本性问题，为加快推进教育现代化、建设教育强国、办好人民满意的教育，指明了前进方向、提供了根本遵循。为进一步学习贯彻全国教育大会精神，2018 年教育部召开了全国本科教育工作会议，致力于回归教育规律，鲜明提出"四个回归"的基本遵循和"以本为本"的时代命题。印发"新时代高教 40 条"，启动"六卓越一拔尖"计划 2.0，发布实施涵盖全部本科专业类的教学质量国家标准。印发《职业教育校企合作促进办法》，启动产教融合建设试点，让职业教育更加贴近产业、让学生更多走进企业。为加快"双一流"建设实施，启动了高等学校基础研究珠峰计划，推动高校加快构建中国特色哲学社会科学，稳妥推进高校所属企业体制改革，促进高校技术转移和成果转化，更好服务经济社会发展。

在推动高等教育内涵式发展方面，党的十八大报告和党的十九大报告均提及"高等教育内涵式发展"，只是发展逻辑有所区别。党的十八大和党的十九大报告关于高等教育内涵式发展的逻辑分别为"推动"和"实现"，这显然是我国高等教育现实发展逻辑在政策文本中的反映。表明自 2012 年后，我国高等教育开始迈入以"内涵式发展"为重点的深化变革阶段。"公平"和"质量"这一对关键词是近年来政府对我国教育发展的定位与目标，同时也是我国教育实现内涵式发展的必要条件。为实现公平而有质量的教育目标，我国政府谋篇布局进行教育工作规划，驰而不息地进行教育改革。以改革为动力，我国高水平大学正在探索世界一流大学的中国发展模式，同时以需求为导向，打破身份固化，为之前办学水平高而无缘国家重点建设项目的大学打开了一扇大门，同时也为中西部高校的发展提供了契机。

四、普及化阶段（2019 年至今）

教育部发布《2019 年全国教育事业发展统计公报》，公报显示，2019 年全国共有各级各类学校 53.01 万所，各级各类学历教育在校生 2.82 亿人。其中，全国各类高等教育在学总规模 4002 万人，高等教育毛入学率 51.6%，我国高等教育正式步入普及化阶段。我国社会的主要矛盾已发生改变，我国高等教育步入了新时代现代化发展的历史方位。新时代，我国高等教育普及化阶段具有如下新的特征。

（1）加快实现高等教育现代化，服务支撑中国式现代化。2019 年 2 月发布了《中国教育现代化 2035》，中共中央办公厅、国务院办公厅印发《加快推进教育现代化实施方案（2018—2022 年）》，提出了到 2035 年总体实现教育现代化，迈入教育强国行列，推动我国成为学习大国、人力资源强国和人才强国的宏伟目标。作为科技第一生产力、人才第一资源、创新第一动力的重要结合点，高等教育是整个教育体系的龙头，其发展水平是国家发展水平和发展潜力的重要标志。强大的高等教育是一个国家经济硬实力、文化软实力、影响巧实力、技术锐实力、科学元实力的关键推动力、主要贡献者和重要策源地。将高等教育现代化视为在实现中国式现代化重要的战略地位，最终以中国式现代化全面推进中华民族伟大复兴。

（2）聚焦人才培养，提升根本质量。2019 年 4 月，教育部印发《教育部办公厅关于实施一流本科专业建设"双万计划"的通知》，决定于 2019—2021 年建设 1 万个左右国家级和 1 万个左右省级一流本科专业点。2019 年计划遴选 4000 个左右国家级一流专业建设点。一流本科专业建设"双万计划"分三年实施，经高校申报、教育部高等学校教学指导委员会推荐等程序，确定建设点名单。2019 年 10 月，教育部还启动了一流课程建设"双万计划"，也就是"金课建设"计划。教育部将建设 1 万门左右国家级一流课程和 1 万门左右省级一流课程，包括具有高阶性、创新性、挑战度的线上、线下、线上线下混合式、虚拟仿真和社会实践各类型课程。其具体任务是建设 3000 门左右线上"金课"、7000 门左右线上线下混合式"金课"和线下"金课"、1000 项左右虚拟仿真"金课"、1000 门左右社会实践"金课"建设。此外，还将围绕数学、物理学、化学等 17 个学科建设 260 个左右基础学科拔尖学生培养一流基地。2022 年，教育部高等教育司司长吴岩在出席第二届全国高校教师教学创新大赛全国赛闭幕式时表示，要"锻造中国金师"，教育部高等教育司将下大棋、推大招、布大局，为锻造"金师"提供政策保障和展示舞台。"一是树标杆，持续评选教学大师奖、杰出教学奖；二是建舞台，持续办好教师教学创新大赛；三是改评价，持续推进教师教学评价改革。"从"金专"到"金课"，从"金课"到"金师"，推动我国高等教育发展的"质量革命"。❶

（3）振兴中西部高等教育，提升整体质量。贯彻落实中央关于新时代振兴中西部高等教育的决策部署，实施新时代振兴中西部高等教育攻坚行动。①布下了一个大局：以西安、兰州、重庆、成都为战略支点，打造高校集群发展的"西三角"。②推出了一组大招：积极推动人才西进，布局重大平台，强化条件保障，加强信息化建设，推动国际交流合作和东中西部高校协作。完善人才培养、学科专业调整、产教融合、应用型发展等机制，全力打造有利于中西部高等教育跨越式发展的新生态，支撑中西部经济振兴、文化振兴、教育振兴、人才振兴。

（4）破解"卡脖子""卡脑子""卡嗓子"问题，提升服务质量。推进新工科、新医科、新农科建设，提升国家硬实力。2019 年 4 月，教育部在天津大学召开"六卓越一拔尖"计划 2.0 启动大会，正式全面启动新工科、新医科、新农科、新文科建设。同年，教育部发布《关于深化本科教育教学改革全面提高人才培养质量的意见》，要求"以新工科、新医科、新农科、新文科建设引领带动高校专业结构调整优化和内涵提升"，"四新"建设推动了新时代高等教育模式改革。推进理论研究、内容方式、组织模式及实践体系创新，

---

❶ 叶雨婷.打造"金专""金课"，锻造中国"金师"［N］.中国青年报,2022-8-8(5).

以未来技术学院、现代产业学院建设为抓手，探索构建产学研用多要素融合、多主体协同的育人机制。深化具有中国特色、国际实质等效的医学教育专业认证制度。面向山、水、林、田、湖、草、沙，努力培养未来的新农科人才。实施基础学科拔尖人才培养计划，提升国家元实力。建好 288 个拔尖人才培养基地，实施基础学科教育教学改革试点工作计划（"101 计划"），建好核心课程、核心教材、核心师资、核心实践项目，着力培养一批未来在世界上有重要影响力的杰出自然科学家、医学科学家、社会科学家。推进新文科建设，提升国家软实力。加快建构自主知识体系、思想体系与理论体系，培养一批知中国、爱中国、懂中国，会讲中国故事、能够讲好中国故事的时代新人，构建世界哲学社会科学领域的中国学派，向世界展现可信、可爱、可敬的中国形象。❶

（5）扎实推进高等教育数字化战略行动。一是建设国家高等教育智慧教育平台。为加速优质教育资源开放共享与应用，教育部组织建设了作为国家智慧教育公共服务平台重要组成部分的国家高等教育智慧教育平台，于 2022 年 3 月 28 日正式上线。平台资源覆盖高等教育全部 14 个学科门类、92 个专业类，面向高校师生和社会学习者提供 2.7 万门优质慕课，以及 6.5 万余条教材、课件、案例等各类教与学资源及信息。实现了德智体美劳"五育"并举，课内教育与课外教育横向联通，本科教育与研究生教育纵向贯通。上线三个月以来，主平台与子平台访问总量超过 180 亿人次，其中高校师生占 90%，社会学习者占 10%，国际用户覆盖 146 个国家和地区。二是深入实施"慕课西部行计划"。教育部指导实施的"慕课西部行计划"已为 725 所西部高校提供近 17 万门慕课及定制课程服务，帮助西部地区高校开展混合式教学 261 万门次，参与学习的学生超过 3.3 亿人次，西部高校教师接受慕课应用培训达 167 万人次。智慧高教平台着力推动"慕课西部行计划"的深入实施，开设"慕课西部行""虚拟教研室"等栏目，为东西部高校教师跨学科、跨校、跨区域

---

❶ 吴岩.以高等教育高质量发展全面服务支撑中国式现代化［N］.中国教育报，2022-11-15（1）.

开展教研活动开辟了新渠道，实现示范引领、技术赋能、连接东西、"强强联合""以强带弱"。三是加强在线开放课程教学管理。为进一步规范高校在线开放课程教学管理，教育部联合中央网信办、工业和信息化部、公安部、国家市场监管总局发布《教育部等五部门关于加强普通高等学校在线开放课程教学管理的若干意见》（教高〔2022〕1号）。文件重点从强化高校主体责任、提升教师教学质量、严格学生学习和考试纪律、加强平台监督管理、开展联合治理五个方面提出相关举措，保障线上教学与线下教学实质等效，助力在线教育行稳致远。❶

（6）推进高等教育治理体系和治理能力现代化。教育部高教司司长吴岩表示，要推进高等教育治理体系现代化，重点是建好高等教育的四梁八柱，其中，本科教育是顶梁柱。建设中国特色、世界一流的本科教育，要在本科教育治理体系现代化上下功夫，重点是抓好宏观、中观、微观层层递进、环环相扣的体系设计。在宏观上，抓思想转变、抓理念更新、抓制度确立；在中观上，抓质量标准、抓专业结构、抓标杆示范、抓改革创新；在微观上，抓领导促管、抓教师促教、抓学生促学。要推进高等教育治理能力现代化，没有科学完备的高等教育治理体系，建不成高等教育强国。同样，没有政治素质过硬、管理业务精湛、管理艺术高超的高等教育和高等学校管理队伍，也建不成高等教育强国。实现治理能力现代化的关键在治理队伍建设，从提升集体能力和个体能力角度出发，要努力按照"一想三能"（想干事，能干事、能干成事、能干成大事）、"四会两商"（会写、会说、会干、会研，智商、情商兼备）知识能力素质要求，努力打造政治强、业务精、闯劲足、作风硬的管理干部队伍。❷

❶ 中国教育在线.教育部:扎实推进高等教育数字化战略行动,不断完善教育信息化顶层设计和体制机制[EB/OL].（2022-8-22）[2022-12-24]. https://www.eol.cn/news/yao-wen/202208/t20220822_2242292.shtml.

❷ 吴岩.把"重大使命"转化为"强大动力"[EB/OL].（2019-12-6）[2022-12-24].http://www.moe.gov.cn/jyb_xwfb/moe_2082/zl_2019n/2019_zl92/201912/t20191206_411062.html.

第二节　我国高等教育发展的经验

一、立足中国国情，走中国特色高等教育之路，是我国高等教育发展的必然选择

世界各国都在积极探索建立一个既满足本国经济、社会发展需要，又适应经济全球化要求的高等教育发展新模式。新中国高等教育的发展既有光辉成就，也有曲折探索。从历史经验看，我国高等教育发展必须立足中国国情，走中国特色高等教育发展之路，即遵循社会主义教育制度的本质要求，适应以全面建设小康社会为标志的现代化建设的多方面需求，适应国家现代化建设对人才和智力支持的新要求，适应人民群众对于高等教育多层次、多类型、高质量的新期盼，并始终坚持对中华民族传统精神和学术文化的继承性和创新性。

二、遵循高等教育规律，坚持科学发展，是我国高等教育发展的必由之路

高等教育发展必须遵循其有自身的规律。长期以来，我们在高等教育发展的指导思想上存在着急于求成的情况，每当经济发展加快，大都伴随着高等教育的急剧扩张，在每次发展之后又总会经历一个结构调整和强调质量的阶段。因此，要处理好高等教育发展满足经济社会需要与人民群众需要的关系。高等教育发展应该适度超前于经济发展水平，但是如果忽视社会、经济发展的客观需求及教育发展的可能条件，就可能导致在教育发展中出现某些困难。高等教育发展既要考虑人民群众的热情和渴望，又必须考虑经济社会发展的水平和承受能力。要处理好高等教育适应经济社会发展与遵循自身规律的关系。高等教

育系统的改革是十分复杂的过程，改革政策的成败往往要在若干年后才能表现出来，其效果会影响到一代人，甚至几代人。因此，在确立高等教育发展战略与改革过程中，必须尊重高等教育的规律和特点，改革既要坚决，又要谨慎。

三、坚持育人为本，把促进人的全面发展和适应社会需要作为衡量高等教育人才培养水平的根本标准

把促进人的全面发展和适应社会需要作为衡量人才培养水平的根本标准，集中体现了马克思主义人的全面发展学说及其教育思想的要义，是新中国成立特别是改革开放以来党的教育方针的基本内容。确立以人为本的教育理念，人不仅是发展的手段，更是发展的目的。教育最为根本的作用在于促进人的全面发展，既要重视高等教育对于社会主义经济建设的作用，也要重视高等教育对于社会主义政治建设、文化建设、社会建设的作用，更要重视高等教育对于人的发展的意义，把教育的社会价值和个体价值结合起来，重视高等教育与社会整体和个人的协调发展。高校要以学习者为本，以学习者的发展需要为本，学习者对于教育拥有充分的选择权，让每一位学生能够选择到合适的教育，促进每一个学生的发展。高质量的高等教育就是培养好德智体美全面发展的社会主义建设者和接班人，就是要造就出信念坚定、品德优良、知识丰富、本领过硬的高素质人才。

四、坚持教师为本，把高校教师队伍建设作为高等教育发展的"重中之重"

广大教师和教育工作者是推动高等教育事业科学发展的生力军。要把加强高校教师队伍建设作为高等教育事业发展最重要的基础工作来抓，充分信任、紧紧依靠广大教师，提升教师素质、提高教师地位、改善教师待遇、关心教师健康。要真正树立人才资源是第一资源的观念，建设一支高水平的高校教师队

伍。营造良好的学术氛围、和谐宽松的学术环境，提供良好的教学科研条件；要关心教师，为教师提供良好的生活条件，使之过上体面的生活；要建立科学的评价机制，真正体现尊重劳动、尊重知识、尊重人才、尊重创造，体现百家争鸣、百花齐放。加强教师师德师风建设，使教师做到忠于职守、忠于学术理想、忠于党和人民的教育事业。

五、坚持改革，加大体制机制创新，是我国高等教育发展的不竭动力

改革开放以来，我国高等教育根据政治、经济、文化、科技发展的需要，遵循教育规律和特点，不断推进教育思想、教育制度、教育体制、课程与教学内容、教学模式与方法手段的改革。以改革为动力，不断推进高等教育迈向新台阶，促进了高等教育的大发展，提高了高等学校服务社会的能力。没有改革，就没有我国高等教育的大发展。当前，高等教育体制改革仍需不断完善和深化，政府转变职能和高校自主办学与自我管理的能力有待进一步加强。要坚持解放思想，不断树立新的观念，开拓新的思路；进一步深化改革，创新体制与机制，使高等教育更加适应社会主义市场经济体制和建设创新型国家的需要；要进一步营造有利于高等教育稳步、健康发展的体制环境；进一步理顺中央与地方的关系、政府与学校的关系、学校与社会的关系，探索建立符合高等教育规律的教育管理体制和现代大学制度，从而为高等教育的更好、更健康发展创造良好的体制环境。

六、坚持党的领导，全面贯彻党的教育方针，是我国高等教育发展的根本保证

党的领导是中国特色社会主义教育体系的本质特征。必须紧紧围绕党的中心任务和高校的中心工作抓党建。必须紧紧抓住培养人才这一根本任务，坚持

育人为本、德育为先的理念，不断加强和改进大学生思想政治教育。改革开放以来，高等学校紧紧围绕培养什么人、怎样培养人、为谁培养人这一重大课题，坚持党的教育方针，把立德树人作为根本任务，坚持育人为本、德育为先，以理想信念教育为核心，以爱国主义教育为重点，以思想道德建设为基础，以促进学生全面发展为目标，努力增强思想政治教育的针对性、实效性和吸引力、感染力，对提高大学生的思想政治素质和健康素质发挥了重要作用。

第三节　新时代我国高等教育发展面临的挑战

中国高等教育大众化的拐点已经到来，在高等教育规模基本稳定、生均教育经费投入大幅增长、重视全面提高高等教育质量和促进高等教育体制机制创新的条件下，在中国全面建成小康社会、基本实现教育现代化的时代背景下，中国高等教育完全可以成功跨越后发国家高等教育大众化的困境，并寻求中国高等教育大众化的发展模式、实现高等教育与经济社会的良性循环、建立起中国特色现代高等教育。

我国高等教育虽然取得巨大成就，但还不完全适应经济社会发展和人民群众接受良好教育的要求，同国际先进水平相比还有明显差距。高校的研究成果数量众多，但是与发达国家相比，研究成果的质量和国际影响力还有较大的距离，高等教育对于国家经济社会发展的贡献有待提高。

质量是高等教育的生命线。展望未来，要把全面提高质量作为高等教育改革发展最核心、最紧迫的任务，大力提升人才培养水平、大力增强科学研究能力、大力服务经济社会发展、大力推进文化传承创新，不断为社会主义现代化建设提供强有力的人才保证和智力支撑，为全面建设小康社会、全面建设社会主义现代化国家、实现中华民族伟大复兴做出应有贡献。当前中国高等教育发展的主要挑战有如下三个方面。

一、高等教育投入仍然需要持续增加

教育经费投入是高等教育发展的基本保证。从世界各国高等教育投入情况看，随着近年来经济增长困难，各国不同程度削减政府的公共财政投入，高等教育面临着财政紧缩压力。而就中国情况而言，从绝对数看，过去一段时间，高等教育处在"大投入、大发展"阶段，国家公共财政经费连续十年保持平稳增长，国家教育总经费成倍增长，高校绝对经费数量保持继续增长，生均拨款水平达到历史上最高水平。然而，从高校教育经费占全国总经费的比例看，总体略有下降。并且不同高校经费投入不平衡，很多新建本科院校的生均拨款尚未达到国家基本要求。我国高等教育自 20 世纪 90 年代中后期形成"财、税、费、产、社、基、科、贷、息"的多种融资渠道以后，各类资金为我国各级教育规模发展提供了强有力的支撑。近十几年来，除高校生均拨款标准和高校学费方面的几项政策以外，我国高等教育融投资体制改革基本处于停滞状态。未来我国高等教育社会投入能否保持稳定甚至稳中有升，是高等教育能否长期稳定发展所要面对的现实问题。中国未来高等教育发展中，应该适度降低学杂费比重，逐步提高财政投入的比重，拓宽其他社会投入的来源渠道。这将为中国高等教育实现科学发展提供主要的资金支持和投入机制保障。

二、高等教育的发展不平衡和差距显著

党的十九大报告明确提出，中国特色社会主义进入新时代，我国社会主要矛盾已经转化为：人民日益增长的美好生活需要和不平衡不充分的发展之间的矛盾。高等教育发展亦如此，存在着发展不平衡不充分的现实困境。一方面，中国东中西部发展不平衡，如重点建设高校主要集中在东部地区，再加上中国经济发展不平衡，东部发达地区的高校投入明显高于中西部地区。不同地区高校之间的差距仍然较大，从重点建设高校的区域分布来看，在 39 所"985 工程"高校和 112 所"211 工程"高校建设，中东部地区分别为 26 所和 71 所，

所占比分别为 66.7% 和 63.4%，中西部地区分别为 66 所和 17 所，占比分别为 15.4% 和 15.2%，西部地区分别为 7 所和 24 所，占比分别为 17.9% 和 21.4%。即使在 2017 年国家实施"双一流"建设重大战略后，东部、中部、西部地区高等教育发展不平衡问题依然没有得到明显改观。西部地区"双一流"建设高校总量偏少，2017 年仅有 9 所大学列入建设计划，占全国总数的 21.4%，其中 6 个省份没有国家"双一流"建设高校，仅有 51 个一流建设学科，占总数的 11%，西部地区国家重点学科国家重点实验室和工程技术研究中心科研平台数量少，分别仅占东部地区的 37.5%，7.6%，25.7%。从办学经费看，中西部地区的办学经费明显低于东部地区。近年来，尽管中西部地区的教育经费投入在逐年增加（其中义务教育阶段料经费占较大比例），但多数高校办学经费仍然相对短缺，如西部各省区高等生均预算内教育事业费、生均预算内公用经费，大多低于全国平均水平且与部地区差异较大。2017 年西北 5 省高等学校的教育事业费仅为 290 亿元，比江苏省的教育事业费还少 10 亿元；全国高校生均预算内公用经费为 886.5 元，新疆、陕西、贵州均低于全国水平，甚至还不到北京的 1/4。从高等教育国际化水平看，东中西部高等学校的不平衡问题也非常显著。《大学国际化水平排名（UR1-2018）》报告显示，2018 年东部地区大学国际化水平远远高于中西部地区，中部地区大学国际化水平也明显高于西部地区，学生国际化、教师国际化等专项排名中，仅有两所西部大学进入前十名。如从中外合作情况看，2017 年西部地区高等教育中外合作办学机构和项目均低于全国平均水平，主要集中在重庆、四川、陕西、广西 4 个省份，合计 86 个，占西部地区总数的近 73%，仅为东部地区的 20%；贵州、新疆、甘肃 3 个省份高等教育中外合作办学数量占西部地区总数的比例均在 5% 以下；西藏、青海、宁夏 3 个省份还没设立或举办中外合作办学机构和项目。

另一方面，高等教育发展不充分的问题也不容忽视。研究显示，2005—2017 年中国高等教育发展不充分性呈明显的下降趋势，但下降程度有限，2005 年高等教育不充分发展的综合指数为 76.2，2017 年下降至 61.9，不充分性下降 18.77%。2011 年，高等教育不充分性下降幅度最大，下降比例达

5.3%，其次为 2015 年，高等教育不充分性下降比例为 4.2%。另外，从时间维度看，2012 年以来，高等教育发展不充分性的下降趋势减缓且波动性加大。从 2017 年不同地区的高等教育不充分发展情况看：中国高等教育发展最为充分的前 5 个地区是北京、上海、天津、陕西、吉林，主要集中在三个直辖市及老牌高等教育强省。中国高等教育发展最不充分的 5 个地区是内蒙古、新疆、河南、山东、云南。

因此，如何破解区域高等教育发展不平衡、不充分的难题，让更多的人民群众享受更好的优质高等教育资源，是当下中国高等教育改革发展面临的重要挑战之一。

三、高等教育服务经济社会发展的能力需要进一步加强

当前，我国高等教育办学规模和年毕业人数已居世界首位，但规模扩张并不意味着质量和效益增长，走内涵式发展道路是我国高等教育发展的必之路。高等教育要切实增强服务经济社会发展的活力，培养经济社会发展最为需要的应用型、复合型技术技能人才，提高高等教育的贡献率和收益率，主动适应，引领服务经济社会发展和科技进步。但当下中国高等教育人才培养的质量、规格与经济社会发展所需的各种人才要求之间还存在一定的差距。2019 年 10 月 21 日，全国人大常委会执法检查组关于检查《中华人民共和国高等教育法》实施情况的报告指出，一部分高等教育机构的办学思路与发展目标还没有真正转到以服务国家需要和经济社会发展及促进学生成长发展为重点的战略上来，对经济社会需求和人民群众对于高等教育要求的认识、理解和把握不精准。产业结构优化调整和经济社会发展需求最为迫切的应用型、复合型、技术技能型人才十分紧缺，社会需要的人才高校培养不到位，高校培养的毕业生就业困难，人才供给和市场需求"对不上"，毕业生就业难问题逐渐显现，高等教育"产能过剩"的忧虑不容忽视。有关资料显示，我国高校毕业生的专业不对口比例由 2003

年的 31.3% 上升到 2017 年的 38.9%。工科类人才培养的规模和结构尚不能完全适应我国制造业转型升级的需求。机械类、电气信息类、化工与制药类、轻工纺织食品类等专业所占比例明显下降，与同期我国制造业迅速发展不相适应，可能会影响制造业转型升级。2015 年有关数据显示，高职高专人才培养主要面向第三产业的占 70% 左右，面向第二产业的只占 20% 左右，与制造业相关的更是只占 12.7%，对于制造业的人才支撑严重不足。

在中高等教育规模位居世界第一、高等教育进入普及化阶段的新形势下，如何改变精英教育和大众教育阶段的发展模式，以高等教育系统的多样化来适应经济社会发展和需求，实施高等学校分类管理、分类评价，就成为当下高等教育改革发展必须思考的重要议题。但促进高等学校多样化，并不是按照欧美的标准来指导中国高校发展。世界各国各地的高等教育系统被打上了时代烙印与各自特色，也是各自高等教育系统消化的结果。高等学校分类与多样化是高等学校发展的结果，关键要靠其自身的实践与改革的指导，而不是用西方的标准去衡量中国高校分类，更不能把这套指标体系强加于中国高校。随着经济增长与社会需求的多样化，在高校规模基本稳定并且竞争加剧的现实情况下，高校会逐步寻找自身定位、发展方向，中国高等学校分类的实践模式会逐步形成。要加快高等学校设置分类标准，引导各地政府、各高校主动适应地方经济发展，需要根据自身优势提高办学特色和办学水平。从地方政府层面来说，应着力于高校类型结构优化，根据地方经济结构和产业结构发展，统筹各级各类教育，推动地方高校转型把主要办学思路转到服务地方、经济社会发展上来，转到产教融合校企合作上来，转到增强大学生就业创业能力上来。从高校自身层面说应着力于层次结构和专业结构优化，主动结合地方特色和区域优势，科学合理，定位学校的层次类型，办学定位和办学目标，全面优化内部学科专业结构，增强人才培养与社会产业结构之间的契合度，消除同质化现象。❶

❶ 瞿振元主编.当代中国高等教育：以变化适应未来人才需求[M].北京：中国人民大学出版社，2021：18-26.

第四节　本章小结

　　本章首先从新中国成立后 17 年（1949—1966 年）、社会转型期（1978—1998 年）、大众化时期（1999—2019 年）及普及化阶段（2019—今）四个不同阶段对新中国成立后我国高等教育的发展历程进行了简单的历史回顾。其次总结了新中国成立以来高等教育发展的经验：一是要立足中国国情，走中国特色高等教育之路，是我国高等教育发展的必然选择；二是要遵循高等教育规律，坚持科学发展，是我国高等教育发展的必由之路；三是要坚持育人为本，把促进人的全面发展和适应社会需要作为衡量高等教育人才培养水平的根本标准；四是要坚持教师为本，把高校教师队伍建设作为高等教育发展的"重中之重"；五是要坚持改革，加大体制机制创新，是我国高等教育发展的不竭动力；六是要坚持党的领导，全面贯彻党的教育方针，是我国高等教育发展的根本保证。最后分析了新时代我国高等教育发展面临的三个主要挑战：一是高等教育投入仍然需要持续增加；二是高等教育的发展不平衡和差距显著；三是高等教育服务经济社会发展的能力需要进一步加强。

第四章　我国高等教育集聚的
现状及成因分析

■ 研究思路

　　本章主要通过赫芬达尔–赫希曼指数研究我国高等教育在七大行政区的集聚现状,采用泰尔指数衡量地区差异,厘清高等教育及不同区域间、区域内部高等教育集聚度差异的变化情况,并在此基础上试图寻找变化背后的原因。

第一节　高等教育集聚的现状分析

一、研究设计

(一)七大行政区划的划分

　　根据研究需求,本书将我国30个省(区、市)划分为七大行政区划,具体见表4-1。

表 4-1　七大行政区划

地区名称	省份
华东地区	上海、江苏、浙江、安徽、福建、山东、江西
华南地区	广东、广西、海南
华北地区	北京、天津、河北、山西、内蒙古
华中地区	湖北、湖南、河南
东北地区	辽宁、吉林、黑龙江
西南地区	四川、重庆、云南、贵州
西北地区	陕西、甘肃、青海、宁夏、新疆

注：考虑数据的可获得性，本书的地理区域划分并未将香港、澳门、台湾和西藏纳入。

（二）研究指标选取和数据来源

本书从高等教育机构和高等教育资源两个维度来衡量我国高等教育的集聚程度。其中高等教育机构主要包括高校数和科研机构数两个指标；高等教育资源则包括不同地区高校的专任教师数、在校生数和科研经费数三个指标。同时在测度不同地区高等教育集聚程度时，采用赫芬达尔指数予以衡量。赫芬达尔-赫希曼指数，是一种测量产业集中度的综合指数。它是指一个行业中各市场竞争主体所占行业总收入或总资产百分比的平方和，用来计量市场份额的变化，即市场中厂商规模的离散度。具体公式如下：

$$\text{HHI} = \sum_{i}^{N} \left(\frac{X_i}{X} \right)^2 = \sum_{i}^{N} (S_i^2) \qquad (4-1)$$

其中，X 表示市场的总规模，X_i 表示第 i 个企业的规模，N 表示该产业内企业的个数，S_i 表示市场份额。

本书根据研究需要将上述公式中各个指标变量进行加权处理，如下：

$$\text{HHI} = \lambda_1 \cdot \left[\lambda_a \cdot \sum_{i=1}^{n} (T_i/T)^2 + \lambda_b \cdot \sum_{i=1}^{n} (Y_i/Y)^2 + \lambda_C \cdot \sum_{i=1}^{n} (Z_i/Z)^2 \right] +$$

$$\lambda_2 \cdot \left[\lambda_d \cdot \sum_{i=1}^{n} (A_i/A)^2 + \lambda_e \cdot \sum_{i=1}^{n} (B_i/B)^2 \right] \qquad (4-2)$$

其中，T_i、Y_i、Z_i、A_i 和 B_i 分别表示各省市专任教师数、科研经费数、在校生数、高校数量和科研机构数量，T、Y、Z、A 和 B 分别表示全国范围内的专任教师数、科研经费数、在校生数、高校数量和科研机构数量。λ_1 和 λ_2 分别表示高等教育评价指标体系中高等教育资源和高等教育机构的权重，本书分别赋值 0.5；将高等教育资源中三个指标的权重分别赋值为 1/3，对高等教育机构中两个指标的权重赋值为 0.5。

此外，衡量地区差异的指标主要可以分为三类：离散指数、洛伦兹曲线指数和熵或信息论指标。[1] 与变异系数和基尼系数相比，泰尔指数具有较好的可分解性。具体而言，存在多个样本时，泰尔指数可以将样本间的总差异分解为组内差异和组间差异，进而比较两者对总差距的贡献率。[2] 计算公式如下：

$$L = \frac{1}{n} \sum_{i=1}^{n} \frac{y_i}{\bar{y}} \log\left(\frac{y_i}{\bar{y}}\right) \qquad (4-3)$$

其中，y_i 表示第 i 个区域高等教育集聚度，$\bar{y}$ 表示所有区域的平均指数。假设包含 n 个个体的样本被分为 I 个群组，第 i 组中包含的个体数为 n_i，y_{ij} 和 y_i 分别表示第 i 组中第 j 个地区的高等教育集聚度的份额和第 i 组集聚度份额，具体公式如下：

$$\text{Theil} - L = \sum_{i=1}^{I} y_i \log \frac{y_i}{n_i/n} + \sum_{i=1}^{I} y_i \sum_{j=1}^{J} \frac{y_{ij}}{y_i} \log \frac{y_{ij}/y_i}{1/n_i} = L_a + L_b \qquad (4-4)$$

本书选取除香港、澳门、台湾和西藏以外的 30 个省级区域作为研究对象。数据主要来源于《中国教育统计年鉴（2000—2017 年）》《中国科技统计年鉴（2006—2017 年）》和《中国教育经费统计年鉴（2000—2017 年）》。在此需要说明的是，由于《中国科技统计年鉴》对 1999—2004 年各地区科研机构数并无统计，数据只能从 2005 年开始计算。因此，1999—2004 年高等教育机构仅包括高校数量这一个指标。

---

[1] FAN C C, SUN M. Regional Inequality in China, 1978 – 2006[J]. Eurasian Geography and Economics, 2008, 49(1): 1-20.

[2] 刘宁宁, 唐玉光. 我国研究生教育规模的区域差异研究[J]. 研究生教育研究, 2017(4): 1-7.

二、高等教育集聚度的变化趋势

(一) 高等教育总量在全国空间分布的变化趋势

利用赫芬达尔指数计算了我国七大行政区划高等教育总量空间集聚程度的变化，见表4-2。

表4-2　七大行政区划高等教育总量空间集聚度

地区	1999 年	2002 年	2005 年	2008 年	2011 年	2014 年	2016 年
华东地区	10.0	8.1	12.0	12.0	11.5	11.4	13.7
华南地区	5.7	5.6	5.6	5.6	5.2	5.1	5.0
华北地区	13.9	11.3	9.8	9.4	9.6	9.8	9.0
华中地区	4.8	5.1	5.3	5.4	5.7	5.7	6.6
东北地区	6.5	9.0	6.2	6.7	6.2	5.8	3.4
西北地区	2.3	2.3	2.3	2.4	2.0	2.3	2.3
西南地区	2.8	3.0	3.0	3.2	3.4	3.8	4.0

注：为方便比较，本书将原始结果扩大至1000倍。

根据表4-2的研究结果可知，华东和华北地区高等教育总量集聚程度较高，形成了明显的集聚现象。两大区域高等教育集聚度的变化存在明显差异，华东地区高等教育集聚度由 1999 年的 10.0 增加至 2016 年的 13.7，华北地区则由 13.9 减小至 9.0，总体呈下降趋势。华中地区高等教育总量的集聚度总体呈上升趋势，由 4.8 提升至 6.6，17 年间提高了 37.5%。东北地区高等教育集聚程度于 2002 年升至顶峰，之后逐年下降，到 2016 年仅为 3.4，较 1999 年共下滑了 47.7%。华南地区高等教育集聚度一般，且呈现小幅下滑的趋势。西南、西北地区高等教育集聚度均偏低，但两地区高等教育集聚度的变化趋势大相径庭。西北地区高等教育集聚度在 17 年间基本呈现稳定的态势，而西南地区高等教育集聚度则有明显的增加之势。

（二）高等教育机构集聚度的空间变化趋势

我国高等教育机构在 1999—2016 年集聚度的空间变化趋势，见表 4-3。

表 4-3　高等教育机构集聚度的空间变化趋势

地区	1999 年	2002 年	2005 年	2008 年	2011 年	2014 年	2016 年
华东地区	8.1	6.2	10.1	9.8	9.8	9.5	11.8
华南地区	5.9	5.3	4.7	4.9	4.9	4.7	4.2
华北地区	11.1	9.2	9.6	9.9	10.3	10.8	10.5
华中地区	5.0	5.2	5.1	4.7	5.0	5.0	5.3
东北地区	6.5	9.3	6.2	6.6	6.2	6.1	4.1
西北地区	2.2	2.1	2.3	2.5	1.9	2.4	2.4
西南地区	2.9	3.1	3.1	3.1	3.3	3.6	3.8

注：为方便比较，本书将原始结果扩大至 1000 倍。

1999 年华北地区高等教育机构的集聚度最高，其次为华东地区，东北地区紧随其后。西北地区和西南地区高等教育机构的集聚度偏低。2002 年，华东、华南、华北等地区高等教育机构的集聚度有所下滑，而东北地区则大幅增加，由 6.5 增加至 9.3，高于这一时期的华北地区。发展至 2005 年，在实现高等教育大众化之际，华东地区高等教育机构的集聚度达到 10.1，高于华北地区的 9.6。此时东北地区高等教育机构的集聚度有所下滑，由 9.3 下滑至 6.2。之后的几年，各大行政区划的高等教育机构的集聚度均有所波动。但整体而言，华东地区、华北地区、华中地区、西北地区和西南地区高等教育机构的集聚度有所增加，而华南地区和东北地区高等教育机构的集聚度有所减小。

（三）高等教育资源集聚度的空间变化趋势

我国高等教育资源在不同行政区划范围内集聚度的空间变化趋势，见表 4-4。

表 4-4　高等教育资源集聚度的空间变化趋势

地区	1999 年	2002 年	2005 年	2008 年	2011 年	2014 年	2016 年
华东地区	12.0	10.0	14.1	13.8	13.3	13.3	15.6
华南地区	5.6	6.0	6.4	6.3	5.5	5.5	5.8
华北地区	16.7	13.5	10.1	8.9	8.8	8.8	7.6
华中地区	4.5	4.9	5.5	6.0	6.4	6.5	7.9
东北地区	6.5	8.8	6.3	6.7	6.2	5.5	2.7
西北地区	2.4	2.5	2.2	2.2	2.1	2.3	2.1
西南地区	2.7	2.9	3.0	3.2	3.5	3.9	4.2

注：为方便比较，本书将原始结果扩大至 1000 倍。

根据表 4-4 的统计结果可知，1999 年华北地区高等教育资源的集聚度最高，达到 16.7，其次为华东地区的 12.0，东北地区、华南地区和华中地区位居其后，西北地区和西南地区均较低。至 2002 年，华东和华北两地的高等教育资源的集聚度有所下滑，其他地区的集聚度有所增加，说明这一时期高等教育资源从这两个区域流向其他地区。到 2005 年，华东地区高等教育资源的集聚度有明显增加，此后几年虽有所波动，但到 2016 年整体呈现增加的态势。与华东地区变化类似的有华中地区和西南地区，两地区高等教育资源集聚度均呈现逐年递增的变化趋势。而华北地区的高等教育资源集聚度呈现逐年下滑态势，由 1999 年的 16.7 减小至 2016 年的 7.6，17 年间共下滑了 54.5%。东北地区在 2002 年达到峰值后，逐渐下滑，到 2016 年高等教育资源集聚度仅为 2.7。华南地区和西北地区高等教育资源集聚度变化幅度较小，基本保持稳定态势。

三、不同区域间及区域内部高等教育集聚度差异的变化

（一）高等教育机构集聚度地区差异的变化趋势

我国高等教育机构集聚度地区差异的变化趋势，见表 4-5。

表 4-5　高等教育机构集聚度地区总差异及分解

	1999 年	2002 年	2005 年	2008 年	2011 年	2014 年	2016 年
总差异	0.1466	0.1241	0.1293	0.1298	0.1231	0.1293	0.1334
组间差异	0.0417	0.0562	0.0413	0.0416	0.0287	0.0306	0.0229
组内差异	0.1049	0.0679	0.0880	0.0882	0.0944	0.0987	0.1105
华东地区	0.0275	0.0243	0.0219	0.0207	0.0206	0.0182	0.0132
华南地区	0.0073	0.0073	0.0084	0.0086	0.0084	0.0088	0.0216
华北地区	0.0211	0.0094	0.0314	0.0340	0.0412	0.0479	0.0543
华中地区	0.0054	0.0019	0.0000	0.0000	0.0002	0.0005	0.0000
东北地区	0.0195	0.0057	0.0051	0.0035	0.0037	0.0038	0.0032
西北地区	0.0176	0.0130	0.0123	0.0126	0.0121	0.0108	0.0103
西南地区	0.0065	0.0063	0.0089	0.0087	0.0082	0.0089	0.0079

　　根据表 4-5 的统计结果可知，1999—2016 年，除西藏、香港、澳门、台湾以外的其他 30 个省（区、市）的高等教育机构间的差异呈现先缩小后增加的趋势。具体而言，1999—2011 年，不同地区间高等教育机构数量的差异整体呈缩减的态势，到 2011 年下降至最小值，2011—2016 年，地区间的差异有所增加。根据泰尔指数的可分解性将地区间的差异分解为七大行政区域间的差异和七大行政区域内部各省市间的差异。从区域间的差异变化来看，1999—2002 年，虽有所上升，但 2002 年之后呈现逐年缩减之势，到 2016 年区域间差异的泰尔指数仅为 0.0229，相较于 2002 年下降了 59.25%。从七大区域内部不同地区间差异的比较来看，组内差异的变化幅度较小，1999—2016 年，组内差异有所变化，但整体有所增加，17 年间仅增加了 5.33%。从组内差异和组间差异的比较来看，组内差异明显高于组间差异，组内差异贡献率由 2002 年的 54.69% 增加至 2016 年的 82.86%。这说明我国不同地区间高等教育机构布局的差异主要由不同区域内部各省（区、市）的差异造成的，区域间差异的影响较小。

　　本书进一步对组内差异进行分解，分解为华东地区内部差异、华南地区内部差异、华北地区内部差异、华中地区内部差异、东北地区内部差异、西北地区内部差异和西南地区内部差异。由图4-1可知，自2002年后，华北地区内部各地区间高等教育机构布局间的差异高于其他区域，且呈现逐年递增的趋势。华东地区内部的差异在1999—2002年高于其他地区，但整体上呈现逐年缩小的趋势。西北地区内部的差异高于华中、东北和华南地区，且呈现逐年下滑之势。华中地区内部各省份间的差异最小，说明华中地区内部各地区间高等教育机构的分布最为均衡。华北地区内部各省份间高等教育机构布局的差异最大，表明其内部高等教育机构主要集中于一个或两个地区。2016年北京拥有91所普通高等学校，396所科研机构，而天津仅有55所高校和61所科研机构。同期的内蒙古高校数和科研机构数分别为53所和98所，差距之大一目了然。

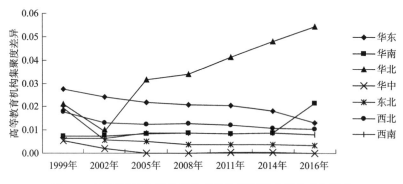

图4-1 不同区域内部高等教育机构集聚度差异的变化趋势

（二）高等教育资源集聚度地区差异的变化趋势

高等教育资源集聚度地区差异的变化趋势，见表4-6。

表4-6 高等教育资源地区集聚度总差异及分解

	1999年	2002年	2005年	2008年	2011年	2014年	2016年
总差异	0.2508	0.2222	0.1939	0.1815	0.1627	0.1600	0.1560
组间差异	0.0764	0.0611	0.0406	0.0308	0.0211	0.0160	0.0130
组内差异	0.1744	0.1611	0.1533	0.1507	0.1416	0.1440	0.1430

	1999 年	2002 年	2005 年	2008 年	2011 年	2014 年	2016 年
华东地区	0.0419	0.0459	0.0487	0.0482	0.0511	0.0487	0.0310
华南地区	0.0165	0.0205	0.0214	0.0193	0.0153	0.0138	0.0380
华北地区	0.0750	0.0529	0.0344	0.0289	0.0311	0.0326	0.0368
华中地区	0.0018	0.0014	0.0019	0.0022	0.0028	0.0031	0.0033
东北地区	0.0171	0.0068	0.0128	0.0166	0.0147	0.0107	0.0019
西北地区	0.0131	0.0222	0.0205	0.0211	0.0227	0.0209	0.0187
西南地区	0.0088	0.0114	0.0135	0.0144	0.0133	0.0137	0.0130

表 4-6 统计了 1999—2016 年不同地区间高等教育资源的总差异及分解后的差异变化趋势。从总差异来看，1999—2016 年，我国地区间高等教育资源集聚度的差异整体呈现逐年缩小的趋势，由 1999 年的 0.2508 缩减至 2016 年的 0.1560。根据泰尔指数的可分解性，将地区间总差异分解为七大行政区划间的差异和七大行政区划内部各地区间的差异。根据表 4-6 的统计结果可知，组内差异明显高于组间差异，且二者的差异均逐年缩小。就差异缩小幅度来说，组间差异的缩减幅度高于组内差异，17 年间组间差异由 0.0764 减小至 0.0130，共减少了 83%；而组内差异则由 0.1744 减小至 0.1430，共下降了 18%。组间差异的大幅缩小在一定程度上能反映出高等教育资源在七大行政区域间的流动。结合表 4-4 的统计结果可知，我国高等教育资源主要由华北地区和东北地区流出，向华东地区、华中地区和西南地区流动。本书进一步将组内差异分解为七大行政区域内部各地区间的差异。根据图 4-2 的统计结果可知，华东地区和华北地区内部地区间高等教育资源的差异高于其他地区，华中地区内部各地区间的差异最小。从差异的变化趋势来看，1999—2016 年，不同区域内部的差异均有所波动，但整体而言，华中地区、华南地区和西南地区内部的差异有所增加，而华东、华北和东北地区内部的差异则逐年减少。

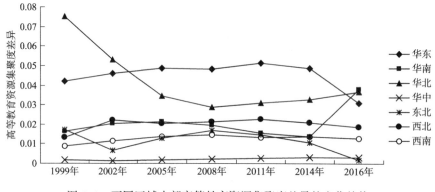

图 4-2　不同区域内部高等教育资源集聚度差异的变化趋势

　　综上可知，从高等教育集聚度来看，1999—2016 年，我国高等教育基本形成了华东和华北两大集聚高地，在这两大集聚高地的内部又形成了以上海、江苏和北京为核心的集聚中心。同时华中地区高等教育集聚能力在不断强化，极有可能成为继华东和华北地区之后我国另一个高等教育集聚高地。东北地区高等教育集聚能力在逐渐弱化，尤其高等教育资源的集聚能力弱化幅度较大。这说明自高等教育扩招，在以市场为主要资源配置方式的背景下，东北地区高等教育资源仍处于不断流出的状态。与此相对应，西南和西北地区高等教育集聚能力较弱，但两者均处于不断提升的态势。出现这一结果很有可能是在政府政策扶持下，政府资源不断向西部地区倾斜，同时在市场竞争机制下，西部地区逐渐强化自身办学特色，提升自身竞争力，吸引其他地区高等教育资源流入。从高等教育集聚度的地区差异来看，整体而言地区间差异逐渐缩小，其他行政区划间高等教育集聚度的差异在不断减小。从其他行政区划内部高等教育集聚度来看，华东地区内部存在明显的以"苏—沪"为核心的高等教育集聚圈，但这种极化效应随着高等教育发展有逐渐弱化之势。这说明华东地区内部以江苏和上海为核心的集聚高地发挥了其相应的辐射带动作用，使周边其他地区如安徽、山东等地的高等教育集聚能力逐渐增加，即华东地区内部业已形成了高峰耸立、高原隆起的格局。华北地区内部也存在以北京为中心的高等教育集聚圈。华南地区高等教育集聚能力一般，尚未构成我国高等教育集聚高地，其内部高等教育资源也不断向广东地区集聚。与华南地区类似，西南地区高等教育集聚的变化也呈现此趋势。东北地区在 1999 年，其高等教育集聚能力突出，但进入 21 世纪其集聚能力逐渐弱化。同时其内部三个省份间的差异逐年缩小，说明东北地区内部也未形成明显的高等教育集聚高地。华中地区作为潜在的高等教育集聚高地，其内部差异最小，说明湖北、湖南和河南三地高等教育集聚能力势均力敌，差异较小，呈现齐头并进的发展态势。

第二节　原因分析

一、经济原因

通常而言，高等教育的发展既要受到经济发展的制约，同时又会促进经济的发展。不同地区经济发展水平的差异会直接影响到地区教育发展的经济能力及区域居民教育支付能力，从而造成地区教育发展水平的差异。新中国成立至改革开放前夕，我国高等教育发展实行高度中央集权管理体制，但并不能说此时的区域高等教育的发展没有受到经济的影响和制约。如新中国成立至 20 世纪 70 年代我国在区域经济发展上采取的是区域均衡发展战略，其本质在于使经济建设的重心由沿海向内地，尤其是西部地区转移。与经济发展战略相一致的我国高等教育发展实行区域均衡发展战略。在该战略的指引下，我国高等教育强调向广大工农开门，重点发展高等教育以适应经济发展需求等。1952 年院系调整，加强了内地高等教育发展，做到每个省区至少有一所综合性大学，使地区间高等教育发展不均衡的现状得到显著改善。这一时期院系调整的主要目的之一也在于使高等教育布局与当时的社会经济结构和工业布局一致，培养社会主义建设急需人才。20 世纪 70 年代末至 80 年代，区域重点发展战略占据主导地位，即强调经济发展的效率，承认地区发展的不均衡性，在政策上鼓励有条件的地区优先发展，再带动其他地区发展。由于东部地区经济实力雄厚，高等教育发展水平较高，这一时期政府在政策资源上优先向东部地区倾斜，给予东部地区重点支持。此时高等教育发展战略与经济发展战略类似，即由沿海到内地的梯度推进的发展战略。尽管在进入 21 世纪东、中、西部地区高等教育发展水平间的差异有所缩小，但整体而言，我国高等教育自东向西由相对发达到不发达的格局并没有发生根本性改变。

二、历史原因

封建社会，教育和政治一体化体现在"学在官府"，高等教育机构主要集中在政治中心所在地。明末清初，近代工业的发展改变了农业社会经济区域分布格局所遵循的原则。工业与贸易倾向于人口集中、交通便利的城市。因此，位于河口海岸、交通便利的城市近代工业发展较快，也逐渐成为现代大学定位的选择。而我国具有现代意义的大学的创建与近代工业的发展有着密切的联系。[1] 近代高等教育产生的省域主要集中在近代工商业比较发达的沿海和沿江城市，与今天高校集中度比较高的地方非常接近。[2] 民国初期，军阀混战，经费缺乏，各地经济、文化发展极不平衡，高等教育发展亦处于混乱状态。到国民党统治时期，我国高等教育区域分布已经极不平衡。抗战时期，沿海地区的高校大量内迁，使陕西、四川、云南和甘肃等地的高校数量迅速增加[3]；抗战后期，国民党制订回迁计划，一部分高校留在了边区省域，为西部内陆高等教育的发展打下了历史基础。20 世纪五六十年代，我国对高等教育进行了择优扶强形成了一批重点院校，但客观上也造成了高等学校之间在规模、速度、结构和效益方面的差距，形成区域间、区域内的高等教育发展不平衡。20 世纪八九十年代中期，高等教育实行了非均衡发展战略，通过加大投资力度等手

---

① 张燕燕,王孙禺,王敏.我国高等教育资源区域分布历史演变驱动因素和作用机制[J].清华大学教育研究,2013(2):76-80.

② 张秀萍.中国省域高等教育竞争力研究[D].大连:大连理工大学,2013:101.

③ 侯德础.抗日战争时期中国高校内迁史略[M].成都:四川教育出版社,2001.

段，加快了东部地区高等教育的发展步伐。❶ 在长期的历史发展中，由于自然地理条件、经济发展格局、战争等因素的综合作用，这种由东向西高等教育发达程度逐渐降低的区域分布格局没有得到根本性改变。❷

三、政府原因

目前，我国高校在行政区划层级上的纵向分布结构呈现明显的政治中心群聚现象。❸ 从政府角度看，新中国成立后，我国高等教育的区域分布是在国家区域发展战略的影响下发展变化的。改革开放前，我国实行的是区域经济均衡发展战略，到改革开放后实行区域经济非均衡发展战略，到后来实行区域经济非均衡协调发展战略，几次大的区域发展战略的改变和我国经济体制的转型，对我国高等教育区域分布产生了重大影响。虽然在不同社会背景和历史时期，国家调整区域高等教育发展战略的侧重点不同，但都是由政府自上而下推动实施的，体现了极强的政治意图。❹ 贾云鹏将政治因素作为影响我国高等教育资源配置的首要因素，主要体现在三个方面：首先体现在区域政治地位和高等教育资源分布上；其次体现在高等教育资源分布的内部差异上；最后体现在管理体制对高等教育资源分布的影响上。❺ 张秀萍对此进行了深入和具体的分析，将政府因素分解为政策因素和制度因素。影响我国省域高等教育结构布局的政策范式有三种：首先是院系调整，采取国家范围内的院系调整政策，直接影响

---

❶ 卢建飞.我国高等教育区域发展不平衡性问题分析[J].理工高教研究,2005(4)：13-15.

❷ 张燕燕,王孙禺,王敏.我国高等教育资源区域分布历史演变驱动因素和作用机制[J].清华大学教育研究,2013(2)：76-80.

❸ 伍红军,罗英姿.中国高校的纵向分布结构:政治中心群聚现象[J].现代教育管理,2012(5)：11-16.

❹ 张燕燕,王孙禺,王敏.我国高等教育资源区域分布历史演变驱动因素和作用机制[J].清华大学教育研究,2013(2)：76-80.

❺ 贾云鹏.我国高等教育资源地域分布的现状、特点及成因[J].江苏高教,2009(2)：48-50.

我国高等教育的区域布局；其次是实施重点建设工程，推行国家重点建设政策，优先扶持和提升一批重点高校和重点省域高等教育竞争力；最后是鼓励社会力量办学，推行政府主导下社会力量办学政策，由于各省域经济发展水平和教育财政投入能力的差异，直接导致各省域高等教育发展水平的差异。制度方面主要集中于高校经费管理制度。我国高校经费管理制度主要实行两级政府管理，以省级政府管理为主，极大地调动了地方政府投入高等教育的积极性。❶虽然省域高等教育主要由省级政府负责管理，但不同地方政府投资高等教育的积极性和具有的财政能力有差异❷，且我国高等教育经费主要来源于政府拨款，政府专项拨款主要流向少数拥有重点工程建设高校的省份，因此这些省份在完成不断自我强化的循环累积过程的同时，也拉大了与其他省份高等教育资源的差距。❸有些学者将注意力集中于我国高考录取制度。一方面，各省的招生计划数存在差异。有研究表明，省际高校数的分布直接影响各省的招生计划数。不仅省属高校主要面向省内招生，而且省内部属高校所在省份的招生名额也显著多于其他省份。❹另一方面，不同省份录取分数线和录取率存在极大差异，分数的价值大不相同，以形式的平等掩盖了实质的不平等，进一步使原有省域间高等教育水平的差距变大。❺

四、城市化原因

首先，城市化模式影响高等教育资源区域分布。高等院校在空间上定位于

❶ 张秀萍.中国省域高等教育竞争力研究[D].大连:大连理工大学,2013:90-99.

❷ 陈上仁.我国区域高等教育发展失衡及其解决对策研究[J].中国高教研究,2005(3):38-41.

❸ 游小珺等.中国高等教育经费投入空间格局及形成机理研究[J].地理科学,2016(2):180-187.

❹ 沈鸿敏,刘求实.我国高校地区分布非均衡问题及其影响分析[J].教育发展研究,2008(1):16-20.

❺ 温习勇.影响我国教育均衡发展的原因与矫治对策[J].陕西理工学院学报,2005(1):84-88.

城市，物质上依赖于城市，城市化模式对高等教育资源的布局影响很大。如分散型城市化的国家，其高等教育布局也比较分散和区域化，以美国为代表，高校分散于各个城市；紧凑型城市化的国家高等教育布局也较为集中，如日本的大学集中在东京、大阪等。[1] 其次，城市化决定了高等教育发展的规模。城市经济增长的快慢决定了高等教育规模的大小。教育机构培养人力资源的规模、层次和结构都不是由其主观意志所能决定的，而是根据经济实力和社会生产力发展水平来决定的。[2] 再次，城市化进程会影响高等教育结构的调整。城市规模的变化会引起教育层次结构的变动；城市政治、经济、科技、文化等方面的发展导致社会对人才学历层次需求变化；人们物质生活水平的提高，要求享受高层次教育的愿望将愈来愈强烈，也会影响教育结构的变化。[3] 最后，刘铁、邬大光以长江三角洲为例对城市化和高等教育的关系规律进行了探讨，指出城市化的发展呼唤教育水平的提高，对高等教育提出新的要求，直接促进了高等教育的发展，即中心城市纷纷兴办大学园区，高等职业教育和民办高等教育快速增长，获得大力发展。[4]

五、区位原因

我国高校区位分布现状呈现以下特点：从宏观层次纵览我国高校的区位分布呈现"东密西疏"的特点，华东和中南区高校数量占到一半以上，而西部地区仅为1/5；从中观区位看，高校布局呈现"大聚小散"特点，即高校普遍聚集在区域中心城市，而且集中度很高；但规模小、专业性强的高校一般布局

---

[1] 张臻汉. 高等教育与城市化的关系研究[J]. 兰州大学学报(社会科学版), 2013(6): 154-159.

[2] 翁京华, 韩玉启. 城市化与高等教育的相关性分析[J]. 城市发展研究, 2012(5): 1-4.

[3] 孙维胜, 滕越. 城市化进程与教育结构调整[J]. 当代教育科学, 2003(1).

[4] 邬大光, 刘铁. 珠江三角洲城市化进程与高等教育的互动[M]//陈甬军, 陈爱民. 中国城市化: 实证分析与对策研究. 厦门: 厦门大学出版社, 2002: 431-439.

较为分散，集中在中小城市。[1] 我国高校的区域分布不仅与区域本身的区位条件有关，而且与区位因子也相关。如我国东部地区优越的地理环境集聚了密集的人口，这不仅为高等院校建校与发展提供了更适宜的自然条件，还对接受高等教育产生了更多需求，吸引更多高校集中于东部地区。[2] 较中西部地区，东部地区还具有因市场接近性带来的优势[3]，导致大量稀缺的教育资源流向东部地区，形成回流效应。此外，区域因子，如政策、福利和法规等，也是重要的影响因素。在效率优先的政策导向下，国家相关政策会向发达地区倾斜，使该地区人才和资金形成集聚效应，导致该地区高等教育加速发展并形成极化区域。[4] 此外，有学者发现交通条件对中西部地区高等教育规模有显著影响。铁路网密度对安徽、湖南、湖北、江西、广西、陕西、内蒙古和青海等省份的在校生规模影响较大。[5]

第三节　本章小结

本章采用赫芬达尔–赫希曼指数，从高等教育机构和高等教育资源两个维度，对华东地区、华南地区、华北地区、华中地区、东北地区、西南地区、西北地区七大区划高等教育的集聚程度进行了量化研究，总结了高等教育集聚的现状分析及高等教育集聚度的变化趋势。研究发现，总体而言，从高等教育集聚度来看，我国高等教育基本形成了华东和华北两大集聚高地，在这两大集聚高地的内部又形成了以上海、江苏和北京为核心的集聚中心；华中地区高等教

---

[1] 黄栋.中国高等院校区位问题研究[D].上海:上海师范大学,2005:21-29.

[2] 游小珺等.中国高等教育经费投入空间格局及形成机理研究[J].地理科学,2016(2):180-187.

[3] 安虎森.空间经济学教程[M].北京:经济科学出版社,2006:14.

[4] 朱雪文.中国高等教育区域分布研究[D].上海:华东师范大学,2002:64.

[5] 姜巍,等.中国高等教育规模空间格局演变及影响因素[J].现代大学教育,2013(1):43-51.

育集聚能力在不断强化，极有可能成为继华东和华北地区之后我国另一个高等教育集聚高地；东北地区高等教育集聚能力在逐渐弱化，尤其高等教育资源的集聚能力弱化幅度较大；西南和西北地区高等教育集聚能力较弱，但两者均处于不断提升的态势。采用泰尔指数衡量地区差异，从高等教育集聚度的地区差异来看，整体而言地区间差异逐渐缩小，华东地区内部存在明显的以"苏—沪"为核心的高等教育集聚圈，但这种极化效应随着高等教育发展有逐渐弱化之势；华北地区内部也存在以"北京"为中心的高等教育集聚圈。华南地区高等教育集聚能力一般，尚未构成我国高等教育集聚高地，其内部高等教育资源也不断向广东地区集聚；西南地区高等教育集聚的变化也呈现此趋势；东北地区进入21世纪其集聚能力逐渐弱化；华中地区作为潜在的高等教育集聚高地，内部各省份呈现齐头并进的发展态势。最后，从经济原因、历史原因、政府原因、城市化原因及区位原因等角度，对各区域高等教育集聚变化的原因进行了总结。

第五章　国内外高等教育集聚案例研究

⫿⫿ 研究思路

　　在对我国高等教育集聚现状及原因分析的基础上，本章主要运用案例研究方法，对国内外高等教育集聚个案展开深入分析，案例选取和研究的依据围绕本研究对高等教育集聚概念的界定。国内案例选取长三角地区、成渝地区及粤港澳大湾区高等教育集聚，国外地区案例选取美国旧金山湾区、日本筑波科学城、海湾地区跨境高等教育集聚。通过案例研究，结合上一章对我国高等教育集聚原因的总结，在底层逻辑维度，本章初步对高等教育集聚的影响因素形成总体的认知。

　　高等教育聚集是一个表征在空间上的概念，突出体现在各级各类高等教育机构和人员在一定的地理区域范围内的聚集状态和聚集过程。这种突出表现当然不是高等教育聚集的全部。与高等教育聚集在表征上较为显著形成鲜明对比的是，高等教育聚集的驱动力、影响因素和作用机制等则较为复杂和隐晦，高等教育聚集所产生的聚集效应虽有共性，但更多时候体现的是特殊性，而且效应的产生必须施加时间因素。因此，本章将选取国内外不同地区具有典型性的高等教育集聚作为个案展开剖析，每个地区主导高等教育集聚的要素各有不同和侧重，通过不同个案的分析，有助于在底层逻辑维度综合把握和理解高等教育集聚的影响因素。

第一节 长三角高等教育集聚

一、长三角高等教育集聚外在条件

以自身区位视角，基于教育与经济发展的关系理论，分析比较长三角区位综合优势与江浙沪皖地方宏观社会经济发展指标，为分析长三角区域高等教育集聚发展的必要性与可能性提供基础。

(一) 经济发展维度

经过 40 年改革开放的快速发展，长三角的改革开放意识与实践都在全国达到了较高水平，工业化已进入中后期阶段，积累了较为雄厚的经济实力。作为中国第一大和世界第六大城市群，长三角巨大的经济总量反映了其突出的市场规模优势。2017 年，长三角三省一市生产总值达到 195 321 亿元，占 GDP 总量 827 122 亿元的 23.61%。长三角城市群中除浙江省金华市和安徽省池州市外，名义生产总值增速均高于全国平均水平。❶ 从生产总值看，2021 年长三角城市生产总值合计 27.6 万亿元，在全国占比 24.1%。其中，上海、苏州、杭州、南京、无锡、宁波、合肥、南通 8 城生产总值超万亿元，而 2021 年年末 GDP 超万亿元城市仅有 24 个。

另外，各地的上市企业数量也是考察区域经济实力的重要维度。2020 年上半年结束之际，数据新闻实验室发布了最新的中国上市企业市值 500 强排行榜单。长三角整体表现亮眼，2018 年年底，长三角还只有 108 家上市企业上榜，如今已有 131 家上市公司冲进市值 500 强。其中，上海在全国位居第三，

---

❶ 郭湖斌,邓智团.新常态下长三角区域经济一体化高质量发展研究[J].经济与管理 2019,33(4):22-30.

过去两年半增加了 10 家上榜企业，500 强上市企业数量达到 60 家，总市值为 6.28 万亿元。❶ 长三角上市企业激增，与其高度重视总部经济有关。自 2019 年 5 月《长江三角洲区域一体化发展规划纲要》发布以来，长三角加大马力培育总部经济。如今，长三角地区已初步形成以上海为中心，南京、杭州为副中心的总部经济发展模式。

(二) 人口维度

长三角作为全国性人口集聚中心❷，以全国 3.7% 的国土面积承载了全国 16.2% 的人口。长三角城市群，不仅是推动长三角地区乃至全国经济发展的重要增长极，还是我国城市密度最高、流动人口集聚的区域。2000—2010 年，长三角城市群流动人口规模从 2169.22 万人增加到 4783.38 万人，虽然近几年长三角城市群人口流动速度放缓，但人口流动数量仍处于较高水平，2018 年长三角流动人口规模为 2905.89 万人。❸

(三) 产业结构维度

长三角三省一市在推进产业结构高级化的过程中，一直存在着很强的区域间产业转移和承接现象，如安徽省为承接上海市和长三角其他地区的产业转移而专门出台"皖江城市带承接产业转移示范区规划"，是安徽省首个上升为国家战略的区域产业发展规划。但这种区际产业转移和传统的企业搬迁有明显的不同，而是一种基于价值链整合的产业内部功能性分工，是不同地区之间在产业互补基础上的细化分工。同一产业在长三角多个地区存在，但多个地区之间却存在着内部分工上的差异，如研发和营销职能进一步向上海及区域核心

---

❶ 刘美琳.总部经济发展能级和集聚辐射能力明显提升,企业(机构)总部数量累计增长 20%[N].21 世纪经济报道,2020-7-3(5).
❷ 张耀军,岑俏.中国人口空间流动格局与省际流动影响因素研究[J].人口研究, 2014,38(5):54-71.
❸ 国家卫生健康委员会.中国流动人口发展报告(2018)[M].北京:中国人口出版社, 2018.

城市区集聚，而生产、制造、客户服务等职能则分散在长三角各个有优势的区域，通过产业链内部职能分工强化了区域间的经济联系并推动长三角一体化发展。

从表 5-1 中可以看出，上海市的三次产业结构自 2000 年开始就呈现出"三二一"的后工业化阶段经济发展特征，且第二产业比重逐年下降、第三产业比重逐年上升，仅在 2017 年有微小的调整，第一产业则一直呈现逐年下降的趋势。江苏和浙江两省的工业和制造业发达，两省的第二产业一直在国民经济总量中占有很高的比重，两省的第二产业比重都是呈现出先升后降的发展趋势，第二产业比重变动的同步性较强；而第三产业基本上是一直上升的趋势，产业结构的高级化趋势逐渐加强，与上海市的三次产业结构呈现出较好的互补性，自 2015 年江苏和浙江两省呈现出后工业化阶段经济的发展特征。相对而言，安徽省三次产业结构中，第二产业一直占据非常重要的地位，除个别年份第三产业比重高于第二产业外，产业结构的"三二一"特征尤为显著。

表 5-1　长三角地区主要年份三省一市产业结构的变动情况❶

省市	产业结构	产业占比/%							
		1991 年	1995 年	2000 年	2005 年	2010 年	2015 年	2016 年	2017 年
上海市	第一产业	3.8	2.4	1.6	1.0	0.7	0.4	0.4	0.3
	第二产业	61.6	56.8	46.4	47.5	42.3	32.2	29.8	30.7
	第三产业	34.6	40.8	52.0	51.5	57.0	67.4	69.8	69.0
江苏省	第一产业	21.5	16.8	12.2	7.9	6.1	5.7	5.4	4.7
	第二产业	49.6	52.7	51.9	56.6	52.5	45.7	44.1	45.0
	第三产业	28.9	30.5	35.9	35.6	41.4	48.6	50.5	50.3
浙江省	第一产业	22.5	15.5	10.3	6.7	4.9	4.3	4.2	3.9
	第二产业	45.4	52.1	53.3	53.4	51.1	45.9	44.8	43.5
	第三产业	32.1	32.4	36.4	39.9	44.0	49.8	51.0	52.7

❶ 郭湖斌,邓智团. 新常态下长三角区域经济一体化高质量发展研究[J]. 经济与管理 2019,33(4):22-30.

省市	产业结构	产业占比/%							
		1991 年	1995 年	2000 年	2005 年	2010 年	2015 年	2016 年	2017 年
安徽省	第一产业	28.7	29.0	25.6	18.1	14.0	11.2	10.6	9.5
	第二产业	42.2	45.4	36.4	42.0	52.1	49.8	48.1	48.0
	第三产业	29.1	25.6	38.0	39.9	33.9	39.0	41.3	41.5

上海市制造业结构在保持计算机、通信和其他电子设备制造业领先地位的同时，积极发展现代高端装备制造业和汽车制造业（包括新能源汽车制造业）等战略性新兴产业，有选择地淘汰传统工业制造业（2015 年上海市黑色金属冶炼及压延加工业总产值已经跌出前五大细分行业），努力提升制造业的技术含量，为上海建设"全球科创中心"奠定了坚实的产业基础。从2005 年，江苏省制造业细分行业中，通信设备、计算机及其他电子设备制造业与化学原料及化学制品制造业一直是排名第一、第二的行业，且其行业总产值远高于上海市同一细分制造业的产值。以 2015 年为例，江苏省计算机、通信和其他电子设备制造业的总产值为 18 896.93 亿元，是上海市该行业总产值 5323.39 亿元的 3.55 倍；而排名第二位的化学原料和化学制品制造业总产值（16 810.32 亿元）分别是同期浙江省（5398.30 亿元）的 3.11 倍、上海市（267.06 亿元）的 6.81 倍、安徽省（537.86 亿元）的 31.25 倍。浙江省制造业以纺织、服装、鞋帽等制造业细分行业为特色，纺织业一直是浙江省制造业排名靠前的行业，与其他三省市形成了明显的互补性。相对而言，安徽省制造业总量规模较小，2015 年总产值排名第一位的电气机械和器材制造业，其总产值仅为 1086.93 亿元，是同期同一细分行业江苏省 16 266.32 亿元的0.067 倍、浙江省 6302.9 亿元的 0.172 倍、上海市 2150.84 亿元的 0.505 倍（见表 5-2）。

表5-2　长三角地区主要年份三省一市制造业主导产业的变动情况

年份	上海市	江苏省	浙江省	安徽省
2000	1. 通信设备、计算机及其他电子设备制造业；2. 交通运输设备制造业；3. 黑色金属冶炼及压延加工业；4. 通用设备制造业；5. 电气机械及器材制造业	1. 纺织业；2. 化学原料及制造业；3. 电子及通信设备制造业；4. 电气机械及器材制造业；5. 普通机械制造业	1. 纺织业；2. 电气机械和器材制造业；3. 通用设备制造业；4. 电力、热力的生产和供应业；5. 化学原料及化学制品制造业	1. 电力、热力的生产和供应业；2. 电气机械及器材制造业；3. 黑色金属冶炼及压延加工业；4. 纺织业；5. 煤炭开采和洗选业
2005	1. 通信设备、计算机及其他电子设备制造业；2. 交通运输设备制造业；3. 黑色金属冶炼及压延加工业；4. 通用设备制造业；5. 化学原料及化学制品制造业	1. 通信设备、计算机及其他电子设备制造业；2. 化学原料及化学制品制造业；3. 黑色金属冶炼及压延加工业；4. 纺织业；5. 电气机械及器材制造业	1. 纺织业；2. 电气机械和器材制造业；3. 通用设备制造业；4. 电力、热力的生产和供应业；5. 化学原料及化学制品制造业	1. 黑色金属冶炼及压延加工业；2. 煤炭开采和洗选业；3. 电力、热力的生产和供应业；4. 电气机械及器材制造业；5. 交通运输设备制造业
2010	1. 通信设备、计算机及其他电子设备制造业；2. 交通运输设备制造业；3. 通用设备制造业；4. 化学原料及化学制品制造业；5. 黑色金属冶炼及压延加工业	1. 计算机、通信和其他电子设备制造业；2. 化学原料及化学制品制造业；3. 电气机械及器材制造业；4. 黑色金属冶炼及压延加工业；5. 交通运输设备制造业	1. 纺织业；2. 电气机械和器材制造业；3. 化学原料和化学制品制造业；4. 电力、热力生产和供应业；5. 通用设备制造业	1. 煤炭开采和洗选业；2. 机械及器材制造业；3. 交通运输设备制造业；4. 黑色金属冶炼及压延加工业；5. 电力、热力的生产和供应业
2015	1. 计算机、通信和其他电子设备制造业；2. 汽车制造业；3. 通用设备制造业；4. 化学原料和化学制品制造业；5. 电气机械和器材制造业	1. 计算机、通信和其他电子设备制造业；2. 化学原料和化学制品制造业；3. 电气机械和器材制造业；4. 通用设备制造业；5. 黑色金属冶炼和压延加工业	1. 电气机械和器材制造业；2. 纺织业；3. 化学原料和化学制品制造业；4. 电力、热力生产和供应业；5. 通用设备制造业	1. 电气机械和器材制造业；2. 非金属矿物制品业；3. 化学原料和化学制品制造业；4. 通用设备制造业；5. 汽车制造业

资料来源：郭湖斌，邓智团. 新常态下长三角区域经济一体化高质量发展研究［J］. 经济与管理 2019, 33（4）：22-30.

（四）内部交通维度

作为全国交通运输网络密度和服务水平领先的地区，长三角地区交通运输发展成就显著。2018 年年底，区域干线铁路、高速铁路网面积密度分别是全国平均水平的 2.2 倍和 2.6 倍，高铁客运规模和频次处于较高水平，铁路客运密度是全国平均水平的 2.1 倍，其中高铁客运量约占 75%。区域干线公路网便捷高效，高速公路覆盖 97% 以上的县级行政区，路网面积密度是全国平均水平的 2.8 倍。长三角地区拥有全国最发达的内河航道网，等级航道里程约占全国的 30%。以上海港为核心、江浙沿江沿海港口为两翼的"一体两翼"世界级港口群基本形成，地区规模以上港口货物吞吐量和外贸集装箱吞吐量分别占全国的 39.1% 和 44.9%。上海国际航空枢纽地位持续巩固，杭州、南京、合肥等区域航空枢纽功能显著增强，协同联动的长三角机场群加快优化，地区运输机场完成旅客吞吐量和货邮吞吐量分别占全国的 19.6% 和 34%。建成上海虹桥、南京南站、杭州东站、合肥南站等综合客运枢纽，以及一批现代化货运枢纽，成为我国综合交通枢纽规划建设的典范。杭州湾跨海大桥、苏通大桥、洋山港集装箱全自动码头、长江口深水航道治理工程等一批交通超级工程闻名全球，彰显了我国交通"硬实力"。[1]

长三角地区交通网络先后经历水运为主、铁路为主、高速公路为主阶段，现阶段正进入以高速铁路为主导、城际快速轨道为主体的高铁时代。[2] 在高铁时代，高铁网络的战略地位凸显，引领区域交通设施网络构建，成为影响区域经济地理格局的关键性因素。[3] 目前，国家级"八纵八横"高速铁路运输网中，京沪通道、沿海通道、陆桥通道、沪昆通道、沿江通道等 5 条线均经过长

---

[1] 耿彦斌,孙鹏,陈璟,等.把准交通运输六大定位,加速长三角区域一体化[N].中国交通报,2020-5-8(3).

[2] 方大春,杨义武.高铁时代长三角城市群交通网络空间结构分形特征研究[J].地域研究与开发,2013(2):52-56.

[3] 吕永刚,吴勇民.高铁效应与长三角经济地理格局重塑:基于新产业革命的视角[J].现代经济探讨,2019(9):74-77.

三角区域，长三角城市群高铁的发达密集程度居中国各大城市群之首。到2020年年末，长三角高铁将超过5300千米，运营范围覆盖除浙江省舟山市以外所有地级以上城市，区域内将形成干线成网、支线密布、功能集成、能力均衡的高铁网。在高铁时空压缩效应作用下或预期影响下，原先制约欠发达地区承接产业转移的交通瓶颈逐渐被打破，皖江、苏北等长三角欠发达地区劳动力供给、开发空间、区位等原先处于潜藏状态的比较优势被激发，正崛起为长三角地区具有战略地位的新型产业高地。

根据国家发展改革委、交通运输部印发的《长江三角洲地区交通运输更高质量一体化发展规划》，到2025年，长江三角洲地区一体化交通基础设施网络总体形成，基本建成"轨道上的长三角"，铁路密度达到507千米/万千米^2，省际公路通达能力进一步提升，高速公路密度达到500千米/万千米^2，世界级机场群和港口群全球竞争能力显著增强。长三角地区一体化运输服务能力大幅提升，中心城市之间享受1~1.5小时客运服务，上海大都市圈及南京、杭州、合肥、苏锡常、宁波都市圈内享1小时公交化通勤客运服务，铁路和水路货运量年均增长率不低于5%。三省一市协同共建机制更加健全，政策、标准等充分对接，形成交通一体化体制机制改革创新的"长三角样板"。智能绿色安全发展水平大幅提高，大城市中心城区绿色出行分担率超过65%。

（五）对外开放维度

改革开放以来，长三角作为我国对外开放的前沿阵地，积极吸收制造业外商直接投资（FDI）和开展加工贸易，取得了区域经济持续多年的高速增长。长三角地区创造出的经济总量约占全国的1/4，进出口总额、外商直接投资、对外投资约占全国的1/3。但是随着国内外发展条件和环境的变化，以劳动力、土地等低成本要素为基础的出口导向型开放战略已表现出不可持续性，从而无法支撑经济持续健康发展。❶

---

❶ 杜宇玮.高质量发展目标下长三角开放型经济发展的战略选择[J].江南论坛,2018(7):11-13.

为此，以上海为核心地长三角地区积极拓展基于内需的对外开放，"主动"扩大对外开放领域，在深化制造业对外开放的同时，也积极扩大服务业，主要是竞争性现代服务业的对外开放。上海自由贸易区的建立、两届中国国际进口博览会的举办等，充分凸显了长三角地区的整体合作优势和独特作用。与此同时，大幅度放宽市场准入、创造更有吸引力的投资环境、加强知识产权保护、主动扩大进口，这些更高层次的开放举措正在长三角地区有条不紊地实施。❶ 在不断开放的条件下，长三角地区内部正在加快建设现代产业体系，尤其是发展高科技和战略性新兴产业。

（六）政府政策支撑维度

在长三角区域高校合作中，高校教师的校际交流和培养一直是区域教育协作工作中的重要议题。为此，中央政府主要采用发布指导意见的方式，推动长三角高校教育一体化；地方政府和教育部门根据上级意见，定期召开官方研讨会，以协议方式引导区域高校教师合作框架的形成。而各大高校则积极通过校际合作方式，在普通高等教育、成人高等教育、网络教育等层面达成专业学科的合作。

1. 中央政府为长三角区域高等教育集聚提供指导意见

中央积极推动长三角区域经济社会发展一体化对长三角区域高校教师联合培养提供了政策支持和要求。2008 年国务院印发《国家进一步推进长江三角洲地区改革开放和经济社会发展的指导意见》，提出加强长三角合作与交流发展战略要求。2010 年 7 月，国务院印发《国家中长期教育改革和发展规划纲要（2010—2020）》，提出当前区域教育存在发展不平衡的问题，提出东部地区高等教育率先联合发展，提升高等教育的人才培养质量，优化办学结构等针对性建议。2014 年 6 月，教育部出台了《关于进一步推进长三角洲地区教育改革与合作发展的指导意见》，支持长三角地区联合成立"长三角地区教育协

---

❶ 李婷,王斯敏,蒋新军,张梦泽.长三角释放更高层次对外开放推动力[N].光明日报,2019-12-24(7).

作组与发展研究中心"，推进区域性师资队伍建设合作，加大互派教师交换任教、互派干部交流挂职的力度，探索形成长三角地区师资合作培养、共同提高的新机制。2019年，中共中央、国务院印发《长江三角洲区域一体化发展规划纲要》，在推动区域共享高品质教育资源的过程中，要求各地推动教育合作发展，协同创新，深化教师交流合作机制，促进教育均衡发展，实现区域教育现代化。

2. 地方政府为长三角区域高等教育集聚提供政策支持

地方政府积极为长三角高校教师联合培训提供政策建议和支持。2003年4月，浙江、江苏、安徽三省共同发表《长三角人才开发一体化共同宣言》，旨在落实人才强国和长三角一体化国家战略。2008年，江浙沪教育行政部门负责人签署《上海市、江苏省、浙江省关于长三角社区教育合作协议》，旨在建立区域社区教育在网络课程的资源共享和联合培养机制。❶ 2009年，长三角教育联动发展研讨会召开，针对区域教育未来合作框架议题进行研讨，签订"关于建立长三角教育协作发展会商机制协议书"，进一步推动了长三角教育联动一体化发展。❷ 至今，长三角教育协作会议已成功举办了十一届，在教育资源共享、人才培养、科研合作、职业教育与培训、国际交流与合作等领域达成实质性合作。2011年4月，上海市教育委员会、江苏省教育厅、浙江省教育厅共同签署"长三角地区高校图书馆联盟的框架协议"，推动了长三角地区图书馆资源服务共享和人员交流，为高职高专图书馆的专业人员提供进修培训机会。❸

---

❶ 江浙沪两省一市签署长三角社区教育合作协议书［EB/OL］. ［2020-6-12］. http://www. gov. cn/wszb/zhibo273/content_1121442. htm.

❷ 长三角确立教育协作发展会商机制推进教育一体化,中华人民共和国中央人民政府要闻［EB/OL］.（2009-4-1）［2020-6-12］. http://www. gov. cn/jrzg/2009-04/01/content_1274881. htm.

❸ 图书馆学基础理论与实践培训研讨班成功举行［EB/OL］. ［2020-6-12］. http://csj. lib. sjtu. edu. cn/bencandy. php? fid=5 & id=51.

二、长三角高等教育集聚发展现状

自 2003 年开始，长三角区域高等教育集聚发展理念受到中央和地方政府及各大高校的重视，目前，长三角区域高等教育集聚发展已初步形成以政府政策支持为辅，政府与高校参与为主，官方与民间协作机制为主要形式的发展路径。

(一) 长三角区域高等教育合作情况

长三角地区的众多高校也纷纷将区域高等教育集聚发展纳入校际合作议程。从校际合作层面来看，为落实三省一市教育资源合作共享精神，各大高校纷纷加大校际合作力度促进高等教育集聚发展。2005 年，由上海的复旦大学、上海交通大学、华东师范大学，江苏的东南大学，浙江的浙江大学及安徽的中国科学技术大学组成的长三角高校合作联盟成立，旨在加强校际师生交流。2013 年 11 月，首届长三角高教学会、高教所长联合沙龙在上海市教育科学研究院举行，与各大高校专家与学者共享研究的最新成果。2014 年，皖、浙、苏、沪三省一市的 20 所新建本科院校加入"长三角地区应用新本科高校联盟"，共同探索应用型本科高校集聚发展的合作机制，推动长三角区域内部高等教育资源的共享共建。❶

在专业学科合作上，各大高校还通过建立各学科合作联盟，促进高校教师与学生在各自专业领域的校际交流与资源共享，深化长三角地区高等教育集聚发展。2009 年，首届长三角教育联动发展研讨会（以下简称"研讨会"）在南京召开，江浙沪两省一市建立长三角教育协作发展会商机制。2012 年，安徽加入协作发展行列，长三角教育三省一市协作格局正式形成。2014 年，教育部正式印发《关于进一步推进长江三角洲地区教育改革与合作发展的指导

---

❶　"长三角地区应用型本科高校联盟"在安徽成立[J].教育与职业,2014(34):12.

意见》，长三角教育协作上升到国家层面。经过多年发展，在教育部指导下，江苏与上海、浙江、安徽已先后召开十届长三角教育联动发展协作会，签署了《长三角教育协作发展会商机制协议书》《长三角数字教育资源合作建设协议》《长三角地区中等职业教育实训基地共享框架协议》《长三角基础教研联动发展协议》《长三角地区高校学分互认协议》《长三角地区教育国际合作与交流框架协议》《长三角高水平地方高校合作框架协议》《长三角地区教育更高质量一体化发展战略协作框架协议》等 50 项教育合作发展协议，协同推动长三角区域高等教育的整体水平提升，共同构建具有区域特点、中国特色、世界水平的区域高等教育体系，打造亚太地区高等教育高地。

（二）长三角高校及学科集聚情况

长三角高等教育集聚发展共识已逐渐深入人心，目前已在部分头部学科领域达成区域合作，例如在应用工程、图书管理、高等教育、经济管理等专业学科达成合作倡议。

目前，长三角地区已初步形成政府推动，高校主体组织参与的发展模式。2003 年以来，长三角地区已成立十大高校联盟（见表 5-3），已有至少 1/2 的高校参与其中。从合作规模来看，大部分联盟的高校数量都在 5 所以上。从结构上来看，沪、苏两地在已有高校培养联盟中的占比约在 50% 以上，安徽高校参与较少，约占 24%。就层次而言，联盟中一流高校（"985 工程""211 工程"及"双一流"高校）与一般高校之比约为 1：5。

表 5-3　初步建成的长三角高校联盟

序号	名称	联盟成员	成立时间
1	长三角高校合作联盟	8 所：复旦大学、上海交通大学、华东师范大学、同济大学、南京大学、东南大学、浙江大学、中国科学技术大学	2005 年（2011 年由 6 所扩大为 8 所）
2	长三角高校图书馆联盟	上海 56 所，浙江 57 所，江苏 40 所，安徽 96 所	2011 年 4 月

续表

序号	名称	联盟成员	成立时间
3	长三角教育联盟	5 所：华东师范大学、上海师范大学、南京师范大学、浙江师范大学、安徽师范大学	2013 年 9 月
4	长三角地区应用型本科高校联盟	26 所：上海应用技术学院、上海理工大学、上海汉堡国际工程学院、上海杉达学院、上海立信会计学院、上海电机学院、上海电力学院、上海建桥学院、上海商学院、金陵科技学院、常熟理工学院、徐州工程学院、常州工程学院、三江学院、无锡太湖学院、宁波工程学院、浙江财经大学东方学院、浙江农林大学学院、宁波大红鹰学院、台州学院、合肥学院、安徽科技学院、合肥师范学院、皖西学院、黄山学院、滁州学院	2014 年 11 月
5	长三角新闻出版职教创新联盟	上海出版印刷高等专科学校、江苏省新闻出版学校、浙江工贸职业技术学院、安徽新闻出版职业技术学院，江西新闻出版职业技术学院等高职院校、行业、企业、科研院所等单位共建	2017 年 1 月
6	长三角高校新媒体联盟	24 所：上海财经大学、复旦大学、上海交通大学、同济大学、华东师范大学、华东理工大学、东华大学、上海外国语大学、上海大学、南京大学、东南大学、中国药科大学、南京理工大学、南京师范大学、江南大学、苏州大学、江苏大学、中国矿业大学、中国科学技术大学、安徽大学、合肥工业大学、浙江大学、浙江师范大学、浙江财经大学	2017 年 9 月
7	长三角高校书院联盟	10 所：华东师范大学、复旦大学、上海科技大学、华东政法大学、苏州大学、南京审计大学、江苏师范大学、苏州科技大学、绍兴文理学院、温州大学	2018 年 6 月

续表

序号	名称	联盟成员	成立时间
8	长三角研究型大学联盟	5 所：浙江大学、复旦大学、上海交通大学、南京大学、中国科学技术大学	2019 年 5 月
9	长三角政治经济学科创新联盟	14 所：复旦大学、上海财经大学、上海社会科学院、同济大学、南京大学、南京财经大学、浙江大学、扬州大学、浙江工商大学、浙江理工大学、安徽大学、合肥工业大学、安徽师范大学、安徽财经大学	2019 年 10 月
10	长三角医学教育联盟	10 所：复旦大学、上海交通大学、上海中医药大学、南京医科大学、苏州大学、南京中医药大学、浙江大学、温州医科大学、中国科学技术大学、安徽医科大学	2019 年 12 月

注：参见上海教育委员会. 关于公布 2019 年度区域教育协作新机制试验项目评审结果的通知 [EB/OL]（2019-4-30）[2020-6-15]. http://edu. sh. gov. cn/html/xxgk/201904/308062019001. php.

（三）高校人才培养规模

经过十多年的发展，上海与苏浙皖三地建立了区域教育联动发展机制，在促进教育资源跨区域共建共享、创新力量跨行业集聚集成、协同机制跨领域建立健全等方面，积累了一系列制度性成果。

1. 上海市高等教育发展现状

到 2018 学年末，全市共有 64 所普通高等学校，培养研究生的机构 49 个，全年全日制研究生招生 52 700 人，学校全日制研究生 158 500 人，有民办大学 19 所，成人职业技术培训机构 631 所，老年人教育机构 290 所。❶ 上海高校学

❶ 数据来自上海市教委 2018 年教育事业统计公报数据，http://edu. sh. gov. cn/xxgk_ghjh_jysytj_16/index. html.

科门类齐全，人才和科技优质资源相对集中，始终坚持引导上海高校在科创中心的建设中发挥重大的作用。一是政府支持上海的高校参与建设区域综合性国家科学中心，目前上海交大的转化医学、同济大学的海底科学观测网、上海科技大学的硬 X 射线自由电子激光装置、活细胞结构和功能成像平台、超强超短激光实验装置等已经获得了国家发展改革委的批准立项。复旦大学的国际人类表情组计划、脑与类脑、智能基础转化应用研究等项目也已经作为上海市级的科技重大专项，复旦大学的上海数学中心、上海交通大学的李政道研究所、华东理工大学的费林加诺贝尔奖科学家联合研究中心等已经相继启动运行，对长三角区域国家科学中心平台的建设起到有力支撑作用。

2. 安徽省高等教育发展现状

截至 2018 年年底，全省拥有 21 个研究生培训单位，共有 63 464 名学生。普通高等学校 110 所，本科生 11.39 万人。高等教育毛入学率为 52.2%。❶ 安徽省聚焦服务区域协调发展等重大战略，按照需求导向，调整优化高等教育的类型层次结构、学科布局及区域的布局，进一步提升与国家战略需求，省经济社会发展有效的匹配度。计划建立科大产学研一体化创新走廊，推动高校集群，服务区域发展，不断提升高等教育和经济社会发展的服务支撑和创新引领的能力，形成了一批实践成果。

3. 江苏省高等教育布局现状

截至 2018 年年底，江苏全省共有普通高校 142 所。普通高等教育招生 62.74 万人，在校生 200.09 万人，毕业生 53.87 万人；研究生教育招生 6.91 万人，在校生 19.46 万人，毕业生 4.74 万人。"十三五"以来，实施高水平大学建设工程等一批重大专项，江苏有 2 所世界一流大学建设高校、13 所世界一流学科建设高校。江苏教育事业的快速发展为经济社会发展提供有力的人才支撑和智力支持。江苏 26 所高校的 124 个学科进入 ESI 前 1%，机构数和学科

---

❶ 数据来源：安徽省 2018 年国民经济和社会发展统计公报[EB/OL]. [2020-10-8]. http://tjj. ah. gov. cn/ssah/qwfbjd/tjgb/sjtjgb/113724401. html.

数分列全国第一和第二。43 个学科进入世界一流建设学科，学科数量位居全国第三。❶

4. 浙江省高等教育现状

高等教育毛入学率为 60.12%，在学研究生（含非全日制）82 547 人，其中：博士、硕士在校生分别为 12 943 人、69 604 人。全省普通本专科本科在校生 62.47 万人，高职（高专）在校生 39.47 万人，专任教师 6.34 万人。❷

浙江省实施长三角研究生教育创新计划，相互开放三地高校研究生论坛，推动研究生学术交流。建立长三角专家资源库，实现长三角学位与研究生教育资源共享。2014 年以来，共 3000 多名学生参与了长三角交换生计划，带动长三角各级各类学校间的交流合作。

长三角区域高等教育资源部分指标统计情况见表 5-4。

表 5-4　长三角区域高等教育资源部分指标统计情况

	普通高校数	普通高校在校本专科生数	普通高校在校研究生数	双一流高校数	ESI 前 1%学科数	国家重点实验室数
上海	64	514 917	195 106	13	81	19
江苏	167	1 767 877	219 604	15	88	13
浙江	107	1 002 346	88 758	2	37	10
安徽	119	1 147 401	65 852	3	21	1
长三角区域	457	4 432 541	569 320	33	227	43
全国	2 631	27 535 869	2 608 029	137	745	152
长三角区域占全国比例（%）	17.37	16.10	21.83	24.08	30.47	28.29

资料来源：根据教育部国家教育事业统计公报数据整理所得。

---

❶　数据来源：江苏省 2018 年国民经济和社会发展统计公报[EB/OL].[2020-10-8]. http://www.jiangsu.gov.cn/art/2019/3/25/art_64797_8284235.html.

❷　数据来源：浙江省 2018 年教育事业发展统计公报[EB/OL].[2020-10-8]. http://jyt.zj.gov.cn/art/2019/4/30/art_1229266680_2379021.html.

三、长三角高等教育集聚动因分析

（一）应对长三角区域经济产业转型发展需求

长三角区域是我国综合实力经济发展势头最强的地区之一。2017 年长三角区域一市三省合计的经济总量达 19.53 万亿元，占到全国总量的 23.6%。❶长三角一市三省以占全国约 3.6% 的土地面积，16.06% 的常住人口，创造了全国约 1/4 地区生产总值。然而，从总体来看，长三角区域人口基数大、经济发展速度快、在全国率先完成产业转型升级优化、高等教育资源丰富，但区域内高等教育结构布局不均衡，不同城市间差距仍然较大，人民急剧增加的对多元化的高等教育资源需求仍难以满足。

长三角区域产业转型度高，对高水平的人力资源需求巨大，但目前的高等教育形态难以满足其对高水平人力资源的需求。近年来，随着经济发展阶段、发展环境和发展条件的持续变化，长三角区域加快产业结构转型升级，加大对现代服务业等第三产业发展的扶持推动力度，产业结构持续稳步升级。总体来看，对比 1994 年，2018 年长三角区域第一产业占生产总值比重均大幅下降，第二产业稳中有降，第三产业迅速增长，对区域经济增长的拉动作用提升，其中以上海最为明显（见表5-5）。但从劳动力人口平均受教育年限来看，总体仍低于发达国家的平均水平。上海劳动力人口的平均受教育年限从 1996 年的 9.94 年上升到 2016 年的 12.51 年；江苏从 7.68 年上升到 10.43 年；浙江从 7.24 年上升到 10.49 年；安徽就业人口受教育水平是四省中最低的，从 6.66 年上升到 9.03 年。❷均低于美国、韩国、日本 13 年及 13 年以上的水平。

---

❶　长三角,龙头如何舞起来[N].光明日报,2018-9-26(1).
❷　数据根据教育部国家教育事业统计数据分析计算得出。

表5-5　1994年与2018年长三角一市三省三次产业占生产总值比重

单位：%

地区	1994年			2018年		
	第一产业	第二产业	第三产业	第一产业	第二产业	第三产业
上海	2.5	58.0	39.5	0.3	29.8	69.9
江苏	16.6	53.9	29.5	4.5	44.5	51
浙江	16.6	52.0	31.4	3.5	41.8	54.7
安徽	22.6	50.0	27.4	8.8	46.1	45.1
全国	20.0	46.6	32.4	7.2	40.7	52.2

《国务院关于进一步推进长江三角洲地区改革开放和经济社会发展的指导意见》《长江三角洲城市群发展规划》等文件都对长三角区域的定位和功能提出了明确而具体的要求，这也为长三角区域高等教育提出了新的需求和挑战。面对长三角区域经济社会总体发展目标，长三角区域的高等教育需要立足长三角产业经济社会发展对人才和科技的新需求，立体式定位自身的发展目标。通过资源共享、统筹布局、错位竞争、互通有无，从而形成合力，以区域高等教育的一体化发展适应区域产业经济发展的新需求。

（二）高等教育高质量发展和全球竞争的需求

长三角区域高等教育规模庞大、资源丰富，但与全球一流高校相比还有一定距离。目前，长三角区域已有20多座中心城市、50多座中等城市、1400多座小城镇都纳入了"两小时都市圈"，在这个巨型城市群中聚积着巨量高等教育资源，加强城市间高等学校合作发展与协同创新，势能巨大，有望成为中国东部经济发展的新动力源。

截至2018年年底，上海市共有普通高等学校64所，有49家机构培养研究生；江苏省高等教育毛入学率达58.3%，劳动年龄人口平均受教育年限达11.05年，新增劳动力平均受教育年限达14.88年；浙江省高等教育毛入学率为60.12%，毕业生28.06万人，高校专任教师6.34万人；安徽省全省有研究生培养单位 21 个，高等教育毛入学率 52.2%。❶ 总体来看，长三角区域高等教育资源雄厚，发展优势明显，然而不同省域间、省会城市与地级城市间情况差异较大，这与长三角区域一体化发展对教育的新需求定位存在较大差距。

因此，长三角区域高等教育集聚发展也是长三角区域高校提升其自身教育质量的内在需求。随着长三角区域高等教育大众化和区域经济社会总体一体化发展进程的加快，高等教育资源配置方式从以政府配置为主逐步转向以市场配置为主，高校间的竞争将会更多表现为高校为自身生存而进行的全面竞争。特别是伴随着我国新一轮双一流高校建设的推进，高校间竞争的范围已经扩大到全球。日益激烈的竞争使高校不得不将有限资源集中于各自最具竞争优势的领域。然而任何高校的单项核心能力并不能保证其在世界范围内的竞争力，高校间只有实施更加开放的姿态与外界合作，实施区域一体化发展的战略才是其最为有效的策略。

长三角区域高等教育集聚发展要求区域组织通过发挥高校、政府、企业及其他社会机构等多方主体的作用，使原来比较疏离的相关高等教育主体通过制度创新和一定的法律程序，在主要环节和领域上进行密切合作，从而形成你中有我、我中有你、相互包容、优势互补、特色鲜明的紧密复合体，进而达到资源整合、扩大规模、提高效益、互利多赢的目的。在服务长三角经济一体化发展过程中不断提升高校核心竞争力。

四、长江三角洲区域高等教育集聚面临问题

长江三角洲区域高等教育集聚是社会经济发展的现实需求，是优化长江三角洲区域教育资源配置、促进教育改革与发展的必然需求。当下，该区域在人才交流、师生培养等方面已达成初步合作共识，然而由于意识形态、行政规划等问题，长江三角洲区域高等教育集聚仍然面临以下问题。

---

❶ 教育部.国家教育事业统计公报［EB/OL］.［2019-3-15］. http://www.moe.gov.cn/s78/A03/moe_560/jytjsj_2016/2016_gd/.

（一）高等教育集聚仍处于倡议阶段

虽然三省一市教育部门和各大高校已采用专业学科联盟方式，建立人才交流及资源共享平台，推动高等教育集聚发展，但在研讨会后续的工作推进中，大部分合作协议仍停留在达成共识的倡议阶段，存在"形式大于内容"的倾向。部分已建立的高校合作联盟虽然以区域集群效应，提高教育资源的有效配置为目标，但地方政府主导和高校协同机制在运行过程中并未系统形成制度化管理和运营，组织相对松散。目前，各大校际联盟仍然以学术交流、讲座、沙龙、短期等形式进行合作，部分联盟未设立长期的工作小组和完善的激励机制，中长期人才集群凝聚吸引力较弱。

（二）区域教育资源分布不均

在推动长三角高等教育一体化的进程中，各省市虽然明确自身优势地位，但存在区域教育资源分布不均的问题。虽然长三角地区教育资源相对丰富，但优质的高校教师资源主要集中在三省一市中的经济发达地区。上海市与浙江省的本科院校数量大于专科院校数量，而江苏、安徽两省则由于经济社会发展原因，专科类院校占比较大。这一现象可能导致部分区域因自身教育吸引力不足等问题，无法与其他省市统一制定高等教育集聚发展门槛。

除了本科院校与专科院校的比较，三省一市中优质高校资源分布也存在地域分布不均的现象。总的来看，长江三角洲区域优质高校（被评为"985"、"211"、"双一流"评级）共有 32 所，其中上海市与江苏省各占 13 所，约占总数量的 82%，浙江省、安徽省院校数量占比较少。

（三）行政主导制约高等教育集聚

政府主导模式固有的行政管理壁垒是当前提升长江三角洲区域高等教育集聚发展效率的现实困境。毋庸置疑，政府在推动长江三角洲区域高等教育集聚发展中起到了强有力的主导作用，并运用项目激励等政策推动高校联合培养机制的构建。❶ 在长江三角洲区域经济发展一体化进程加快的影响下，长江三角洲区域高等教育集聚发展理念融合在高等教育一体化目标中。然而，由于教育资源分布不均，各省市更偏向于制定满足本地需求的高等教育集聚发展计划，这一发展路径进一步制约了跨区协调发展目标的实现。由于当下长江三角洲区域正处于经济结构优化转型的关键期，各省市都在结合社会及市场发展需求，扩大在经济管理、核心技术等专业的共享，从而提升自身竞争优势，推动高校综合创新发展。在强政府政治和注重经济效益的思维模式下，政府、学校和各社会力量更多深耕本地区高校交流而非跨区高校联合培养，财政上更多划拨给区域内部发展发展。各自为营的发展路径容易导致长江三角洲区域高等教育集聚发展的差异化和无序发展❷，而潜在存在的权力寻租，政策倾斜等消极影响，可能会限制高等教育集聚发展的集群效用及成果。

（四）高校自身实力不足、竞争受限、自主权受限

高校自身发展实力和实际需求差异化是促成高等教育集聚发展协作过程中出现的另一难题。虽然已有政府政策扶持，高校可加强区域高等教育集聚发展领域的校际合作，然而区域上各地专业学科领域分布不均，教育规模与质量良莠不齐。从区域上来看，上海市经济学、管理学的学科优势较强，浙江省在工程技术研发上具有较为坚实的基础，而江苏理工类学科专业优势明显。❸ 这一现象可能导致高等教育集聚发展受限。

另外，竞争实力较弱的高校在参与高等教育集聚发展中不具备较强的人才吸引力和活力；同时，部分高校存在优势学科同质化，在高等教育集聚发展上可能存在竞争关系，资源配置缺乏活力。当下高校基层学术组织、研究院所定

---

❶ 吴颖,崔玉平.长三角区域高等教育一体化的演进历程与动力机制[J].高等教育研究,2020(1):33.

❷ 陈慧星.长三角一体化发展背景下区域高校创新联动策略探究[J].教育探索,2019(4):55.

❸ 侯蔚.长三角区域一体化下的高校协同发展战略选择与制度创新[J].中国高教研究,2014(4):32.

期展开校际交流活动，但高校联盟合作框架落实效果不如双边合作效用，因而目前仍以双边合作方式建立互赢稳定的高等教育集聚发展机制。

此外，在落实高等教育集聚发展工作的进程中，政府主导学校发展和学校内部自上而下的管理模式，影响着高等教育集聚发展的参与方式和议程的安排，而行政引导与科研人员执行之间存在功能交叉。

第二节　成渝地区高等教育集聚

一、成渝地区高等教育集聚外在条件

（一）区位特征维度

《2019 年新型城镇化建设重点任务》明确将成渝城市群与京津冀城市群、长江三角洲城市群和粤港澳城市群并列，作为其中唯一的西部内陆城市群，成渝地区双城经济圈地处长江上游的四川盆地，具有沟通西南西北、辐射国内国外的独特区位优势，是"一带一路"建设和"西部大开发""长江经济带"战略的交汇点，也是打通"西部陆海新通道"建设的重要战略支撑。成渝自古以来历史文化渊源相近，地理行政区划相邻，人文社会结构相似，存在"关起巫山峡，巴蜀是一家"和"川渝一家亲"的说法。新中国成立后，重庆与四川两地就曾于 1954 年合并，直至 1997 年 6 月 18 日重庆直辖市正式设立。发展空间具备无缝衔接的客观优势促使成渝经济区成为我国西南地区具备突破省级行政区界限、能在更大范围内优化资源配置的区域，这也使成渝地区双城经济圈的发展融合成为我国宏观经济格局中的重要组成部分，既有推动长江经济带和丝绸之路经济带协同发展的战略作用，又兼具探索完善西部地区新型城镇化模式的实践意义。

（二）政府政策支撑维度

成渝地区在中国区域发展板块上一直占据重要地位，获得了各级政府的高度重视及相关政策支持。

1. 中央政府层面

2011年国家发展和改革委员会印发《成渝经济区区域规划》，将四川省的成都、德阳、绵阳、眉山、资阳、遂宁、乐山、雅安、自贡、泸州、内江、南充、宜宾、达州、广安15个市，重庆市的万州、涪陵、渝中区、大渡口、江北、沙坪坝、九龙坡、南岸区、北碚、万盛、渝北、巴南、长寿、江津、合川、永川、南川、双桥、綦江、潼南、铜梁、大足、荣昌、璧山、梁平、丰都、垫江、忠县、开州、云阳、石柱31个区县划定为成渝经济区域，提出把成渝经济区建设成为"西部地区重要的经济中心、全国重要的现代产业基地、深化内陆开放的试验区、统筹城乡发展的示范区和长江上游生态安全的保障区，在带动西部地区发展和促进全国区域协调发展中发挥更重要的作用"的战略目标；2016年国家发展和改革委员会、住房和城乡建设部联合印发的《成渝城市群发展规划》明确，到2020年，成渝城市群要基本建成经济充满活力、生活品质优良、生态环境优美的国家级城市群；2030年，成渝城市群完成由国家级城市群向世界级城市群的历史性跨越。2020年1月，中央财经委员会第六次会议强调，成渝地区双城经济圈建设是一项系统工程，要加强顶层设计和统筹协调，突出中心城市带动作用，强化要素市场化配置，牢固树立一体化发展理念，做到统一谋划、一体部署、相互协作、共同实施，唱好"双城记"。要加强交通基础设施建设，加快现代产业体系建设，增强协同创新发展能力，优化国土空间布局，加强生态环境保护，推进体制创新，强化公共服务共建共享。

2. 地方政府层面

2019年7月，四川和重庆签署了包括《深化川渝合作推进成渝城市群一体化发展重点工作方案》《关于合作共建中新（重庆）战略性互联互通示范项目"国际陆海贸易新通道"的框架协议》两个重点工作方案（协议）和《共建合作联盟备忘录》在内的"2+16"个协议（方案）；同年10月，印发《成都市推进西部陆海新通道建设促进南向开放合作三年行动计划（2019—2021年)》，提出加快建设成都天府新区、自由贸易试验区和重要口岸的战略定位。

成都天府新区和重庆两江新区作为两地的国家级新区，是成渝双城经济圈实现高质量发展的重要动力，具有联动中西亚、东南亚等国际市场，持续通过长江黄金水道保持与国内市场经济联系的重要使命。成都天府新区正在以公园城市为特点，努力打造新的增长极，建设内陆开放经济高地。天府新区的规划思路是将北侧的中央商务功能、会展功能，中部的科学城功能及南部的文创城功能融合起来，《中共四川省委 四川省人民政府关于加快天府新区高质量发展的意见》提出了包括创新要素、高端高新产业、数字经济、总部经济、开放型经济、区域交流合作、创新招才引智机制等20个方面的重点建设任务。

重庆市提出突出"一区两群"协调发展，"一区"是指重庆主城都市区，涵盖21个区和万盛经济开发区，扩围后重庆约占2/3的人口进入了主城都市区；"两群"是指渝东北三峡库区城镇群和渝东南武陵山区城镇群。重庆两江新区是中国内河航运最大的港口及区域性铁路枢纽，目前交通运输部已将重庆作为首批交通强国建设试点地区之一，其产业布局总体为"一心四带"："一心"是以江北嘴为主体的金融商务中心，主要集聚银行、证券、保险等区域总部，各类新型金融机构，金融及大宗商品交易市场。"四带"是以直属区和悦来、两路为主体的都市功能产业带，重点布局总部经济、会展旅游、文化创意、服务外包等产业；以两路寸滩保税区为主体的物流加工产业带，重点布局加工贸易、保税贸易、现代物流、临空经济；以水土工业开发区和蔡家为主体的高新技术产业带，重点布局电子信息、生物医药、新材料、机器人、科技研发服务等高新技术产业；以鱼复、龙兴工业开发区为主体的先进制造产业带，重点布局汽车、高端装备、通用航空、节能环保等先进制造业。

（三）经济与产业维度

2019 年四川省生产总值为 46 615.82 亿元，重庆市生产总值为 23 605.77 亿元。从经济总量占比来看，成渝地区生产总值是全国总体的 7.1%；从人口总量来看，2018 年四川省年末常住人口为 8341 万人，重庆为 3403.64 万人，两地人口总量约占全国总人口的 8.4%；从人均国内生产总值来看，2019 年重庆人均生产总值为 75 828 元，成都人均生产总值为 55 774 元，成渝地区人均国内生产总值略低于全国平均水平的 70 892 元；城镇化率方面，成渝地区城镇体系发育加快但还不完善，2019 年重庆市城镇化为 66.8%，四川省城镇化率为 53.79%，成渝城市群的城镇化率低于全国平均水平的 60.6%。

交通运输方面

成渝地区基本形成以航空和铁路为主的国际交往通道，高速公路密度在中西部地区领先，成都至自贡、成兰、成西等高速铁路项目将在"十四五"时期建成投运。截至 2019 年年底，重庆、成都全年开行中欧班列均超过 1500 列，合计超过全国中欧班列总量的 1/3，其中广西北部湾至东南亚国际联运班列快速增长。成都已开通国际航线数量 120 多条，成都、重庆的双流、江北机场分别进入中国旅客吞吐量前 10 名。2018 年，双流机场货邮吞吐量为 66.5 万吨，江北机场为 38.2 万吨。

对外开放方面

《推动共建丝绸之路经济带和 21 世纪海上丝绸之路的愿景与行动》对成渝地区提出"西部开发开放重要支撑"和"内陆开放型经济高地"的基本定位，四川和重庆被国家列入第三批自贸试验区（2017 年）。成渝地区共有已开馆和待开馆的外国领馆 32 家，数量仅次于上海、广州，位列全国第三。成都市已建成中法成都生态园、中意文化创新产业园、中德创新产业合作平台、中韩创新创业园等中外合作运营平台，是中西部地区拥有世界 500 强企业数量最多的区域。重庆保税港区空港功能区为宏碁、华硕等知名电脑品牌商及其 ODM 企业量身打造电子信息产业生产基地，依托重庆江北国际机场打造现代商贸物流园、航空物流和临空物流产业园，已吸引菜鸟网络、嘉民、安博、普洛斯、日本三菱商事等国内外物流企业入驻。

产业结构方面

成渝地区拥有较为完整的产业门类，电子信息产业、装备制造业在国内市场具有一定竞争力并已经形成规模效应。其中电子信息产业是成都、重庆的第一支柱产业，电子信息产业产值占重庆全市生产总值比重超过 1/4。2019 年重庆和四川汽车生产量占据西部的 44%。重庆市现有汽车整车生产企业十余家，拥有一线高品质汽车零部件生产企业 400 多家，二三线配套企业超过 1000 家，汽车零部件本地化率超过 70%；四川拥有一汽大众、韩国现代、吉利沃尔沃、神龙汽车等 10 余家重点整车企业，在智能网联汽车、氢燃料电池汽车等领域具有一定优势。但成渝地区的产业发展存在一定短板，例如，规模以上高端装备制造企业较少，研发经费投入不足导致多数企业缺乏核心技术、关键共性技术，产业类型同质性较强、现存产业形成的内部竞争无法避免等。

二、成渝地区高等教育集聚发展现状

成渝城市群是我国西南地区的高等教育集聚中心。

（一） 高校及学科集聚情况

2019 年，四川、重庆共有各类高校 191 所，其中"双一流"高校 10 所。四川大学、电子科技大学、重庆大学入选世界一流大学建设名单。根据第四轮学科评估结果，成渝地区高校获得"A+"的学科包括信息与通信工程、电子科学与技术、石油与天然气工程、交通运输工程、口腔医学，获得"A"的学科包括计算机科学与技术、中国语言文学、法学；获得"A-"的学科包括机械工程、仪器科学与技术、电气工程、马克思主义理论、教育学、心理学、数学、化学、生物学、应用经济学等。与京津冀城市群和长三角城市群相比，成渝城市群无论从高校总数还是"双一流"高校数量都相对落后，高等教育学科结构呈现顶尖学科数量较少，且主要集中于工学等少数几个学科门类的情况。

（二）高等教育中外合作办学情况

成渝地区的中外合作办学以项目方式存在的情况居多，中外合作办学机构数量较少。成渝地区共有 54 所依据《中外合作办学条例》及其实施办法批准设立和举办的中外合作办学机构与中外合作办学项目（含与港澳台地区合作办学机构以及与港澳台地区合作办学项目）。其中，四川省的中外合作办学机构共 5 所，重庆市的中外合作办学机构仅 1 所。相比之下，京津冀城市群共有中外合作办学机构 17 所，中外合作办学项目 104 个；长三角城市群共有中外合作办学机构 37 所，中外合作项目 182 个。成渝城市群高等教育中外合作办学规模及开放格局方面与其他发达城市群存在较大差距。

（三）高校人才培养规模

2019 年，成渝地区高校本专科层次学生毕业人数为 603 741 人，研究生层次毕业人数为 44 849 人（见表 5-6）。按照高校毕业生人数与地区总人口的比例来看，成渝城市群在本专科层次的人才培养规模比例与京津冀城市群、长三角城市群差距不大，但研究生毕业人数规模比例则与上述两大城市群存在较大差距，说明成渝地区高等教育层次结构布局以本专科层次人才培养为主，研究型人才的培养能力相对有限。

表 5-6　成渝城市群高等教育情况

	高校总数/所	"双一流"高校数量/所	本专科毕业生人数/人	研究生毕业生人数/人
成渝城市群	191	10	603 741	44 849
京津冀城市群	271	40	641 968	125 606
长三角城市群	339	31	903 588	116 158
全国	2 688	140	7 585 298	639 666

数据来源：根据中华人民共和国 2019 年教育统计数据计算得出。

（四）区域高等教育合作情况

为增强成渝地区高等教育办学水平和竞争力，重庆大学和四川大学已牵头成立成渝地区双城经济圈高校联盟，旨在提升成渝地区高等教育研究水平和人才培养能力，推进学生的跨校交流和培养、扩大优质课程和专业的共享、加强人才队伍的共同引培和互聘互用，实现公共资源的共建共享及更高层次的国际交流。高校联盟共有 20 所成员高校，包括四川大学、电子科技大学、西南交通大学、西南财经大学、西南石油大学、成都理工大学、四川农业大学、成都中医药大学、四川师范大学、成都信息工程大学、西华大学、西南科技大学 12 所成都高校，以及重庆大学、西南大学、重庆邮电大学、重庆交通大学、四川外国语大学、中国人民解放军陆军军医大学、西南政法大学、重庆医科大学 8 所重庆高校。

三、成渝地区高等教育集聚动因分析

（一）经济加速发展与城市人口集聚引发高等教育新需求

统计数据显示，2019 年我国流入人口城市排名中，成都位列第三，重庆位列第十一；其中成都市流入人口 50% 以上为 32 岁以下的青年人口，成渝地区显示出强劲的人才吸引能力。人才流入其实就是潜在的生产力和消费力流入，将引发成渝地区高等教育需求层次的进一步提升。从发展趋势来看，越来越多已经拥有本科、专科及以上学历的青年人口流入，会逐渐提升成渝地区劳动力市场的平均技能水平，供给量的增加将引发同层次人才间的竞争，促使社会以提升知识技能水平为目的的升学需求增长，成渝地区高等教育将在其中起到重要的教育资源供给作用。这一方面要求四川、重庆高校合理调整学科专业结构，及时根据社会劳动力的知识技能需求完善一些已有的专业课程内容，同时增设一些新兴交叉学科的课程内容；另一方面，在学位授予的层次结构上，成渝地区高校还应适当提升研究生、博士生的培养规模及比例，在为流入青年人口提升适切的学习机会，满足他们的学历层次晋升需求，同时增强高校的科研水平和创新型人才培养能力。

（二）"一带一路"倡议深化实施促进形成高等教育对外开放新格局

成渝城市群将参与承担"一带一路"、长江经济带国家战略，以及拓宽中国经济回旋余地、拓展中华民族战略纵深等重要历史使命。在当前形势下，成渝地区经济社会与国内国际的科技文化交流和经贸往来合作将更加频繁，交往范围将更加宽广，交往深度也将更加深入。经济社会的开放发展需求对这一地区的高等教育提出新的发展思路。一方面，需要继续扩大高等教育领域的对外开放及合作交流，充分释放高等院校创新发展活力，通过扎根区域、辐射全国、面向世界的战略布局提升成渝地区高校在本土文化和科技创新等领域的创造力和影响力；另一方面，也要正视四川、重庆高校在中外合作办学机构项目数量方面存在的发展劣势，努力引进优质办学资源来补充"短板"，探索符合高等教育发展规律和本地经济发展需求的中外合作办学合作机制，探索高等教育对外开放的"成渝模式"。

四、成渝地区高等教育集聚效应分析

高等教育集聚发展的主要形式有两种，既有一些大学在较为漫长的发展过程中自发形成的"大学社区"（University Community）或"大学城"（University Town），如由英国剑桥大学自然扩展形成的剑桥大学城、由德国哥廷根大学发展形成的哥廷根大学城，以及美国斯坦福大学发展形成的大学城等；也有因国家、地方政府、高等院校和企业等多方合作，由政府牵头协调新建高等院校或将部分院校搬迁整合，在专门划拨土地范围内集中布置所形成的高等院校毗邻集聚的特殊区域，共同构建的"大学城"（University City）或"大学区域"（University District），如日本筑波科学城等。成渝地区高等教育在集聚发展方面主要有以下几个方面优势。

（一）资源共享，实现规模经济

高等教育集聚发展能够通过资源整合，在一定程度上通过人力、物力、学术三个方面的资源共享来减少办学成本，提升办学投入效率。人力资源共享主要体现在师资课程与后勤服务两个方面。成渝地区所属高校的地理位置临近，为校际教师互聘、学生跨校选课创造了有利条件。毗邻区域内的教师学生在不同高校间授课和上课的时间成本较低，有利于促进高校间的课程文化交流。与此同时，通过政府部门协调、大学后勤部门的统筹规划，能够实现不同高校后勤服务团队的统一化和标准化，减少高校运营成本。物力资源共享主要体现在土地、资金、教学科研设备等资源在成渝地区所属大学间的共享。例如，图书馆、教室、实验室、会议室等教学科研场所，以及餐厅、浴室等生活场所对相邻区域高校学生开放，学生能够自由使用其他学校的自习室、图书馆、食堂等学习和生活资源。这样既可以缓解办学单位资金土地不足的问题，也可以避免部分场所的重复修建、浪费资源，同时还可以降低办学成本，提高资源利用效率。学术资源共享主要体现在课程资源和信息资源两个方面。课程资源共享是指，针对成渝地区各高校层次不一及专业优势互补的情况，高校能够开展校际学分互认，通过"联合学分制"等方式互认学分，共享学术和课程资源。一般做法是学生的基础课和专业课由所在高校负责开设，区域内其他高校通过开放课程的形式共享本校优质课程资源，承担学生的公共基础课、公共选修课等课程。信息资源共享是指通过集聚发展，成渝地区高校学生更便于突破传统图书馆资源、信息资源的使用局限，通过利用各校图书馆的网络化服务，对各学校的图书文献资源进行整合，建造覆盖相对全面的文献信息资源体系，从而实现图书馆联网和信息共享。

（二）通过产学研合作贡献区域创新发展

大学是引领科技创新的先导力量，高等教育集聚发展对促进当地产业结构升级、科技研发与新兴产业发展具有重要的引领示范作用。虽然多数成渝地区高校的功能定位为教学型单位，主要承担本专科层次的人才培养工作，随着成渝双城经济圈产业结构转型和区域经济发展对于技术研发需求的增加，这一地区的高校应更加重视产学研合作和高新技术研发功能的拓展。

从高等教育集聚发展的历史经验来看，"大学科技园"是现代高校实现技术研发与成果转化等服务区域经济创新发展功能的重要形式。美国的"大学科技园区协会"（AURP）对"大学科技园区"的界定为"拥有大学及其他高等教育、研究机构，或在大学及其他高等教育、研究机构的正式协作下运营"。相比于其他工业园区，大学科技园布局规划的地理位置上与高校集聚区域毗邻，主要依靠大学的科研力量和人才资源，着重发展大学与新兴技术产业的联系，起到高新技术成果孵化器的作用。世界上比较成功的科技工业园区多数是大学科技园，比较著名的有以美国斯坦福大学为核心，在斯坦福工业园区基础上发展起来的"硅谷"；以麻省理工学院（MIT）为代表的诸多高校形成的"波士顿128号公路"技术园区；以坐落在法国尼斯大学等高校和国家科研中心周围的索非亚科技园为代表的欧洲科技工业园区；以及主要围绕筑波大学和一批国家重点实验室构建的亚洲著名的科技工业园区——日本筑波科学城。通过大学科技园区内进行的技术孵化、专利转移及创新创业信息沟通，高校能够实现与公司企业、社会组织的产学研合作，提升区域创新能力和经济发展水平。

成渝地区双城经济圈的发展建设为高校人才创新创业带来契机，进一步促进了川渝两地大学科技园的集聚融合。四川大学科技园与重庆大学科技园负责人在"2020年双创生态升级发展峰会"上签署战略合作协议，旨在促进川渝两地大学科技园创业孵化加速发展，加强交流与合作，共享公共服务平台等资源，推动两地大学科技成果转化，建立信息共享机制，构建协同创新发展机制，约定筹建"成渝地区双城经济圈大学科技园协同创新发展联盟"。大学科技园集聚是成渝地区高等教育资源的优化整合，将进一步促进两地高校产学研合作及科技成果转化，并充分发挥大学科技园在区域创新驱动发展中的引领贡献作用。

（三）提升区域基本公共服务，促进更高质量的就业

高等教育集聚发展的同时往往会促进所在城市基本公共服务的提升，如道路、交通、绿化、住宅、商业街等配套设施的完善。一方面，公共服务水平的提升有利于公司、个体及企事业单位的入驻，为当地居民创造更多的就业发展机会，同时也为促进区域经济的发展提供客观有利的条件。另一方面，高校集聚发展会带来一批后勤保障服务工作的劳动力需求，如餐饮、安保、校区建设等方面都需要吸收当地劳动力。高校学生日常学习生活存在对银行、餐饮、医疗、零售等方面的需求，随着高校学生规模的增加，大学周边上述生活服务相关产业的发展规模也将进一步扩大，逐渐促进区域产业体系的完善，以及区域劳动力就业结构的优化。

"成渝地区双城经济圈"战略规划的实施，促使四川、重庆高校的沟通交流活动迅速增加，可能通过技能培训和产学联合等方式，提升两地就业质量、促进更高质量的就业。一方面，区域内高校的集聚和联盟能够促使不同类型的高校通过校际资源共享和人才联合培养等方式为社会提供更高水平的培训服务，提升劳动力职业技能素质、提高劳动生产率。另一方面，校企合作空间在地理行政区划上的拓展也将赋予高校更多的技术市场需求和产学研合作机会，将会在区域内催生更多创业创新契机。

五．成渝地区高等教育集聚的逻辑及问题

（一）成渝地区高等教育集聚发展的政治逻辑与产业逻辑

从区域高等教育的历史沿革来看，"政治逻辑"和"产业逻辑"共同促成了成渝地区高等教育集聚的发展现状。首先，由政府主导的院系资源整合奠定了当前成渝地区高等教育的基本格局。四川、重庆的许多知名大学及优势学科都是在 1952—1956 年的院系大调整期间发展建立的。例如，四川大学法律系、政治系连同重庆大学、云南大学、贵州大学等校的法律系和政治系并入西南革命大学总校，组建为革命大学一部政法系，于 1953 年成立西南政法学院，后更名为西南政法大学；重庆大学的商学院迁至成都，后以其为基础建立西南财经学院（现西南财经大学）；电子科技大学成立于 1956 年 9 月，是在周恩来总理的亲自部署下，由交通大学（现上海交通大学、西安交通大学）的电讯工程系、华南工学院（现华南理工大学）的电讯系和南京工学院（现东南大学）的无线电系合并创建而成。因此，政府主导下的高校资源分配可看作成渝地区高等教育集聚发展并形成目前布局结构的"最初动力源"。

在此后的历史阶段，与其他地区高等教育的发展轨迹类似，成渝地区高等教育也先后开启了高等教育"大众化"及"普及化"的发展历程，入学人数、高校规模实现了大幅度扩张。这一时期成渝地区高校集聚发展的逻辑逐渐由政治逻辑主导转向由经济逻辑主导。从人才培养规模来看，成渝地区的经济总量及人口总数落后于长三角、京津冀等大型城市群，经济产业部门能够吸纳的就业人数较少，高等教育人数规模、高校数量及高水平学科数量也相应少于这些地区；学科结构方面，成渝地区高校拥有的顶尖优势学科，诸如信息与通信工程、电子科学与技术、交通运输工程等学科科研力量的集聚及经费投入，也基

本适配四川、重庆两地电子信息产业、汽车产业等优势产业发展的人才和研发需求。以地区经济发展和产业人才需求为引擎的外部动力，持续推动成渝地区高等教育向纵深扩张，逐渐形成当前高校学科布局现状。

（二）成渝地区高等教育集聚发展的现实局限及未来展望

政府高教资源布局与区域产业发展需求的双重作用造就了成渝两地高等教育的集聚现状与学科格局，通过人才培养、产学合作等方式对四川与重庆甚至整个地区、国家层面的高等教育和经济社会发展作出了巨大贡献。同时，也应认识到，随着社会经济文化的进步，收入水平的提升，以及产业结构的升级变迁，成渝地区高等教育集聚的"政治逻辑"和"产业逻辑"逐渐呈现一定的局限性，主要表现在以下几个方面。

第一，高校开放合作程度有限。成渝地区在国家"一带一路"建设中承载着重要的对外开放窗口功能，但由于市场供给高等教育资源的能力不足，中外合作办学高校数量和项目数量相对欠缺，在吸纳和培育留学生、扩大对外合作交流等方面发挥的作用有限，难以企及京津冀、长三角等主要城市群的高等教育开放合作程度。

第二，高水平学科数量较少。成渝地区高等教育高水平学科的产业特征较为明显，主要集中在区域传统优势产业相关的电子信息、交通工程等相关领域，基础科学和人文科学等方向的高水平学科优势则相对薄弱。这一情况虽然较为符合四川、重庆两地过去的发展定位和产业结构，但随着金融、民生等社会服务产业的兴起，成渝地区原有的学科结构布局在现代服务业相关产业的人才供给方面略显薄弱。

第三，高层次人才培养规模有限。成渝地区高校群主要以本、专科层次的人才培养为主要任务，研究生层次的毕业生比例远低于京津冀城市群、长三角城市群。高等教育的层次结构与成渝地区产业结构高级化的未来趋势不符，在实现本地高校与企业共建产学研用合作平台的过程中起到的贡献作用有限。

相关实证研究发现，我国高等教育在内涵式发展过程中，规模扩张与地方经济水平之间的关系逐渐减弱，甚至消失，当地居民对高等教育入学机会的需求成为拉动高等教育规模的主要动力；高等教育与区域发展的关系逐渐呈现出一种新的格局，具体表现为高等教育规模与经济的联结日益松散，而与社会期望、民生利益、政府政绩之间的关系日益密切。❶ 也就是说，随着经济发展阶段及高等教育水平的持续提升，高等教育集聚发展的"政治逻辑"和"经济逻辑"也应作出相应改变。具体而言，成渝地区高等教育应当抓住"成渝地区双城经济圈"规划的战略时机，利用市场一体化创造的有利条件改变原本相对单一的高等教育资源供给方式和发展思路，因地制宜，合理利用市场化手段，从合作办学、学科建设、产学合作等多个方面提升成渝地区高等教育资源供给方式和供给容量，进一步增强区域内高校服务经济社会发展的能力和满足当地居民教育需求的能力。

第三节　粤港澳大湾区高等教育集聚

2017 年 7 月，粤港澳三地签署了《深化粤港澳合作推进大湾区建设框架协议》（以下简称《协议》），标志着我国正式将粤港澳大湾区建设上升为国家战略，正式启动将粤港澳大湾区建成国际一流湾区工作。纵观全球，纽约湾区、旧金山湾区、东京湾区等世界一流湾区都是全球科技创新中心，都以世界一流大学为中心形成了高水平大学集群。粤港澳大湾区对标国际湾区，致力于进入世界一流湾区行列，因此，必然要将高水平大学集群建设作为重中之重。

---

❶　文雯,周京博.我国高等教育区域布局结构影响机制研究[J].高等教育研究,2019, 40(10):29-35,45.

一、粤港澳大湾区高等教育集聚外在条件

粤港澳大湾区，由"9+2"城市群构成，包括广东省广州市、深圳市、珠海市、佛山市、惠州市、东莞市、中山市、江门市、肇庆市和香港特别行政区、澳门特别行政区。粤港澳大湾区，是我国一项重要的国家战略，也是世界经济版图上的一大亮点，具有创新主体高度集聚、环境开放包容、经济基础优良、产业体系健全等特征，具备打造世界一流湾区的良好基础条件。一流湾区建设需要高水平的高等教育资源、前沿学科、高素质人才、雄厚的产业基础作支撑。其中，高等教育发挥着重要作用。粤港澳大湾区高等教育集聚具备较好的政策支持、院校与学科建设基础、产业基础、地理区位优势，为大湾区教育发展创造了较为优越的条件。

（一）位置及人口维度

推进粤港澳大湾区建设，是以习近平同志为核心的党中央作出的重大决策，是习近平总书记亲自谋划、亲自部署、亲自推动的国家战略，也是推动"一国两制"事业发展的新实践。粤港澳大湾区是中国华南地区的重要城市群，包括香港特别行政区、澳门特别行政区和广东省广州市、深圳市、珠海市、佛山市、惠州市、东莞市、中山市、江门市、肇庆市，整个区域的总面积约为5.6万平方公里，是中国经济最活跃的地区之一，2023年地区生产总值超过14万亿元人民币，占全国经济总量的约11%。

粤港澳大湾区地理条件优越，"三面环山，三江汇聚"，具有漫长海岸线、良好港口群、广阔海域面。经济腹地广阔，泛珠三角区域拥有全国约1/5的国土面积、1/3的人口和1/3的经济总量。粤港澳大湾区面向南海，是距离南海最近的经济发达地区，是中国经略南海的桥头堡。临近全球第一黄金航道，是太平洋和印度洋航运要冲，是东南亚乃至世界的重要交通枢纽，是丝绸之路经济带和21世纪海上丝绸之路的交汇点，是中国与海上丝绸之路沿线国家海上往来距离最近的经济发达区域。

由于地缘相近，珠三角城市与港澳地区的联系自古以来就相当紧密。改革开放初期，由于港澳地区经济较内地发达，部分珠三角的人口流入港澳就业、定居，甚至出现了"嫁港澳潮"；随着进出港澳的政策逐渐宽松透明，粤港澳三地的交流更加便捷和频繁，并逐步渗透到各领域。以地缘相近深港两地为例，两地同源同文、民心相通，认同与互信为深港两地互利合作提供了前提。

在人口总量及其构成方面，2018 年，粤港澳大湾区常住人口 7115.98 万人。其中，内地九市常住人口 6300.99 万人、香港人口 748.25 万人、澳门人口 66.74 万人。截至 2020 年 12 月，粤港澳大湾区常住人口达 8617.19 万人。

（二）交通条件维度

粤港澳大湾区陆路、空路、水路覆盖完善，现代化交通运输体系已现雏形，并在多个领域位居全球湾区之首。陆路方面，区内高速公路通车里程超过 4500 千米，各城市半小时内可到达高速公路，往来全国各省市十分便捷。高速铁路、城市轨道交通基本覆盖区内各市，最西城市肇庆与最东城市惠州往来也仅需两个半小时，极大地缩短了城市之间的距离。连接三地的超长跨海大桥——港珠澳大桥已通车，连接其他城市的深中通道、黄茅海跨海通道也在建设中，未来在区内城市间出行将更加快速便捷。空路方面，大湾区拥有全球最大的客货运输能力机场群，其中广州、香港、深圳三大国际机场均跻身全球最繁忙大型机场行列，2017 年民航旅客吞吐量超过 2 亿人次。水路方面，以粤港澳大湾区为核心的世界级港口群已初见规模。广、深、珠、莞港口吞吐量达 1 亿吨以上，广州港、深圳港集装箱吞吐量更是跻身全球前列，区域水路航线覆盖全球主要港口。

（三）政策支持维度

在粤港澳大湾区发展政策方面，国家在系列政策文件中进行强调，为粤港澳大湾区建设奠定了坚实的政策基础。

"粤港澳大湾区"概念最早成形于 2010 年的《粤港合作框架协议》的"环珠江口宜居湾区建设重点行动计划"。2015 年 3 月 28 日，国家发展改革委、外交部、商务部联合发布了《推动共建丝绸之路经济带和 21 世纪海上丝绸之路的愿景与行动》，首次在国家文件中使用"粤港澳大湾区"概念，指出"充分发挥深圳前海、广州南沙、珠海横琴、福建平潭等开放合作区作用，深化与港澳台合作，打造粤港澳大湾区"。2017 年，"粤港澳大湾区"首次在政府工作报告中出现。

2017 年 7 月 1 日，国家主席习近平出席《深化粤港澳合作推进大湾区建设框架协议》签署仪式。在习近平总书记的见证下，国家发展改革委和粤港澳三地政府共同在香港签署了该协议，标志着我国正式启动粤港澳大湾区建设。此文件在合作重点领域明确提出"打造国际科技创新中心""不断提高科研成果转化水平和效率"。科技创新能力和科研成果转化水平的提升，都依赖于优质的高等教育资源。这为粤港澳大湾区高等教育集群建设奠定了合作基础。

2019 年 2 月，中共中央、国务院印发《粤港澳大湾区发展规划纲要》（以下简称《纲要》），明确指出了湾区发展高等教育的目标，强调"支持粤港澳高校合作办学，鼓励联合共建优势学科、实验室和研究中心。充分发挥粤港澳高校联盟的作用，鼓励三地高校探索开展相互承认特定课程学分、实施更灵活的交换生安排、科研成果分享转化等方面的合作交流。支持大湾区建设国际教育示范区，引进世界知名大学和特色学院，推进世界一流大学和一流学科建设。"《纲要》为粤港澳三地开展高等教育合作交流、推进高等教育集群发展指出了清晰的方向。

2020 年 12 月，教育部、广东省人民政府联合印发了《推进粤港澳大湾区高等教育合作发展规划》（以下简称《规划》），对粤港澳大湾区高等教育合作发展进行了顶层设计。《规划》明确提出"到 2025 年，大湾区高等教育规模、结构、布局更加协调，科教融合、产教融合发展特色更加鲜明，资源要素自由流动机制取得突破，人才协同培养体制机制基本确立"，"到 2035 年，大湾区建成若干所世界一流水平的高校……成为世界高等教育合作发展和创新发展的先进典范"。《规划》为粤港澳三地开展高等教育合作与产学研协同创新制定了明确的时间路线图，让三地的合作方向与合作路径更为清晰。

随着粤港澳大湾区建设上升为一项国家战略，粤港澳三地在高等教育领域的合作目标逐渐被细化落实，成为教育部、广东省的重要工作内容之一。2021年11月，广东省人民政府下发《广东省教育发展"十四五"规划》，将粤港澳大湾区高等教育交流与合作纳入其中，强调要深入推进粤港澳大湾区高等教育合作发展，加快打造高水平、开放型、国际化高等教育资源聚集高地。2022年2月，《教育部2022年工作要点》发布，其中，第27条明确提出要"积极落实关于推进粤港澳大湾区高等教育合作发展规划，支持高起点新机制创建高水平大学及办学合作"。

为进一步全面深化、细化粤港澳大湾区建设，中共中央、国务院陆续发布了关于横琴、前海、南沙合作区建设的方案，对合作平台建设进行全面规划，并为粤港澳大湾区高等教育合作发展指明方向。2021年9月，中共中央、国务院印发了《横琴粤澳深度合作区建设总体方案》（以下简称《横琴方案》）和《全面深化前海深港现代服务业合作区改革开放方案》（以下简称《前海方案》）。其中，《横琴方案》提出：高标准建设澳门大学、澳门科技大学等院校的产学研示范基地，构建技术创新与转化中心，推动合作区打造粤港澳大湾区国际科技创新中心的重要支点。《前海方案》提出：在前海合作区引进港澳及国际知名大学开展高水平合作办学，建设港澳青年教育培训基地。2022年6月，《广州南沙深化面向世界的粤港澳全面合作总体方案》（以下简称《南沙方案》）印发，提出："稳步推进粤港澳教育合作""在南沙划定专门区域，打造高等教育开放试验田、高水平高校集聚地、大湾区高等教育合作新高地"，并对学科建设、学分互认、招生机制、职业教育培训、教师资格、青年就业创业环境等领域的发展提出具体目标。

（四）产业基础维度

推进大湾区高等教育集群发展，实现高等教育真正的合作，不仅需要坚实的政策支持、高水平的大学与学科，也需要与产业集群联动，实现大学与产业界的深度合作，建立高等教育集群生长所需的产业生态环境，只有这样才能真正实现大湾区高等教育深度融合。

改革开放以来，在经济全球化及港澳台投资的持续推动下，尤其是来自香港的产业转移，珠三角东西两岸城镇不断扩张、连绵、融合，形成新的产业布局和城市空间。在市场经济的驱动下，20 世纪 90 年代，珠三角与港澳自发形成"前店后厂"的地域分工协作互利关系。珠三角制造业依托主要的开发区、高新区、工业园、专业镇，在内圈层逐步形成了板块式的簇群发展，并呈现分别以广州和佛山、深圳和东莞为中心向外辐射的 2 个集聚扇面。进入 21 世纪，广州、深圳、香港作为处于粤港澳大湾区第一梯队的城市，在区域中担任的角色分工产生重大差异：广州呈现出门户城市的特点、深圳则显现出经济中心的特征、香港保持国际大都市地位。粤港澳的经贸关系由原来清晰的"前店后厂"垂直分工格局走向不明朗，地缘经济关系由过去的互补式的关系走向竞争性的关系。港澳投资失去了以往"海外接单、内地生产"的搭配优势。但是，珠三角与港澳之间仍旧存在很强的互补需求和合作空间，迫切需要建立经济发展的新格局，破解阻碍建立三地新的分工关系。当前，粤港澳大湾区各城市产业结构情况如下。

（1）广东 9 个城市产业基础。粤港澳大湾区中位于广东省的 9 个城市的经济发展所处阶段不一样，优势产业不同。从产业结构上看，广州、深圳、珠海三个城市，位于大湾区核心区域，处于第二产业向第三产业过渡阶段，第三产业占比超过 50%。统计数据显示，2021 年，广州市服务业增加值占地区生产总值增量的 71.6%❶；2020 年，深圳第三产业增加值占地区生产总值增量的 74.6%❷；2021 年，珠海市第三产业增加值对地区生产总值增长的贡献率为 59.6%❸。佛山、中山与东莞三个城市作为紧邻大湾区核心区外的制造业基

❶ 广州市统计局.广州市统计年鉴（2022）［EB/OL］.（2023-12-4）［2023-12-29］. https://lwzb.gzstats.gov.cn:20001/datav/admin/home/www_nj/.

❷ 深圳市统计局.深圳市统计年鉴（2021）［EB/OL］.（2021-12-30）［2024-1-5］. http://tjj.sz.gov.cn/nj2021/nianjian.html? 2021###.

❸ 珠海市统计局.珠海市统计年鉴（2022）［EB/OL］.（2022-11-9）［2023-5-6］. http://210.78.94.20:82/2Q2WB9A5C4F881668DADA2A7CEE52426B855A234FAB1 _ unknown _ 7600E7FB6363166C309C3414B907B6D950FBA98A _ 11/tjj.zhuhai.gov.cn/attachment/0/304/304597/3189511.pdf.

地，处于工业经济阶段，第二产业占比较高。统计数据显示，2021 年，东莞第二产业增加值为地区生产总值增长的贡献率为 73%❶，中山市第二产业占地区生产总值的 49.4%❷；2020 年，佛山市第二产业占地区生产总值的 56.4%。❸ 处于大湾区最外围的惠州、江门与肇庆三市，第一产业占比较高，是粤港澳大湾区的重要初次产品保障基地。

广州的产业布局目前可以概括为"三大支柱产业，八大战略性新兴产业，五大未来产业"架构。"三大支柱产业"为汽车产业、电子产业和石化产业。"八大战略性新兴产业"为新一代信息技术产业、生物医药与健康产业、智能与新能源汽车产业、智能装备与机器人产业、新材料与精细化工产业、新能源和节能环保产业、轨道交通产业以及数字创意产业。"五大未来产业"为天然气水合物产业、区块链产业、量子科技产业、太赫兹产业和纳米科技产业。汽车制造产业是广州三大支柱产业增加值贡献最大的细分产业，2021 年广州汽车制造产业增加值超过 5000 亿元，占三大支柱产业增加总值的 53.93%。广州战略性新兴产业的发展位于全国领先地位。2012—2020 年，广州战略性新兴产业增加值逐年增长，2020 年广州战略性新兴产业增加值已经达到了 7609 亿元，占地区生产总值的 30.4%。其中，智能与新能源汽车产业增加值贡献最大，2020 年为 1471 亿元。

深圳已经形成了"四大支柱产业，七大战略性新兴产业，五大未来产业"架构的产业格局。"四大支柱产业"为文化产业、高新技术产业、物流业和金融业。"七大战略性新兴产业"为新一代信息技术产业、生物医药产业、数字经济产业、高端装备制造产业、新材料产业、海洋经济产业和绿色低碳产业。"五大未来产业"为卫星制造与应用产业、航空航天产业、机器人产业、可穿

---

❶ 东莞市统计局. 东莞市统计年鉴（2022）［EB/OL］.（2022-12-5）［2023-7-8］. http://tjj. dg. gov. cn/tjnj/index. html#page/55.

❷ 中山市统计局. 中山市统计年鉴（2022）［EB/OL］.（2022-12-30）［2023-7-8］. http://stats. zs. gov. cn/zwgk/tjxx/tjnj/content/post_2184419. html.

❸ 佛山市统计局. 佛山市统计年鉴（2021）［EB/OL］.（2022-12-30）［2023-7-8］. http://www. foshan. gov. cn/gzjg/stjj/.

戴设备产业和新型健康技术产业。高新技术产业是深圳四大支柱产业增加值贡献最大的细分产业；新一代信息技术产业为深圳战略性新兴产业增加值贡献最大。

（2）香港产业基础。受自然环境限制，香港的淡水资源、土地资源都比较匮乏，对外部资源和市场高度依赖。金融服务、进出口贸易与物流、旅游业、专业服务及工商业支援服务业是香港传统的"四大支柱产业"。这四大支柱产业也是香港长期以来经济增长的原动力。香港自 20 世纪 80 年代中期后进入后工业化时代和服务经济时代，逐渐形成外向型的市场化经济结构。但是，香港产业结构转型中也逐渐暴露出一些问题，比如制造业转型升级困难、楼市及租金上涨、结构性失业、社会贫富差距较大等。2003 年 1 月，董建华发表他连任特首后的第一份施政报告《善用香港优势，共同振兴经济》。报告在分析香港发展优势和不足的基础上，明确提出加快香港与广东珠江三角洲地区的经济整合，促进香港经济转型，同时强化金融、物流、旅游和工商业四大支柱产业的发展。由此，香港开始着力发展四大支柱产业，为当前的产业结构打下基础。香港特别行政区政府统计处数据❶显示，2021 年，贸易及物流行业增加值占香港本地生产总值的 23.7%，金融服务行业增加值占 21.3%，专业服务及其他工商业支援服务行业❷增加值占 11.4%；旅游业增加值占本地生产总值仅有 0.1%，与 2019 年 3.6% 的水平相比，呈现出大幅度下降趋势。

在金融服务领域，目前，香港已经形成银行、证券、保险、基金、期货、外汇交易、黄金交易等较为完整的金融市场体系。其中，银行业最为发达、生产总值占比最高。2022 年 9 月，全球金融中心指数（GFCI）发布。数据显示，全球 46 个国际金融中心排名中，香港列第 4 位，仅次于纽约、伦敦、洛杉矶。

在贸易及物流领域，香港因拥有得天独厚的深水港及亚洲中心的地理位置，成为亚太地区重要的交通枢纽。2003 年，香港吞吐量位列全球首位。即便近年有所下降，香港的港口吞吐量仍位列全球前十位。根据海事研究公司

---

❶ 香港特别行政区政府政府统计处. 四个主要行业的增加价值及就业人数［EB／OL］. https：∥www. censtatd. gov. hk／sc／page_8000. html？titleId＝menu_action151

❷ 其他工商业支援服务是指除金融服务、旅游、贸易及物流和专业服务以外的工商业支援服务。

Linerytica 编制发布的 2021 年全球 50 大集装箱港口排名，香港港吞吐量位列全球第 10 位。

在专业服务及其他工商业支援服务领域，香港主要在法律服务、会计服务、核数服务、建筑设计及测量活动、工程活动、技术测试及分析、科学研究及发展、管理及管理顾问活动、资讯科技相关服务、广告、专门设计及相关服务等方面发展。其中，香港作为国际上普遍认可的国际法律和争议解决服务的城市，在法律服务领域，尤其是在解决国际商业纠纷、国际调解方面广受全球欢迎。在"一国两制"的基本方略下，香港具有独立的法律制度和环境，且香港的普通法制度与世界主要经济体属于同一法律体系，并与国际商业规则接轨，且具有多元的文化背景，为开展国际调解提供了独立且中立的法律环境。国际仲裁权威研究机构英国玛丽女王大学发布的《2021 年国际仲裁调查报告》显示，香港在全球最受欢迎的仲裁地点中位列第三。

2008 年，金融危机席卷全球。为应对全球经济冲击，香港特区政府接纳了 2008 年 10 月成立的香港经济机遇委员会提出的关于发展六项优势产业的建议，积极推进将医疗、教育、环保、创新科技、检验认证服务及文化创意等行业纳入"优势行业"范围。经过十几年发展，六大优势行业逐步增长，在香港本地生产总值中占据一席之地。统计数据显示，2021 年，香港文化及创意产业增加值占香港本地生产总值的 4.5%，医疗产业占比为 2%，航空运输产业占比为 1.6%，教育产业占比为 1.3%，创新及科技产业占比为 0.9%，环保产业占比为 0.4%，检测及认证产业占比为 0.3%。❶

国家"十四五"规划纲要中指出，国家"支持香港巩固提升国际金融、航运、贸易中心和国际航空枢纽地位，强化全球离岸人民币业务枢纽、国际资产管理中心及风险管理中心功能。支持香港建设国际创新科技中心、亚太区国际法律及解决争议服务中心、区域知识产权贸易中心，支持香港服务业向高端高增值方向发展，支持香港发展中外文化艺术交流中心"。这为香港未来产业发展指明了方向。

---

❶ 香港特别行政区政府政府统计处.选定行业的增加价值及就业人数 [EB/OL]. https://www.censtatd.gov.hk/sc/web_table.html? id=220.

（3）澳门产业基础。澳门特别行政区产业结构以第三产业为主，第一和第二产业占比较少。较长时期以来，澳门的传统产业主要包括博彩业、旅游业、金融业、房产业等。其中，博彩业是澳门的经济支柱产业，并带动旅游业、服务业、批发及零售等行业蓬勃发展。但是，经济结构相对单一、发展资源有限，也困扰着澳门的发展。疫情期间，入境澳门的游客数量骤减，旅游业、零售业、博彩业等行业压力很大，再次暴露了澳门作为微型的开放经济体存在的产业结构单一、过度依赖博彩业、经济韧性不足等问题，必须加快推动经济适度多元发展。有关数据显示（见表 5-7），2021 年澳门第二产业占生产总值比重为 7.7%。其中，制造业占 0.8%、水电及气体生产供应业占 1.1%、建筑业占 5.8%；第三产业占 92.3%，其中，博彩及博彩中介业占 25.8%、金融业占 15.4%、不动产业务占 14.1%、批发及零售业占 8.8%。

表 5-7 中国澳门 2021 年产业结构情况

行业	当年价格增加值总额/百万澳门元		实质变动率/%		比重/%		比重差异/%
	2020 年	2021 年	2020 年	2021 年	2020 年	2021 年	
第二产业	17 177	19 055	-9.9	5.2	8.7	7.7	-1.0
制造业	1 682	2 053	-36.7	25.4	0.9	0.8	0#
水电及气体生产供应业	2 838	2 772	-1.0	5.3	1.4	1.1	-0.3
建筑业	12 657	14 230	-6.9	2.5	6.4	5.8	-0.6
第三产业	180 363	227 110	-56.1	29.1	91.3	92.3	1.0
批发及零售业	13 852	21 555	-36.7	75.2	7.0	8.8	1.7
酒店业	2 217	7 211	-80.1	343.5	1.1	2.9	1.8
饮食业	3 224	3 923	-54.5	18.6	1.6	1.6	0
运输、仓储及通讯业	6 005	6 660	-47.6	11.3	3.0	2.7	-0.3
金融业	24 922	37 965	-10.0	52.9	12.6	15.4	2.8
不动产业务	34 612	32 201	-11.1	-6.1	17.5	13.1	-4.4

续表

行业	当年价格增加值总额/百万澳门元		实质变动率/%		比重/%		比重差异/%
	2020 年	2021 年	2020 年	2021 年	2020 年	2021 年	
租赁及工商服务业	11 848	11 375	−37.9	−3.7	6.0	4.6	−1.4
公共行政	19 830	20 061	1.4	1.2	10.0	8.1	−1.9
教育	8 905	9 123	1.1	7.4	4.5	3.7	−0.8
医疗卫生及社会福利	6 996	7 458	−0.8	5.8	3.5	3.0	−0.5
博彩及博彩中介业	41 809	63 420	−81.4	51.8	21.2	25.8	4.6
其他服务业	6 142	6 158	−41.7	−5.1	3.1	2.5	−0.6
总数	197 540	246 165	−54.1	27.1	100.0	100.0	−
入口税	602	750	12.5	24.8	..	..	..
本地生产总值	198 141	246 915	−54.0	27.1	..	..	..

注：−表示绝对值为零；.. 表示不适用；0#表示数字少于采用单位半数。由于进位原因，项目的总和可能与总数有差异。

数据来源：中华人民共和国澳门特别行政区政府.2021 年澳门产业结构［EB/OL］.（2022-11-18）［2023-3-5］.https://www.gov.mo/zh-hans/news/656229/.

党中央一直高度重视澳门的经济发展，鼓励支持澳门经济适度多元发展，并为澳门发展指明了方向，打造"一中心一平台一基地"：建设世界旅游休闲中心、中国与葡语国家商贸合作服务平台，促进经济适度多元发展，打造以中华文化为主流、多元文化共存的交流合作基地。同时，横琴粤澳深度合作区正式挂牌，也为澳门经济适度多元发展创造了良好的空间。此外，澳门有四家国家重点实验室，涉及中药质量研究、智慧城市物联网等，也在推动产业多元发展方面发挥重要引领作用。2011 年 3 月，广东和澳门两地政府签署了《粤澳合作框架协议》。同年 4 月，粤澳合作中医药科技产业园正式落地珠海横琴。广药集团、丽珠圣美、天祥集团、盈科瑞等重点项目陆续入驻。2019 年，产业园与澳门大学、澳门科技大学、广州中医药大学、暨南大学等 12 所高校和研究机构合作成立了粤港澳大湾区中医药科技成果转化基地。因此，近年来，会展、中医药、特色金融、文创等新兴产业在澳门本地生产总值中持续攀升，为澳门经济适度多元发展注入了新动力。

党的二十大报告提出，发挥香港、澳门优势和特点，巩固提升香港、澳门在国际金融、贸易、航运航空、创新科技、文化旅游等领域的地位，深化香港、澳门同各国各地区更加开放、更加密切的交往合作。未来，从具体方向来看，澳门需要加快推进横琴粤澳深度合作区建设；加强发展中医药制造业、金融业和高新技术产业，鼓励内地金融保险机构以澳门为区域总部；拓展葡语国家市场业务等来促进澳门产业的多元化发展。

（五）经费投入维度

从教育经费投入的情况来看（见表5-8），教育部、国家统计局、财政部发布的《关于2020年全国教育经费执行情况统计公告》的数据显示，2020年国家财政性教育经费❶为42 908.15亿元❷，占全国一般公共预算支出的比重为17.47%。同年，粤港澳大湾区有7个城市的教育支出占公共财政支出的比重超过了全国平均平。

表5-8　2020年粤港澳大湾区各城市教育支出占地方财政支出的情况

支出项目	广州/亿元	深圳/亿元	佛山/亿元	珠海/亿元	中山/亿元	江门/亿元	东莞/亿元	惠州/亿元	肇庆/亿元	香港/百万港元	澳门/百万澳门元
教育财政支出	559	851	173	110	83.2	87.1	203	129	78.5	106 785	12 243

---

❶　主要包括一般公共预算安排的教育经费，政府性基金预算安排的教育经费，国有及国有控股企业办学中的企业拨款，校办产业和社会服务收入用于教育的经费等。

❷　教育部 国家统计局 财政部关于2020年全国教育经费执行情况统计公告[EB/OL].（2021-11-30）[2023-7-8]. http://www. moe. gov. cn/srcsite/A05/s3040/202111/t20211 130_583343. html.

续表

支出项目	广州/亿元	深圳/亿元	佛山/亿元	珠海/亿元	中山/亿元	江门/亿元	东莞/亿元	惠州/亿元	肇庆/亿元	香港/百万港元	澳门/百万澳门元
教育财政支出占公共财政支出比重/%	18.93	20.37	17.25	16.01	22.15	19.65	24.06	20.24	18.23	15.3	12.3

数据来源：各城市教育统计年鉴。

研究与试验发展（R & D）经费投入强度，是衡量一个国家或者地区在科技创新领域的努力程度的重要指标。通常，R&D 经费支出强度，是指 R&D 经费支出与本国或者本地区生产总值之比。如表 5-9 所示，粤港澳大湾区各城市 R&D 经费支出强度较大，广州、深圳两个核心城市 R&D 经费支出占其本地生产总值比例最高，分别为 3.1%、5.46%。从全国平均水平看，2020 年，全国 R&D 经费共投入 24 393.1 亿元，占国内生产总值的 2.40%。因此，我们可以发现，粤港澳大湾区 R&D 经费占本地区生产总值的比率远远高于全国平均水平。

表 5-9　粤港澳大湾区 R&D 经费支出情况

支出项目	广州/亿元	深圳/亿元	佛山/亿元	珠海/亿元	中山/亿元	江门/亿元	东莞/亿元	惠州/亿元	肇庆/亿元	香港/百万港元	澳门/百万澳门元
R&D 经费	774.84	1510.81	288.56	113.52	73.97	78.57	342.09	126.52	24.94	26 553.6	—
R&D 经费支出占当地生产总值比重/%	3.10	5.46	2.67	3.26	2.35	2.45	3.54	3	1.08	0.99	—

广东省各市数据来源：广东省科学技术厅.2020 年广东省科技经费投入公报［EB/OL］.［2023-7-5］. http://gdstc. gd. cn/zwgk_n/sjjd/content/post_3721913. html.

香港数据来源：香港特别行政区政府政府统计处.统计数字-研究及发展［EB/OL］.［2023-7-5］. https://www. censtatd. gov. hk/sc/scode580. html.

澳门的 R&D 经费投入没有查询到。

二、粤港澳大湾区高等教育集聚发展现状

(一) 大学和学科基础

建设高等教育集群，需要有较高水平的高等学校、科研院所，以及较为雄厚的学科基础。粤港澳三地在高等教育领域具备较好的院校基础和学科基础，能够为粤港澳大湾区"国际科技创新中心"建设提供坚实的院校资源支撑和学科基础支撑。

1. 广东高等教育资源情况

广东历来重视高等教育发展，始终积极努力提升高等教育质量。2015 年 4 月，广东省委、省政府印发了《关于建设高水平大学的意见》，正式启动高水平大学建设工作，批准在粤的中山大学、华南理工大学、暨南大学等 7 所高校作为高水平大学整体建设高校。

2017 年 9 月，教育部、财政部、国家发展改革委在《关于公布世界一流大学和一流学科建设高校及建设学科名单的通知》中，将在粤的中山大学、华南理工大学纳入一流大学建设的 A 类高校，且中山大学、暨南大学、华南理工大学、华南师范大学、广州中医药大学共 18 个学科被列入一流学科行列。2022 年 2 月，时隔五年，我国新一轮"双一流"名单公布。这一轮的名单不再区分一流大学建设高校和一流学科建设高校，且未对高校和学科细分"A 类"和"B 类"（见表 5-10）。广东的华南理工大学、华南农业大学、广州医科大学、南方科技大学均有新增一流学科。

2. 香港高等教育资源情况

为适应知识经济带来的发展挑战，自 20 世纪 90 年代中期以来，香港就着力推进一系列教育改革，推进优质教育及高等教育大众化。[1] 香港特区政府在

---

[1] 莫家豪.打造亚洲教育枢纽：香港的经验[J].北京大学教育评论,2016,14(4)：89-104.

2004—2005 年的《施政报告》中就提出发展教育产业，并在 2009—2010 年的《施政报告》中，再次明确"发展教育产业的目标是巩固香港的区域教育枢纽地位"。建立区域教育枢纽计划，为香港吸引大量来自国内和国外的学生。但是，在特区政府有限的教育预算分配，使由教育资助委员会（简称"教资会"）资助的公立高等教育机构提供的入学名额有限。2006 年开始，为了容纳更多的学生，香港私立高等教育开始发展，成立了财政自给的社区学院、私立大学。目前，香港共有 22 所可颁授学位的高等教育院校。其中，有 8 所公立大学由特区政府的教资会资助，14 所财政自给的私立大学（见表 5-11）。

表 5-10　广东省"双一流"高校及学科名单

时间及批次	类别	名单
2017 年首轮	一流大学建设高校 A 类	中山大学、华南理工大学
	一流学科建设高校	中山大学：哲学、数学、化学、生物学、生态学、材料科学与工程、电子科学与技术、基础医学、临床医学、药学、工商管理 暨南大学：药学（自定） 华南理工大学：化学、材料科学与工程、轻工技术与工程、农学 广州中医药大学：中医学 华南师范大学：物理学
2022 年第二轮	一流学科建设高校	中山大学：哲学、数学、化学、生物学、生态学、材料科学与工程、电子科学与技术、基础医学、临床医学、药学、工商管理 暨南大学：药学 华南理工大学：化学、材料科学与工程、轻工技术与工程、食品科学与工程（新增） 华南农业大学：作物学（新增） 广州医科大学：临床医学（新增） 广州中医药大学：中医学 华南师范大学：物理学 南方科技大学：数学（新增）

资料来源：根据教育部、财政部、国家发展和改革委员会分别在 2017 年和 2022 年联合发布的《关于公布世界一流大学和一流学科建设高校及建设学科名单的通知》整理而来。

表 5-11　中国香港高等教育学校情况

性质	院校	性质	院校
特区政府资助的公立大学	香港城市大学	财政自给的私立大学	宏恩基督教学院
	香港浸会大学		港专学院
	岭南大学		香港演艺学院
	香港中文大学		香港都会大学
	香港教育大学		香港能仁专上学院
	香港理工大学		香港树仁大学
	香港科技大学		香港高等科技教育学院
	香港大学		香港恒生大学
财政自给的私立大学	明爱专上学院		东华学院
	明德学院		香港伍伦贡学院
	珠海学院		耀中幼教学院

泰晤士高等教育（Times Higher Education）世界大学排名（也被翻译为 THE 世界大学排名）与 Quacquarelli Symonds 世界大学排名（也被翻译为 QS 世界大学排名）、U.S. News 世界大学排名、软科世界大学学术排名是公认的四大较为权威的世界大学排名。2009 年 10 月前，泰晤士高等教育一直与国家教育市场咨询公司 Quacquarelli Symonds 合作共同发布世界大学排名，称为"THE-QS 世界大学排名"；之后二者放弃合作，从 2010 年起各自发布独立的世界大学排名。2023 年度泰晤士高等教育世界大学排名，于 2022 年 10 月 12 日正式发布。香港有 5 所大学进入世界前 100 名行列，分别是香港大学、香港中文大学、香港科技大学、香港理工大学、香港城市大学。2023 年度 QS 世界大学排名，于 2022 年 6 月 9 日发布，香港有 7 所大学上榜，其中有 5 所大学跻身世界前 100 名（见表 5-12）。

表 5-12　中国香港大学泰晤士高等教育和 QS2023 年度排名情况

序号	大学名称	世界排名（THE）	世界排名（QS）
1	香港大学	31	21
2	香港中文大学	45	38

序号	大学名称	世界排名（THE）	世界排名（QS）
3	香港科技大学	58	40
4	香港理工大学	79	65
5	香港城市大学	99	54

资料来源：根据泰晤士高等教育（Times Higher Education）2023 年度世界大学排名名单整理而来。

3. 澳门高等教育资源情况

近年来，澳门以"教育兴澳"和"人才建澳"为原则，积极推进高等教育事业蓬勃发展，基本实现了高等教育事业服务本地的目标。目前，澳门共有10 所高等院校，包括 4 所公立院校和 6 所私立院校（见表 5-13）。在学科专业设置上，澳门高等教育发展遵循强化本地需求和有限性的原则，开展高等教育学科专业建设。其中，澳门有综合教学和研究双结合的大学，也有以应用教学为主的多专业理工学院，或以主力培养旅游会展人才、博彩业专才、专业护理人员及高级管理人才等的专科学院。总体上来讲，澳门高等教育的学科专业设置已经基本能够适应澳门产业发展的人才需求。

表 5-13　中国澳门高等教育院校

序号	名称	序号	名称
1	澳门大学	6	圣若瑟大学
2	澳门理工大学	7	澳门镜湖护理学院
3	澳门旅游学院	8	澳门科技大学
4	澳门保安部队高等学校	9	澳门管理学院
5	澳门城市大学	10	中西创新学院

（二）粤港澳大湾区高等学校聚集情况

1. 高校和教师队伍总量情况

从高校数量上看，截至 2019 年年底，粤港澳大湾区共有高等学校 170 所，其中广东9市共138所（普通高等学校127所、成人高等学校11所）、香港22所、澳门10所，占粤、港、澳三地高等学校（共200所）总数的85.00%；从广东来看，广东9市占广东高校的比例高达82.14%，其中普通高等学校占比为82.47%，成人高等学校占比为78.57%。在此区域内，还集聚了香港大学、香港科技大学、香港中文大学等5所可跻身世界百强的大学，汇聚了中山大学、华南理工大学、暨南大学等一批国内知名重点大学。

粤港澳、京津冀、长三角地区的高校、人口、生产总值占全国比例见表5-14。

表5-14　粤港澳、京津冀、长三角地区的高校、人口、
生产总值占全国比例

单位：%

地区	高校占比	人口占比	生产总值占比	一流大学占比
粤港澳	7	9	14	5
京津冀	10	8	8	24
长三角	17	16	23	19
合计	34	33	45	48

资料来源：周光礼．区域发展的高等教育因素：概念框架与案例分析［J］．湖南师范大学教育科学学报，2021（6）：42．

从专任教师数量上来看，2018年全国高校专任教师总数为167万人。长三角地区专任教师为28.5万人，占比17.06%；从1998—2018年，全国高校专任教师从40万人增加到160多万人，年均增长率为7.5%。粤港澳地区专任教师超过10万人，约占全国专任教师比率为6.0%，但是1998—2018年间，粤港澳专任教师增加了8万多，年均增长率近9.0%，专任教师增长率远高于全国平均水平，呈现出明显的集聚现象。

2. 学生总量及层次结构情况

从在校生数量上看，2018年全国普通高校在校生（含专科生、本科生、研究生）共计3131万人，占全国总人口的2.2%%；其中，粤港澳地区的高校在校生为238万，占本地总人口的1.9%；长三角地区的高校在校生为508

万，占本地总人口的 2.3%；京津冀地区的高校在校生为 300 万，占本地总人口的 2.7%；粤港澳地区的高校在校生为 238 万，占本地总人口的 1.9%。

从表 5-15 可知，2018 年三大区域普通高校培养层次（普通专科、普通本科、研究生）结构比例来看，粤港澳大湾区研究生占比为 8.1%，远低于京津冀（26.2%），略低于长三角（11.7%）；而普通专科占比为 37.6%，明显高于其他两大区域（京津冀 21.2%，长三角 33.2%）。通过与京津冀和长三角对比分析可见，研究生比例小而高职高专比例大是粤港澳大湾区高等教育集群的一大特点。

表 5-15　2018 年三大区域高等教育层次结构一览表

单位：%

区域	专科占比	本科占比	研究生占比	在校生全国占比
粤港澳	37.6	54.3	8.1	7.6
京津冀	21.2	52.6	26.2	9.6
长三角	33.2	55.5	11.7	16.2

资料来源：粤港澳、京津冀、长三角地区高等教育与经济发展报告（2020），占比为自行计算所得。

（三）加强高等教育合作联盟建设，高等教育集聚形态初显

《粤港澳大湾区发展规划纲要》中明确提出"充分发挥粤港澳高校联盟的作用"的要求，并且要求各地区根据实际情况予以落实，因此广东省在《中共广东省委广东省人民政府关于贯彻落实〈粤港澳大湾区发展规划纲要〉的实施意见》《广东省推进粤港澳大湾区建设三年行动计划（2018—2020 年）》等一系列的落实规划纲要文件中，也均明确对建设粤港澳高校联盟作出专门规定。早在《粤港澳大湾区发展规划纲要》正式颁布之前，2016 年便已率先建立了粤港澳高校创新创业联盟，之后根据规划纲要及具体配套政策指导下，逐渐成立了粤港澳高校联盟、粤港澳大湾区职业教育产教联盟、粤港澳院士专家创新创业联盟等高校联盟，以此深化粤港澳地区在高等教育人才培养、创新创

业、信息技术与教育教学深度融合、优质课程资源共建共享、学分互认、资源共享、文化传承等领域的合作，为粤港澳高等教育的集聚奠定了基础。

目前，粤港澳湾区已经初步形成了香港、澳门、广东三个高等教育集聚区。其中，广东高等教育集聚程度最高，广州市共有高校 91 所，并且布局了广州大学城、钟落潭高校园区这 2 个大学城。深圳市已建立了在国内具有一定影响力的深圳大学城，共有高校 9 所，尤其是近些年国内"双一流"高校纷纷赴深圳开设分校，比如中国人民大学、中山大学、暨南大学、哈尔滨工业大学等，进一步增强了深圳市优质高等教育资源的集聚程度；除此之外，深圳市还率先建立了虚拟大学园，秉承一园多校、市校共建理念，目前共有 62 所国内外知名院校进驻。除广州和深圳，省内其他城市比如佛山、珠海、东莞等地，其高校集聚的形态也已初步形成。❶

（四）粤港澳大湾区产学研协同创新成果显著

粤港澳地区大力推进科技园、高新区、基地及科创平台等产学研资源的建设，比如，深圳虚拟大学园区内建有国家大学科技园，目前已建成清华大学、北京大学等 15 家产业化基地；粤港澳大湾区干细胞科技小镇、清华大学珠三角研究院、珠澳实验动物产学研协同创新平台、广州北大科技园等相继在粤港澳大湾区启建或签约等，使粤港澳湾区在产学研协同创新上已经初显成效。在此仅以粤港澳在跨境数据流通领域的产学研合作为例进行简要介绍。

下一代互联网国家工程中心粤港澳大湾区创新中心于 2019 年 9 月成立并落户南沙新区，由下一代互联网关键技术和评测北京市工程研究中心有限公司（"下一代互联网国家工程中心"）按照 2019 年 7 月与广州南沙开发区管委会签署的落户协议投资建设，并注册广州根链国际网络研究院有限公司作为运营实体，目标是打造集学术科研、高端智库建设、跨境科研专网，专业人才、科研成果转化等方面于一身的国际化平台，立足南沙新区，辐射珠三角及港澳地

❶ 孙丽昕.粤港澳大湾区高等教育集群发展基础、差距与赶超策略[J].东莞理工学院学院学报,2020(4):113.

区，助力建设数字大湾区。

1. 联合组建澳门科技大学下一代互联网国际研究院南沙分院

2018 年 4 月，下一代互联网国家工程中心与澳门科技大学联合组建成立澳科大下一代互联网国际研究院。2020 年 12 月，国际研究院南沙分院正式签约落户，由创新中心团队负责相关事务对接工作，并为南沙分院提供办公空间及产学研项目对接等服务。国际研究院以下一代互联网关键技术研究、产业应用及网络空间治理研究为基础，以"先进网络"和"人工智能"博士课程为两翼，同时积极探索与推进交叉学科发展。截至 2021 年 9 月，两门士课程已获上百名学生报读。

国际研究院以打造大湾区乃至国内外知名的技术创新中心为目标，制订学术研究及人才培养计划。南沙分院将重点承接粤澳两地创新研究和科研成果转化，组建下一代互联网产业的高端智库，助力南沙探索建设南沙（粤港澳）数据服务试验区。

2. 合作建设澳门科技大学科研专网，探索跨境科研数据有效流通

2021 年 3 月，十三届全国人大四次会议表决通过的国家"十四五"规划要求"建立健全数据要素市场规则"，明确需"加快建立数据资源产权、交易流通、跨境传输和安全保护等基础制度和标准规范"，并"加强数据安全评估，推动数据跨境安全有序流动"。中央、各级行业管理部门、省部级政府均开始研究、试行关于数据要素流通的相关政策。2021 年成为中国数据安全治理元年。

作为建设南沙数字经济要素示范区的重点攻关项目之一，创新中心团队主导推进的"澳科大及大湾区跨境科研专网"项目受到了各界的关注。研究团队创新性地提出了基于 IPv6 的"法律+管理+技术"三轮驱动的方案，解决了当前数据跨境安全实践中的数据双向流通管理和合规性的难题。建设安全可靠、双向合规的大湾区科研专网，将解决大湾区高校不同校区及研究院所间的网络互联、科研数据共享等问题，打通更多大湾区高校和科研机构的科研合作通道，进而领衔大湾区和国内的数据跨境"法律+管理+技术"三轮驱动的方案落地。利用 IPv6 技术形成具备安全溯源和精准监管能力的数据跨境解决方

案, 为我国数据要素的跨境传输和安全保护实现破局。目前, 该项目已纳入
2021 年国家发展改革委新基建重大专项, 得到了澳门科技大学大及澳门相关
方面的支持, 取得了阶段性和实质性的进展, 各部分工作在南沙区工信局的指
导下正在稳步推进实施中。

3. 基于 IPv6 根服务器项目与电信、联通开展创新合作项目

广州 IPv6 根服务器项目作为下一代互联网的关键技术基础, 在全球各方
的通力协作下, 25 台 IPv6 根服务器 (3 台主根、22 台辅根) 从 2017 年开始
在全球多地部署。创新中心承担了国家发展改革委基于 IPv6 根服务器的 "互
联网+" 公共服务平台建设重大专项, 部署了中国内地的全部 4 台 IPv6 根服务
器 (分别位于北京、南京、广州、成都), 打破了 IPv4 时代中国没有根服务器
的困境。其中, 华南地区唯一的根服务器设立在广州南沙, 由创新中心团队部
署及运营。

IPv6 广州根服务器的成功部署与运营, 标志着广州在 IPv6 相关技术产业
方面拥有了基础优势。IPv6 技术将成为广州未来新互联网产业的重要抓手,
也是广东省落实 "十四五" 规划及《广东省建设国家数字经济创新发展试验
区工作方案》的重要基础设施保障。

创新中心与中国电信广东分公司、中国联通广东分公司于 2020 年开始,
分别进行了 IPv6 相关技术应用的合作, 双方充分发挥各自的优势, 在下一代
互联网基础技术、标准化、原型开发及现网试点等多方面开展工作。通过组建
研究小组、共同部署测试服务器等方式开展了多个不同领域的研发工作, 提出
了包括 IPv6 根域名服务体系现网验证与示范, 探索双栈环境下域名解析优化
算法, 提升用户体验的论证; 以及基于 IPv6 单栈+5G 独立组网、全面建设
IPv6 根域名解析体系的多个应用项目, 取得了良好的进展, 达到了预期效果。
同时, 创新中心正与广州市内多个 IT 及互联网企业的产业创新合作开展进一
步洽谈, 扩大业务拓展面, 全力支持 IPv6 相关的产业创新。

4. 建成 IPv6 测试认证中心广州实验室

2020 年 6 月, 下一代互联网国家工程中心建成全球最大的第三方 IPv6 测

试认证中心。实验室专注于IPv6下一代互联网的测试标准制定，测试平台搭建，一致性、互通性、自动化及性能等测试领域的研究和开发，同时面向全球提供包括IPv6 Ready、IPv6 Enabled、IPv6 Education等在内的第三方权威测试及认证服务。现已启动市场测试业务，并为多个设备厂商和应用服务提供商进行了测评、认证。广州实验室的成立，意味着创新中心距离成为最先进、最权威的第三方数字经济基础设施服务提供商的目标更近一步，为打造南沙数据合作试验区提供更多助力。未来，粤港澳大湾区通过打造IPv6网络覆盖能力全面、支撑业务丰富、流程完整的下一代互联网络，能够支撑5G、工业互联网、区块链、大数据、人工智能、车联网、跨境数据等新兴业态的快速发展，孵化和催生更多新业态，建成数字发展新高地。

三、粤港澳大湾区高等教育集聚的动因分析

（一）推进粤港澳大湾区建设的战略需要

推进粤港澳大湾区建设，是以习近平同志为核心的党中央作出的重大决策，是习近平总书记亲自谋划、亲自部署、亲自推动的国家战略，也是推动"一国两制"事业发展的新实践。正是以习近平同志为核心的党中央将粤港澳大湾区打造建设成为充满活力的世界级城市群、国际科技创新中心的战略定位，直接为粤港澳大湾区高等教育集聚提供了客观需求。

2016年3月，《中华人民共和国国民经济和社会发展第十三个五年规划纲要》正式发布，明确提出"支持港澳在泛珠三角区域合作中发挥重要作用，推动粤港澳大湾区和跨省区重大合作平台建设"；同月，国务院印发《关于深化泛珠三角区域合作的指导意见》，明确要求广州、深圳携手港澳，共同打造粤港澳大湾区，建设世界级城市群。2017年3月5日，十二届全国人大五次会议在人民大会堂开幕，李克强总理作政府工作报告，明确提出"要推动内地与港澳深化合作，研究制定粤港澳大湾区城市群发展规划，发挥港澳独特优

势，提升在国家经济发展和对外开放中的地位与功能。"同年 3 月 30 日，由广东省人民政府发展研究中心主办的"粤港澳大湾区发展论坛"正式成立组委会，粤港澳大湾区发展论坛组委会全面落实建设粤港澳大湾区的指示和粤港澳大湾区建设发展，围绕建设粤港澳大湾区展开全方位、多角度地推进工作与研究、调查、讨论、交流等工作。2017 年 7 月 1 日，《深化粤港澳合作 推进大湾区建设框架协议》在香港签署，国家主席习近平出席签署仪式。时任香港特别行政区行政长官林郑月娥、澳门特别行政区行政长官崔世安、国家发展和改革委员会主任何立峰、广东省省长马兴瑞共同签署了《深化粤港澳合作 推进大湾区建设框架协议》。❶ 2017 年 10 月 11 日，香港特区行政长官林郑月娥在特区立法会发表上任后首份施政报告，指出国家"一带一路"倡议和"粤港澳大湾区"建设将为香港经济发展带来重大机遇，香港须用好特区的独特优势和中央对香港的支持，加强与内地合作，继续尊重经济规律、奉行市场运作和推动自由贸易。2017 年 10 月 18 日，习近平在中国共产党第十九次全国代表大会上作报告，明确提出"要支持香港、澳门融入国家发展大局，以粤港澳大湾区建设、粤港澳合作、泛珠三角区域合作等为重点，全面推进内地同香港、澳门互利合作，制定完善便利香港、澳门居民在内地发展的政策措施。"❷ 2017 年 12 月 18 日，习近平总书记在中央经济工作会议上指出，粤港澳大湾区建设要科学规划，加快建立协调机制。❸ 2018 年 3 月 7 日，习近平总书记在参加广东代表团审议时指出，要抓住建设粤港澳大湾区重大机遇，携手港澳加快

❶ 新华社.习近平出席《深化粤港澳合作 推进大湾区建设框架协议》签署仪式［EB/OL］.（2017－7－1）［2024－11－22］. http://www. xinhuanet. com//politics/2017－07/01/c_1121247167. htm.

❷ 新华社.决胜全面建成小康社会 夺取新时代中国特色社会主义伟大胜利——在中国共产党第十九次全国代表大会上的报告 EB/OL］.（2017－10－27）［2024－11－22］. http://www. xinhuanet. com/politics/2017－10/27/c_1121867529. htm.

❸ 新华社.着眼发展大局，共享时代荣光——以习近平同志为核心的党中央关心粤港澳大湾区建设纪实 EB/OL］.（2019－2－21）［2024－11－22］. http://www. xinhuanet. com//politics/2019－02/21/c_1124146648. htm.

推进相关工作，打造国际一流湾区和世界级城市群❶；同月，国家发展改革委主任何立峰表示，粤港澳大湾区发展规划纲要的编制工作已基本完成，下一步将加快编制产业发展、交通、生态环境等方面的专项规划。2018 年 5 月 10 日和 5 月 31 日，习近平总书记先后主持召开中央政治局常委会会议和中央政治局会议，对《粤港澳大湾区发展规划纲要》进行审议。2018 年 8 月 15 日，中共中央政治局常委、国务院副总理、粤港澳大湾区建设领导小组组长韩正在北京人民大会堂主持召开粤港澳大湾区建设领导小组全体会议。2018 年 11 月，《中共中央 国务院关于建立更加有效的区域协调发展新机制的意见》明确指出，以香港、澳门、广州、深圳为中心引领粤港澳大湾区建设，带动珠江—西江经济带创新绿色发展。❷ 2019 年 1 月 11 日，国务院港澳事务办公室主任张晓明表示，中央对粤港澳大湾区的战略定位有五个：一是充满活力的世界级城市群。二是具有全球影响力的国际科技创新中心。三是"一带一路"建设的重要支撑。四是内地与港澳深度合作示范区。五是宜居宜业宜游的优质生活圈。❸ 2019 年 2 月 18 日，中共中央、国务院印发了《粤港澳大湾区发展规划纲要》，并发出通知，要求各地区各部门结合实际认真贯彻落实，按照规划纲要，粤港澳大湾区不仅要建成充满活力的世界级城市群、国际科技创新中心、"一带一路"建设的重要支撑、内地与港澳深度合作示范区，还要打造成宜居宜业宜游的优质生活圈，成为高质量发展的典范。以香港、澳门、广州、深圳四大中心城市作为区域发展的核心引擎。2019 年 12 月，由国务院参事室指导，国务院参事、国务院推进政府职能转变和"放管服"改革协调小组专家组成员王京生领衔的课题组发布了《"大众创业、万众创新"研究（2019）——粤港

❶　严圣禾,党文婷,王忠耀,赵嘉伟,罗旭.粤港澳大湾区融合发展天地宽[N].光明日报,2021-5-17(01).

❷　中国政府网.中共中央 国务院关于建立更加有效的区域协调发展新机制的意见[EB/OL].（2018-11-29）[2024-11-22]. https://www.gov.cn/zhengce/2018-11-29/content_5344537.htm.

❸　南方网.明确大湾区五大战略定位及港澳广深四城定位[EB/OL].[2019-1-14][2024-11-22]. https://economy.southcn.com/node_84ddb04e50/032cf8aab9.shtml.

澳大湾区创新报告》。报告指出，粤港澳大湾区因"一国两制、三关税区"的独特性，使其在区域创新市场构建上具有两个重大意义：区域性创新市场的结构升级路径探索，以及国际创新市场一体化的区域性探索。❶ 2021 年 3 月 13 日，《中华人民共和国国民经济和社会发展第十四个五年规划和 2035 年远景目标纲要》提出：加强粤港澳产学研协同发展，完善广深港、广珠澳科技创新走廊和深港河套、粤澳横琴科技创新极点"两廊两点"架构体系，推进综合性国家科学中心建设，便利创新要素跨境流动。加快城际铁路建设，统筹港口和机场功能布局，优化航运和航空资源配置。深化通关模式改革，促进人员、货物、车辆便捷高效流动。扩大内地与港澳专业资格互认范围，深入推进重点领域规则衔接、机制对接。便利港澳青年到大湾区内地城市就学就业创业，打造粤港澳青少年交流精品品牌。❷

20 世纪 80 年代，我国高等教育学科创建人潘懋元教授便提出了高等教育的内外部关系规律，教育的外部关系规律，主要指教育与社会关系的规律；教育的内部关系规律，主要指教育内部诸要素相互关系的规律；教育内外部关系规律之间可以相互转化。教育外部关系规律主要是指教育与社会关系的规律，也即"教育必须与社会发展相适应"。社会作为一个大系统，教育是社会的一个子系统。社会还有其他子系统，如经济、政治、文化等。教育外部规律指明教育要受社会的经济、政治、文化所制约，但是同时并对经济、政治、文化的发展起作用，以此对整个社会的发展起作用。粤港澳大湾区协同发展规划，是一项涉及政治、经济、文化及社会的综合系统性战略设计，这一具体战略内容的设计一方面要求粤港澳地区高等教育的方针、目的、体制、运行机制及课程设置、方法运用等与战略发展目标相适应，另一方面则必然要求通过发挥教育教学、科学研究、文化传承等功能，为粤港澳湾区建设提供人才服务以及高水

❶ 中国政府网. 粤港澳大湾区创新报告发布［EB/OL］.［2019-12-24］［2024-11-22］. https://www.gov.cn/xinwen/2019-12/24/content_5463729.htm

❷ 新华社. 中华人民共和国国民经济和社会发展第十四个五年规划和 2035 年远景目标纲要［EB/OL］.［2021-3-13］［2024-11-22］. http://www.xinhuanet.com/2021-03/13/c_1127205564_5.htm

平的科研成果驱动，最终促进建设充满活力的世界级城市群、国际科技创新中心，并将香港、澳门、广州、深圳四大中心城市打造成为区域发展的核心引擎。

当前，粤港澳高等教育为产业发展和结构优化升级确实提供了重要的人才供给，具体表现为如下两点：一是粤港澳地区高校毕业生本地服务贡献处于高位，为区域经济社会发展注入大量高素质人才。粤港澳的本科毕业生在本地就业的比较高达92%。二是粤港澳区域高等教育好地支撑了产业需求与发展。粤港澳大湾区当前已经进入后工业化时代，现代服务业发展迅速，对本专科生的需求增长最为强劲。与此相对应，区域本科毕业生就业最多的行业是教育、金融和咨询等现代服务（29.0%）和信息产业（11.1%），区域高职毕生就业较多的也是教育、咨询、金融和医疗等现代服务业。从行业占比来看，就业于"教育业""信息传输、软件和信息技术服务业，"金融业"的本科毕业生比例持续保持在高位。在就业比例排名前10位的行业中，2016—2018届区域内高校本科毕业生就业最多的行业是"教育业"（13.6%），其次是"信息传输、软件和信息技术服务业"（10.9%），其后依次是"金融业"（8.0%）、"各类专业设计与咨询服务业"（7.4%）、'政府及公共管理"（6.9%）、"电子电气设备制造"（6.3%）、"建筑业"（6.0%）。就业于"建筑业""零售业""教育业""信息传输""软件和信息技术服务业"的高职毕业生持续保持稳定。在就业比例排名前10位的行业中，2016—2018届区域内高职毕业生就业最多的行业是"建筑业"（8.3%）和"零售业"（8.3%），其次是"教育业"（7.7%），其后依次是"信息传输、软件和信息技术服务业"（7.6%），"各类专业设计与咨询服务业"（6.4%）、"电子电气设备制造业"（5.8%）、"医疗和社会护理服务业"（5.7%）、"金融业"（5.1%）、"居民及维修服务业"（3.8%），"文化、体育和娱乐业"（3.4%）。❶

---

❶ 周光礼.区域发展的高等教育因素:概念框架与案例分析[J].湖南师范大学教育科学学报,2021(6):43-44.

（二）对标国际湾区建设经验，建设粤港澳大湾区教育国际示范区

国际一流湾区，高等教育呈现出集聚发展的态势，层次结构、类型结构、科类结构及布局结构都各自形成鲜明的特点。以纽约湾区高等教育为例，湾区内部出现了四种类型高校集聚，一是国际一流研究型大学集聚。纽约湾区及其周边集聚了哥伦比亚大学、康奈尔大学、耶鲁大学、哈佛大学、麻省理工学院、约翰霍普金斯大学等享有国际一流声誉的研究型大学，通过开展教学和科研，不断为纽约湾区的金融贸易、高科技产业和服务业提供高素质人才和高新科技成果。二是国内精英大学集聚。除了国际一流研究型大学，纽约湾区及其周边还集聚了纽约大学、北卡罗来纳大学教堂山分校、科尔盖特大学、波士顿学院等国内精英大学，推动湾区科技发展和经济进步。三是精英式的文理学院集聚。文理学院又称博雅学院或通识学院，是美国高校的重要种类之一，其特点是奉行博雅教育、以本科教育为主、规模小而精。文理学院与其他高等教育类型的区别主要是其课程的通识性和规模的小而精，班级规模通常比大学低得多，而文理学院的教师通常更注重教学而不是研究。文理学院注重全面综合教育，强调发掘学生的思维潜能，实现真正意义上的全面发展，其课程设置以基础学科为主，区别于以职业培训或科学研究为导向的综合性大学或职业技术学院。1960—1998 年数据显示，全美只有大约 3% 的大学生毕业于文理学院，却培养了 19% 的美国总统；培养了众多普利策奖获得者：戏剧领域占 23%、历史领域占 19%，诗歌领域占 18%，传记领域占 8%，小说领域占 6%。美国 9% 的富布莱特法案基金奖获得者来自文理学院；梅隆奖获得者占 24% 的；《福布斯》杂志全美最富有 CEO 排行榜中有 8% 的 CEO 毕业于文理学院。纽约湾区附近聚集了威廉姆斯学院、阿默斯特学院、斯沃斯莫尔学院等 14 所文理学院，奉行通识教育的文理学院，为湾区发展提供了一大批杰出的复合型人才。四是公立大学集聚。纽约湾区及其周边纽约州立大学、纽约市立大学、宾夕法尼亚州立大学、宾汉姆顿大学等公立大学，同样为湾区经济发展源源不断输送着高质量人才。

综观国际一流湾区具有一个共同特征，即一流湾区均是全球创新资源、创新人才的集聚中心，也是世界高水平大学的集聚中心，不同层级的高等教育集群极大地推进了湾区经济发展。早在1994年，时任香港科技大学校长吴家玮提出，对标旧金山，建设深港湾区。21世纪初，广州率先提出依托南沙港，对标东京湾区。《粤港澳大湾区发展规划纲要》明确提出，支持大湾区建设国际教育示范区，引进世界知名大学和特色学院，推进世界一流大学和一流学科建设。因此，对标国际湾区建设经验，建设粤港澳大湾区教育国际示范区，推动粤港澳湾区高等教育集聚的态势呼之欲出。深圳在"十二五"期间，仅在高等教育建设上的财政投入就高达1349亿元，是"十一五"时期的2.4倍，《深圳市教育发展"十三五"规划》中，深圳提出到2020年，高等教育院校数量要达到18所左右，在校生规模突破20万人，因此深圳正在加快一批高校的筹建，包括加快中科院深圳理工大学、深圳创新创意设计学院、深圳师范大学等新校筹建。广州正在新建或筹办的高校包括中国科学院大学广州学院、广州交通大学、香港科技大学（广州校区）、华南理工大学广州国际校区等；佛山新建或筹办的高校包括佛山理工大学、北京科技大学顺德研究生院、东北大学佛山研究生院等；中山市也提出筹办香山大学、中山科技大学等。

四、粤港澳大湾区高等教育集聚面临的问题

粤港澳三地，受历史、文化等多方面因素的影响，存在较大的制度差异，表现为"三个地区、两种制度、三个关税区、三个语系"。较大的制度差异使粤港澳三地很难在短时间内，像美国旧金山湾区、日本东京湾区一样实现区域内关键要素快速流动。同时，粤港澳大湾区高等教育集群发展模式表现为鲜明的混合驱动下的多中心模式❶，既受到政府政策推动的影响，又受到区域产业发展和布局的影响。这意味着粤港澳大湾区高等教育集群的发展，涉及的相关

---

❶ 江萍,任志成.高等教育集群发展研究——基于区域高等教育一体化的视角[J].江苏高教,2022(9):17-24.

利益主体呈现多元化特征，不仅包括高校自身，也包括政府、市场、人才等主体。因而，粤港澳大湾区高等教育集群的建设和发展面临复杂的现实挑战。

（一）政策制度存在先天差异，合作要素流动性不足

（1）从行政制度上看，粤港澳三地存在明显差异，加之跨境协调机制目前还未建设完善，导致人、物、资金、信息等要素流动的成本较高，抑制创新要素的跨域流动及创新主体的合作意愿。粤港澳三地涉及三个关税区、三种货币，市场化程度、自由贸易程度存在差异，直接导致在关税、资金流动方面存在较多制度性障碍。

（2）从法律体系上看，粤港澳三地适用法系不同，在立法、司法、执法等方面的规定必然存在很大差异。这种法律体系不同带来的差异性、不确定性，使相关主体在开展合作中存在很多障碍。香港的法律属于海洋法系，具有明显的英美特征；澳门属于大陆法系，但受历史原因影响，澳门法律具有明显的葡萄牙特征，且法律文本为葡萄牙语，回归后才陆续有中文译本；广东9个城市也属于大陆法系。但是，港澳两个特区政府又同时具有有限立法权限及自行处理行政事务的权限。以知识产权保护为例，香港的法律体系更为健全完备，对产权申报、产权评估、产权认定、产权保护、产权纠纷等各个环节都有详细完善的规定，可以较为有效地保护创新主体的合法权益。与香港相比较，内地在知识产权法律制度的制定上还存在不太完善的地方，未能有效覆盖到知识产权的各个环节。这就导致在产学研合作中，广州地区实际上面临着法律层面的掣肘，创新主体承担的风险和处理风险的成本提高，客观上抑制了合作的行动力。

（3）从要素流通相关制度上看，存在诸多有形或无形的壁垒。比如粤港澳三地在社保、医保待遇不同步，港澳人才难以在广州享受到同等的待遇；港澳资金视为外商投资，内地资金流通至港澳，也存在诸多限制和壁垒，流程较为复杂，港澳和内地跨境科研经费、人才合作等相关领域经费流通困难。具体

来讲,在职业资格互认上,广东省在 2019 年月印发了《关于推进粤港澳大湾区职称评价和职业资格认可的实施方案》(简称《实施方案》),提出将从构建全面开放的粤港澳大湾区职称评价体系、推进粤港澳大湾区各领域职业资格认可,促进粤港澳大湾区人才自由流动。目前采取的是先期选择市场成熟度较高、社会需求量较大和社会重点关注的专业领域,成熟一个推动一个,以单边认可带动双向互认,与实现职业资格双向互认及初步实现粤港澳三地职业资格互认政策衔接和服务协同还有一段距离。在科研资金方面,跨境拨付不够便利,拨付审批时间长,财务成本高,影响科研资金使用实效。科研人员赴港澳允许访问时间不够充裕,办理赴港澳手续耗时长,时间成本高,科研仪器设备跨境使用不够便利,跨境使用各类科研仪器设备面临进口关税及相关检验手续,流程较新购买设备入境更加烦琐复杂。

(二) 合作机制尚在探索,产学研协作不足

高等教育集群是涉及高校、科研院所、企业、政府等多方主体的知识协同与创新生态系统,涵盖了人才培养、产业发展、科学研究、人力资源流动等多领域。因此,高等教育集群的发展与区域产业集群、政府支持等要素密不可分。从当前合作进展看,相比深圳、珠海,广州与香港、澳门之间空间距离更远、产学研合作相对更松散,创新要素的流动相对没那么活跃;澳门与珠海毗邻,在政府主导推动下的产学研合作居多;香港与深圳毗邻,且两地的产业发展成熟度更高,市场驱动的合作更为紧密。总体上来看,粤港澳三地产学研合作机制还不够顺畅。

(1) 从机构设置上看,缺乏解决日常事项的部门或机构。2018 年 8 月,中央成立粤港澳大湾区建设领导小组。广东省及广州、深圳、珠海等城市也设有粤港澳大湾区建设领导小组,但主要是在宏观层面进行统筹协调,具体事项仍旧由各职能部门牵头解决,导致整体工作推进较为松散。例如,目前广州的产学研合作工作,主要是市科技局、市教育局等单位牵头,但粤港澳大湾区产学研协同创新涉及的创新主体较多、协调事项较复杂,跨部门协同效率不高,

导致合作渠道不够顺畅，具体事项推进落实较慢。

（2）从优势条件上看，粤港澳三地还未形成优势互补。例如，广州教育资源丰富，聚集了全省 80% 的高校、97% 的国家级重点学科、69% 的国家重点实验室及 58% 的独立研究机构❶；商贸和制造业发达，但龙头型高新技术企业少，科技创新能力相对弱。香港高校和科研院所基础研究能力强、科技创新成果较多，但受土地资源有限且缺乏相应的制造业基础，难以将研究成果落地转化；在发光二极管技术、薄膜太阳能光伏技术、云计算、生物医学、纳米材料和电动汽车等先进技术领域，香港也具备技术领先优势，但并未将领先优势应用于产学研协同创新中。总体来讲，粤港澳可依托自身的优势条件开展更多合作，但目前的产学研协同创新合作多为初步探索阶段，还未形成成熟、可复制、可推广的经验。

（3）从金融市场联通上看，广东与港澳两地互联互通程度较低。香港和澳门的市场化程度、自由贸易程度高度相对成熟，且香港是国际金融中心，在金融市场上与国际接轨、制度更为健全。金融市场对产学研协同创新活动的有直接或间接的影响。科技创新作为高投入、高风险的产业，需要金融市场和金融体系在资金支持、风险分散等领域提供支撑。但是，广州股权交易中心、深圳前海股权交易中心等区域股权交易市场规模有限，且上市企业多为传统产业、科技型企业占比少，意味着大量小微科技型企业实际上难以通过区域资本进行市场融资。同时，因进入内地市场的手续复杂，香港金融机构很难进入内陆金融市场，导致内地高新技术企业难以借助香港这一国际金融中心的平台优势开展融资、享受专业化的金融服务。

（三）高等教育人才培养质量亟待提升，区域人才吸引力不足

虽然粤港澳大湾区拥有丰富的高等教育资源，尤其是广州和香港会聚了多

---

❶ 广州市科学技术局. 产学研"合璧"创新力"凝聚"［EB/OL］.［2022-1-5］. http://kjj. gz. gov. cn/xwlb/yw/content/post_2683847. html.

所国内外知名高校，培养大批人才，但是，区域内仍旧面临缺乏高质量人才的问题，包括优质的复合型人才、具有企业家精神的创业者、具有工匠精神的高级技工和技术研发人员等，以及人才吸引力不足等问题。

（1）受人才培养周期、办学自主权、利益选择等多方面因素的影响，高校还难以对区域内的发展机遇做出灵活反应、调整人才培养策略，导致学科专业设置滞后于产业升级的需求。港澳特区政府通常在教育政策设计、教育管理制度落实等宏观层面对高校产生影响，高校自治程度较高，具有较灵活的自主发展权，更关注自身利益，因此，从长远上对区域人才发展需求进行分析调整人才培养计划、开展高等教育整合的意愿会相对较低。对广州、深圳、珠海等内地城市而言，当地政府对中央级、省级高校的教育管理的主导权十分有限。此外，在高等教育管理体制的转型期，不同类型高校在办学自主权、办学经费等方面的差距比较大，存在发展中的失衡问题。因此，从学科专业设置、经费使用机制等方面调整高校的办学自主权，赋能高校及时应对区域发展需要调整人才培养策略，是粤港澳大湾区高等教育集聚发展需要开展的工作之一。

（2）缺乏专门的机构指导协调粤港澳三地高等教育合作，使双方合作处于自发生长、微观探索的阶段。目前，粤港澳三地在高等教育合作办学方面，已开展了诸多实践探索，主要以在粤设立分校区的形式开展。例如，香港城市大学在东莞、香港都会大学在肇庆、香港大学在深圳、香港科技大学在广州南沙，香港大学、香港理工大学、澳门大学在广州黄埔区、广州开发区，设立分校或者研究院。但是，在学历和学制的对接、区域分工规则建设等方面还需要进一步衔接与优化，因此，湾区内的高等教育合作机制还尚未形成常态化的制度规范。

受到行政制度、法律体系等多方面因素的限制，创新型、技术型人才在跨区域流动方面存在很多障碍。例如，跨境科研经费使用还未形成常态化的、规范化的流通使用制度，跨境科研人员较难跨区域开展科研活动。在职业技术资格互认、医疗保险、社会信用、税收缴纳等方面，粤港澳三地还未完全实现互联互通，跨区域人才很难享受和当地居民一样的公共服务和福利待遇，高端人才流动意愿较低。

五、推进粤港澳大湾区高等教育深度融合的路径

在"一国两制"的框架下，粤港澳大湾区高等教育集群建设必然会存在这样或那样的障碍，如何突破障碍建立有效的协同发展机制是未来粤港澳三地亟须研究的重大课题。面对协同发展中的问题，可以加强关键要素流通、促进产学研深度融合、严格高等教育质量等方面着手，打破行政制度壁垒与现实发展障碍，统筹协调湾区内部资源，推进高等集群建设与高质量发展。

（一）完善跨域协调机制，加强关键要素流通

1. 建立以中央为主导的跨域统筹协调机制

粤港澳大湾区建设目前呈现出"国家主导、地方协同"的特征。中央和地方政府都设立了粤港澳大湾区建设领导小组。相较于世界三大湾区内单一的制度、体制、法律法规，粤港澳大湾区情况更为复杂。在"一国两制"的框架下，聚焦宏观层面的统筹协调机构对于具体问题的解决、具体政策的落实很难充分发挥作用。对于区域内高等教育集群建设这样的跨界公共事务，建立法定的跨域协调机构，形成常态化的、规范性的跨域协调机制，是比较有效的途径。

第一，要在粤港澳大湾区建设领导小组的基础上，出台配套的统筹协调制度，对各地方政府、关键主体应当承担的责任、问题解决协调流程进行规范，形成常态化的制度体系；第二，应在粤港澳大湾区建设领导小组的框架下，完善相应的议事协调组织，建议职权高于省和特区的产学研协同创新发展事务协调委员会，对产学研合作、高等教育合作交流、人才流通与资格互认等跨界公共事务进行协调解决并推进合作互惠；第三，中央和地方政府还要在文化认同上下功夫，通过营造文化认同的良好氛围，减少来自不同城市的主体在协同合作上的心理差异、文化认同摩擦，真正形成文化心理认同、关系深度融合的共同体。

2. 畅通关键要素流通渠道

在人才方面，内地城市需要继续分步有序推进职业资格互认政策衔接，在部分职业领域试点成熟后，尽快全面推广。要制定跨域流动的创新人才应享有的优惠政策，在社会保险购买、往返通行证办理、社会信用信息互通等方面制定标准化的、便利化的政策；要提高针对创新人才的薪酬待遇与福利保障，吸引并留住跨域人才。

在资金流方面，要采取多元措施以促进资金自由流动。可以在科研领域先行探索，减少科研项目申报对所在地的限制，试行科研经费自由流动，使科研项目经费可以在湾区范围内自由使用；减免重大科研设备、实验材料等科研资源的流通的进出口税收，使其快速便利通关。

在信息方面，要推进数据要素跨境有序安全流动。在促进数据要素有序安全流动方面，广州、深圳、珠海等城市基本已经具备良好的政策基础。例如，广州制定了《广州市数据要素市场化配置改革行动方案》，起草了《广州市公共数据管理规定》《广州市公共数据开放管理办法》《广州市政务数据安全管理办法》)，申报《广州市数据条例》立法，将多项具有广州特色的创新性举措纳入数据要素市场化配置改革重点任务中，充分体现广州作为超大型城市的大胆探索和先行先试。未来，一方面，各城市要继续依托在公共数据流通管理领域所做的创新性举措，推动数据相关高水平立法，在立法创新理念、可操作性走在全国前列，在合法有序前提下最大限度实现数据价值。另一方面，要借助数字技术的优势，依托区块链可信认证服务平台和数据融合应用平台，借助与香港方面签订可信认证服务跨境合作备忘录及框架协议的契机，加快构建立足辐射湾区、面向全球的可信认证新生态。此外，还要继续推进南沙区在探索（粤港澳）数据要素合作试验区和探索"数据海关"的试点工作，结合数据合作试验区发展规划，积极协调推进澳门科技大学科研专线和香港科技大学科研专线建设，以科研数据跨境流动与监管领域的技术创新突破制度限制，探索科研数据跨境流动的经验，并进行总结推广。

（二）整合粤港澳三地资源力量，促进产学研深度融合

1. 发挥科技中介组织机构作用，实现供需两端精准对接

广州、深圳等城市目前在中介组织机构建设上，已经具有了一些成功案例。比如，广州番禺区政府与中关村集体合作成立的中关村青创汇，对企业和产业需求进行梳理、集合高校和科研机构研究成果，精准对接供需两端；广州番禺区政府与澳门工商联合作的粤澳青创国际产业加速器，为青年创新创业提供孵化空间，选取有潜力的初创企业，协调企业需求与科研技术对接，加速企业成长。内地各城市需要在总结成功经验的基础上，为湾区内中介组织的发展提供良好的环境和健全的发展机制。一是要积极助力中介组织平台梳理产业发展需求和科研机构研究成果，通过组织产业论坛、研讨会等为供需两端的精准对接、中介组织的发展牵线搭桥。二是要将成熟领域的中介组织平台发展经验，复制推广至粤港澳大湾区产学研协同创新相关的其他领域，满足企业创新创业的多元化发展需求。例如，发展科技金融服务机构、人力资源服务机构、信息咨询服务机构、商事登记、技术转移和转化服务机构、法律服务机构等科技中介机构。

2. 引导城市间优势领域合作，建立产学研协同创新联盟

要破除单个城市或者地区的壁垒，注重城市之间的技术合作，引导城市间的优势学科、优势技术、优势产业互补合作，形成创新型城市群。位于全球排名前 100 位的高校，香港一共占据了 5 所。这些学校在基础研究方面处于世界前列，且在某些优势学科实力排名靠前，例如，工程与技术、计算机科学、生物科学、化学工程等领域。广州、深圳等城市要充分发挥制造业、高新技术优势，借助港澳高校、国家重点实验室的优势领域，积极推动本地企业与港澳的合作。比如，可通过共建实验室、开展联合研究、技术转让、合建公司等途径，建立世界一流高校与本地企业之间的联系，谋求更深入的技术交流和产业

合作。此外，广州、深圳还应发挥大湾区核心城市作用，完善协同创新合作体制机制，联合香港、澳门推动成立粤港澳大湾区产学研协同创新联盟，并通过协同创新联盟辐射带动佛山、东莞、珠海、惠州等周边城市协调发展，提升大湾区整体创新水平，打造世界级创新型湾区。

3. 依托三大自贸区优势，建立一批区域技术创新合作平台

美国硅谷"斯坦福工业园"是非常成功的区域产学研合作平台，培育了惠普、谷歌等全球知名的客户企业。该平台就是通过大力推进企业与高校、科研机构合作，产出大量科研成果，并很好地将科研成果运用到产业领域，实现经济效益，将科学研究、创新技术、企业生产融为一体。我们要深度挖掘落马洲河套地区"港深创新及科技园"这一平台的功能，通过建立国家级实验室、工程研究中心、研发中心以及建立香港高校分校等途径，开展粤港澳三地高等教育合作与交流，打造形成集高等教育、技术合作、文化创意等融为一体的合作平台。澳门与珠海在横琴建设"横琴新区粤澳合作产业园"，推动两地在医药卫生、高新技术、物流商贸等领域的产学研合作，助力澳门产业多元化发展。粤港澳三地应参考斯坦福工业园的思路，总结深圳、珠海与港澳产学研合作的具体经验，依托地理优势、政策优势、教育和产业资源优势，吸引国内外优质高新技术企业、知名科研机构、高等学府等进驻，打通产学研合作链条。

（三）加强区域内高等教育资源整合，严格人才培养质量

整合三地优势教育资源，寻求更广阔发展空间粤港澳在高等教育领域各有优势，资源互补性很强。例如，香港高等教育在金融、法律和学术自治等领域具有一定的丰富资源和比较优势，澳门高等教育侧重于优质服务行业的知识传授和培训，广东高校数量多、学科齐全，在基础研究、职业技术教育、工业技术、成果转化等方面具有比较优势。通过三地优势教育资源整合，可以发挥高等教育领域"集中力量办大事"的作用，形成新的竞争优势。

积极推广粤港澳高等教育合作成果，提高高等教育系统融合效率。通过分

析并总结香港科技大学广州校区、澳科大下一代互联网国际研究院南沙分院等高等教育合作的具体实践经验和创新成果，逐步明确广州、深圳、香港、澳门等城市或地区在高等教育领域的优势、定位、分工、职责、衔接路径等，实现高等教育合作宏观治理与微观运行之间的有机结合，进而建设跨越三地的一流高等教育系统，达到 1+1>2 的整体性优势，缩小与世界三大湾区在高等教育领域的发展差距。

发挥高校核心功能，提高教育质量。大学的核心功能是为经济社会发展培养人才、开展科学研究及服务社会。建设粤港澳大湾区高等教育集群，需要积极发挥大学的核心功能，在科学研究、人才培养、服务经济社会发展等方面努力。

一是充分发挥粤港澳大湾区内知名大学和科研机构聚集的优势，积极梳理高校和科研机构的前沿研究成果清单，结合区域内产业需求清单，做好产业需求与技术成果之间的衔接，帮助高校和科研机构将研究成果应用于商业化场景、产业化生产，转化为经济效益。

二是借鉴旧金山湾区发展经验，鼓励大学和科研机构走出去，激发合作动力，将人才和技术输送至产业界。例如，内地城市可通过优惠的税收政策、创业空间支持等措施，鼓励湾区内大学、实验室、科研机构等依托自身科研成果和学术领域先进技术，与企业开展合作、自主创办高新技术企业、教师或学校持股。同时，也通过吸收引进、孵化培育、成果转化等方式，积极扶持此类创新性企业的发展，为其成长创造良好的制度环境和物理环境。❶

三是要健全人才培养质量保障体系，为粤港澳高校联盟一体化发展提供制度保障。2016 年 11 月，中山大学联同香港中文大学、澳门大学发起粤港澳高校联盟建设建议，目前已有 40 所粤港澳高校加入。粤港澳高校联盟的成立，助力粤港澳大湾区搭建起高等教育系统的合作网络框架，既能推动高等教育资源之间的互补与优势合作，又能够推进粤港澳大湾区人才培养体系与世界一流湾区对接。欧盟推进高等教育一体化进程中，不断调整和优化高等教育质量保

❶ 黎友焕.旧金山湾区政产学研协同创新对粤港澳大湾区的启示[J].华南理工大学学报(社会科学版),2020,22(1):1-11.

障措施。为保障欧盟 3000 多所高校教育质量，2005 年，欧盟发布了发布的"欧洲高等教育区质量保障标准和基本原则"❶。当前欧盟几乎所有国家都已在立法中明确构建内部的质量保证体系的要求，高等教育机构被要求建立自身的质量保证和发展战略。我们可借鉴欧盟高等教育一体化发展的经验，在高等院校人才培养质量保障领域下功夫，在湾区内形成统一认证、标准规范的高等教育质量评估指标体系和评估机构，引领并带动粤港澳三地高校的高等教育发展。

第四节　美国旧金山湾区高等教育集聚

旧金山湾区（San Francisco Bay Area），简称湾区（the Bay Area），是美国西海岸加利福尼亚州北部的一个大都会区，陆地面积 18 040 平方千米，人口超过 760 万人。旧金山湾区位于萨克拉门托河下游出海口的旧金山湾四周，共有 9 个县、101 个城镇，主要城市包括旧金山半岛上的旧金山、东部的奥克兰和南部的圣荷塞等。世界著名的高科技研发基地硅谷（Silicon Valley）就位于湾区南部。因此，本节也主要对硅谷地区高等教育集聚展开深入分析。

一、旧金山湾区高等教育集聚现状

第二次世界大战后，随着电子、信息、航天等新兴产业的兴起并向美国西部和南部转移，高等学校随之在西太平洋沿岸和南部墨西哥湾沿岸形成了新的集群，加州大学群就是其中之一。旧金山湾区依托西海岸区位优势与加州高水平大学高度聚集优势，形成了湾区高等教育集群。

旧金山湾区高等教育集聚区拥有副学士以上学位授予权的高校达 454 所，四年制大学 249 所，拥有"世界上最杰出的高等教育系统"。克拉克·科尔主

---

❶　李化树.建设欧洲高等教育区——聚焦博洛尼亚进程[M].北京:人民出版社,2013.

持起草并颁布实施的《加州高等教育总体规划》对整个区域高等教育集群发展产生了深远影响。加州公立高等教育是一个多层次、多类型、多形式的体系。加州公立高等院校分为三级：最高一级为加州大学系统，称为"主要学术研究机构"，要求所有教师开展科学研究，有权授予各科博士学位和提供法律、牙医学、医学和兽医学等专业教育；中间一级为加州州立学院和大学系统，基本职能是实施本科生教育和授予硕士学位的研究生教育，虽然鼓励教师从事科研，但应在与教学这一主要任务相一致的前提下进行；最低一级为社区学院，开展终结性的职业教育、转学性教育和补习教育。除数量庞大的公立院校校外，加州地区还拥有数量众多高水平的私立研究型大学。卡拉克·克尔曾指出："沿着加利福尼亚海岸，你将可以看到一幅由延绵不断的学术山脉组成的新图景，这里不但聚集了美国 20% 的科学院院士，而且聚集美国 36% 获诺贝尔奖的科学家。"❶ 旧金山湾区高等教育集聚情况概述如下。

（一）世界一流大学集聚

斯坦福大学、加州大学伯克利分校不但是世界顶尖学府，而且是美国工程与科技界的领袖。此外，在国际高等教育各类排行榜中，旧金山湾区内还拥有多所世界前 100 的大学（见表 5-16），最终形成旧金山与洛杉矶南北呼应、多中心联动发展的世界一流大学集群，对整个湾区科技与经济产生强大的聚集与辐射作用。

表 5-16　旧金山湾区世界一流大学集聚情况

序号	大学	建校时间	所在城市	属性
1	斯坦福大学	1891 年	帕罗奥多市	私立研究型大学
2	加州大学伯克利分校	1868 年	伯克利市	公立研究型大学
3	加州理工学院	1891 年	帕萨迪纳市	私立研究型大学

❶　许长青,郭孔生.粤港澳大湾区高等教育集群发展:国际经验与政策创新[J].高教探索,2019(9):7.

序号	大学	建校时间	所在城市	属性
4	加州大学洛杉矶分校	1919 年	洛杉矶市	公立研究型大学
5	加州大学旧金山分校	1864 年	旧金山市	公立研究型大学
6	加州大学圣地亚哥分校	1960 年	圣地亚哥市	公立研究型大学
7	南加州大学	1880 年	洛杉矶市	私立研究型大学
8	加州大学圣巴巴拉分校	1891 年	圣巴尔巴拉	公立研究型大学
9	加州大学欧文分校	1965 年	欧文市	公立研究型大学
10	加州大学圣克鲁兹分校	1965 年	圣克鲁兹市	公立研究型大学
11	加州大学戴维斯分校	1905 年	戴维斯市	公立研究型大学
12	加州大学河滨分校	1954 年	里弗赛德市	公立研究型大学

（二）美国一流大学集聚

美国旧金山聚集了一大批美国一流大学，这些大学虽然与顶尖研究型大学的定位完全不同，但可以满足旧金山湾区社会经济发展对人才个性化与多样化的需求。如旧金山大学以创业学闻名世界，旧金山艺术大学是美国私立顶尖艺术院校，金门大学与圣玛丽学院等高校享有很高声誉。旧金山周边地区聚集了多名尼克大学、加州州立大学东湾分校、圣塔克拉拉大学等众多著名的高水平大学。

（三）社区学院集聚

加州拥有圣莫妮卡社区学院、欧文河谷学院等 119 所社区学院。作为整个加州高等教育系统的一个重要组成部分，社区学院对旧金山湾区的辐射作用与溢出效应，绝不低于加州其他高水平大学。这些社区学院因为以本科教学与职业教育为主，所以在技能型人才培养与服务湾区经济、文化、社会等方面发展作出了重大贡献。❶

---

❶　许长青,郭孔生.粤港澳大湾区高等教育集群发展:国际经验与政策创新[J].高教探索,2019(9):8-9.

二、旧金山湾区高等教育集聚影响因素分析

(一) 国家投入与硅谷高等教育集聚

早在硅谷成为高科技园区之前，国家投入特别是军事投入便产生了重要影响。在成为高科技园区之前，硅谷地区设有美国海军一个工作站点，并且其航空研究基地也设于此，后来许多科技公司的商店都围绕着海军的研究基地而创建起来。联邦政府通过引导资源流向大学实验室，发展军工技术来刺激新的行业和地区的发展。早期的军事设施建设，使斯坦福大学的科研人员作为国防和航天合同的主要受益人，成为加利福尼亚北部经济转型的先锋。他们在雷达、固态电子学和计算机方面的开拓性研究，促使技术和供货在当地集中，这吸引了一些成熟公司，并促进了新企业的形成。20 世纪五六十年代，国防部购买了硅谷芯片总产量的 40%，逐渐推动硅谷确立了美国电子创新和生产中心的地位。

以仙童半导体公司发展为例，可以窥见军事投入和扶持对硅谷的影响。作为曾经世界上最大、最富创新精神和最令人振奋的半导体生产企业，它为硅谷的成长奠定了坚实的基础。1959 年仙童半导体公司获得 1500 万美元合同，为"民兵式"导弹提供晶体管。1963 年仙童公司又获得为"阿波罗"宇宙飞船导航计算机提供集成电路的合同。1958—1974 年，五角大楼向硅谷的公司采购了 10 亿美元的半导体研究成果和产品。在 20 世纪 70 年代风险资本开始兴旺之前，联邦资金对硅谷创业和技术进步的推动是毋庸置疑的。虽然关于军事采购在美国半导体产业的起源和发展中的作用仍有一定争论，但可以肯定的是，军事投入并不是硅谷成为高科技园区的决定性因素，否则就无法解释为什么同样受军费支持，甚至更多支持的波士顿 128 公路地区，最后却远远落在了硅谷后面。

（二）人口增长与硅谷高等教育集聚

1930 年"罗斯福新政"（The New Roosevelt Deal）实施，美国政府开始注重东西部经济和产业的平衡发展，尤其加强了对西部的投入。这场运动促进了美国内部涌向西部的移民潮和人才输入，使西部发展成为美国高新技术带。旧金山湾区凭借其地理优势，成为这个内外输入大量专业人才时期的最大获益者。

在第三次移民潮中，旧金山湾区得益巨大不仅和当时加州经济发展起飞的吸引力有关，而且也与其地理位置有关。对于作为当时技术移民输出最多的国家来说，特别是印度，位于西海岸的加州是离美国距离最近的州。美国内部大量人才西迁，推进了美国东部和西部的均衡发展。大量人才的输入和集聚，不但支撑了硅谷的起飞和辐射发展，也进一步推动了高等教育集群的形成。

一方面，湾区已经形成了科技进步与高等教育互动的模式，很多公司需要为不断增加的员工提供技术和管理培训，需要不同类型大学为此提供有力支撑；另一方面，大量外来人才的集聚也带来了其子女教育的巨大需求，这客观上也需要湾区高等教育能更多并更好地承载这些需求。而湾区高等教育集群在回应这些需求的过程中，所培育的一代又一代毕业生又进一步扩大了其和产业、市场互动的优势。在此过程中，旧金山湾区高等教育集群不仅得到了扩张，而且也进一步和产业集群形成良性循环。

（三）企业技术创新与硅谷高等教育集聚

20 世纪 80 年代末，硅谷占据了计算机生产领域的主导地位，西部的生产厂商们创造了一个与东部的老工业体系极为不同的崭新工业系统。这个系统和高等教育的紧密程度远超以往，甚至重塑了高等教育的使命和运行方式。新兴产业和电子技术带来的巨大市场需求，驱动了更为广泛的高等教育群体参与，并且自觉地形成了分工，湾区高等教育集群初具雏形。

新兴产业和技术创新大大丰富了湾区高等教育的层次，这是形成高等教育集聚的重要基础。整个 20 世纪中后期，是技术产业驱动湾区高等教育集聚形成的主要时期。从 60 年代的半导体到 70 年代的处理器、80 年代的软件、90 年代以来的互联网，硅谷一直引导着高科技产业的方向，也引领着湾区高等教育发展的方向。

从 20 世纪 60 年代开始，随着克拉克·克尔（Clark Kerr）主持的《加利福尼亚高等教育总体规划（1960—1975）》的颁布实施，加州建立了以加州大学、加州州立大学、加州社区学院三级结构为主的公立高等教育体系，加上以斯坦福大学为代表的私立高等教育的蓬勃发展，以多层次和多形式为重要特征的加州高等教育系统开始闻名世界，号称"世界上最杰出的高等教育系统"。而其建立和旧金山湾区的产业发展是基本同步的，尤其是其三个层次正好满足了湾区产业发展对不同层次人才的需求。

研究者在斯坦福大学访谈了著名的社会学家威廉·斯科特（William Scott），他曾从组织学的角度研究了湾区高等教育系统与产业的互动。他谈道："像伯克利分校和斯坦福大学这样的大学培养了企业家，提供合作伙伴，越来越多从事工程技术和计算机科学专业的教师创办和拥有公司等。但是谁来实际落实生产运营呢？这就是圣何塞等州立大学的作用，当然还有社区学院。它们不仅培养工程师，还有企业管理人员和会计人员等。"❶

湾区高等教育集聚的形成不仅体现在多层次上，还体现在多类型上。硅谷对于技术的尊崇并没有吞噬其他行业的工作机会，反而技术扮演了一种连接器的角色，提供了大量的其他工作机会，比如中介、金融、服务业等。人类学学者英格里斯·卢克（English Lueck）在《硅谷文化》（*Culture of Silicon Valley*）一书中提出了"技术文化"的概念，即技术创新带来的连接使大量各种类型的创新活动间接参与者也得到培育，不同类型人群、产业共享一种具有融合性

---

❶ 陈先哲.多重逻辑下的旧金山湾区高等教育集群崛起[J].比较教育研究,2020,42（10）:11-17+42.

的"技术文化"❶。因此，即便是人文社科也会从技术文化中获益。硅谷技术创新为人文社科提供了更好的工具，另外技术应用会产生很多新的社会问题，并需要人文社科提出专业的解决方案，两者其实是互相受益的。因此，技术创新创造出对不同类型高等教育的多元需求，也拓宽了湾区大学创新人才培养的广度，为高等教育集聚的形成提供了非常有利的条件。

总之，硅谷是全世界最为典型和成功的高新技术园区。硅谷的发展和斯坦福大学、加州大学伯克利分校等一批高校的聚集密不可分，可以说是硅谷成就了这些大学的发展，也可以说是这些大学铸就了硅谷的辉煌。在硅谷之前，高等教育聚集从来没有如此受到外部因素，特别是市场因素的主导；在硅谷之后，高等教育的聚集效应得到广泛共识，世界上许多国家都开始了政府和市场主导的高等教育聚集活动。人们也从硅谷的案例中，明确了高等教育在促进区域经济发展中的关键作用，这使很多地区在制定发展规划时，积极主动谋取本区域内高等教育的发展和聚集，发挥和促进高等教育聚集在引领区域发展中的作用，"教育城""高教园区""高新区"等概念时常出现在规划方案中。

三、硅谷高等教育集聚的溢出效应：从乡村牧场到世界科技硅谷孵化园

在旧金山湾区起势之前，位于东海岸纽约湾区的 128 号公路地区早已借助传统工业的优势遥遥领先，众多东部传统名校也集结于此。"二战"期间，东部大学获得了美国联邦政府的大量军工项目合同，尤其是当时的麻省理工学院正如日中天。即便在旧金山湾区内部，20 世纪 60 年代，当加州大学伯克利分校（UC Berkeley）在学术和学生运动上双双远近驰名之际，斯坦福大学却还默默无闻。

20 世纪 70 年代，斯坦福由于校园面积大，可利用的空间也大，于是在

---

❶ English-lueck J. A. Culture of Silicon Valley [M]. Stanford：Stanford University press，2002：47-48.

1959 年，时任工程学院院长的特曼提出了一个构想，这也是斯坦福大学的转折点：将校园里一千英亩的土地，以极低廉、只具象征性的价格，长期租给工商业界或毕业校友设立公司，再由他们与学校合作，提供各种研究项目和学生实习机会。因为特曼坚信："如果西部的工业和企业家们要有效地维护自己长期的利益，他们就必须与西部的大学尽可能地合作，并给予经济上和其他方面的援助。"❶ 从斯坦福做出这一决定开始，在特曼的指导下，他的两个学生威廉·休利特和戴维·帕克特在一间车库里凭着 538 美元创建了惠普公司（Hewlett-Packard）——一个跟美国航空航天局（NASA）和美国海军没有任何关系的高科技公司。特曼为合作纽带的建立和巩固做了不少卓有成效的工作。他既鼓励教师与学生熟悉和参与当地电子公司的业务，又鼓励当地的商人们了解斯坦福大学正在从事的研究，以及这些研究对其公司所能提供的帮助。

得益于拿出土地交换合作机会的这个建议，斯坦福大学很快就使自己置身于美国的科技发展前沿：工业园区内，高新企业一家接一家地开张，不久对土地的需求就超出可斯坦福大学能提供的土地范围。于是企业们又向外发展扩张，逐渐形成了现在美国乃至世界的科技先锋和人才高地——硅谷。特曼彻底改变了斯坦福大学的格局，他本人也因此被尊称为"硅谷之父"。

在 1951 年，特曼又有了一个更大的构想，那就是成立斯坦福研究园区，这是第一个位于大学附近的高科技工业园区。园区里一些较小的工业建筑以低租金租给一些小的科技公司，今日，这些公司是重要的技术诞生地，可是在当时却并不为人所知。最开始的几年里只有几家公司安家于此，后来公司越来越多，他们不但应用大学最新的科技，同时又租用该校的土地，这些地租成为斯坦福大学的经济来源，使斯坦福大学不断发展。

这种大学——研究园区的模式一旦确立，便迸发出强大的生命力和创造力。正是在这种氛围下，加利福尼亚人威廉·肖克利搬到了这里。威廉的这次搬家可以称得上是半导体工业的里程碑。在这之前的时期，尚未成型的半导体

---

❶ 安纳利，萨克森宁.地区优势：硅谷和 128 公路地区的文化和竞争[M].曹蓬，等译.上海：上海远东出版社，1999:25.

工业主要集中在美国东部的波士顿和纽约长岛地区。为了公司的发展，他特意从东部召来八位年轻人，其中就有诺宜斯、摩尔、斯波克和雷蒙德。他打算设计一种能够替代晶体管的元器件（现在熟知的肖克利二极管）来占领市场。1957年，那八位优秀的年轻人在谢尔曼·费尔柴尔德的资助下成立了仙童半导体公司。由于诺宜斯发明了集成电路技术，可以将多个晶体管安放于一片单晶硅片上，使仙童公司平步青云。而1965年摩尔总结了积体电路上面的晶体管数量每18个月翻一番的规律，也就是人们熟知的"摩尔定律"。

后来的几年，脱离控制的工程师不断地创建新的公司，这种事情一再上演。1967年年初，斯波克、雷蒙德等人决定离开仙童公司，自创美国国家半导体（National Semiconductor），总部位于圣克拉拉。而1968年仙童公司行销经理桑德斯的出走，又使世界上出现了超微科技（AMD）这家公司。同年七月，诺宜斯、摩尔、葛洛夫又离开仙童成立了英特尔公司。由仙童雇员所创建的公司在硅谷乃至全美国已超过百家。

"斯坦福大学的领导者由于缺乏与政府的联系，或者说不容易接近华盛顿方面，便积极地推动新科技企业的形成，积极地与地方工业讨论合作"。[1] 从20世纪40年代到70年代，聚集大学研究、军费赞助及企业家为一体的模式使硅谷地区工业发展获得了自我增强的能力，在30年的时间里，圣克拉拉谷已经把自己完全变成了一个充满活力的技术复合群体。硅谷模式确立后，其增长势头"一发不可收拾"。

从乡村牧场到世界科技硅谷孵化园的蜕变过程中，斯坦福大学对硅谷的发展至关重要。但是，需要特别说明的是，硅谷的崛起并不只依靠一所大学，更为严谨且准确的观点是，正是以斯坦福为核心的高等教育聚集，加速了世界科技硅谷孵化园的诞生。据统计，硅谷地区目前有各类高等教育机构32所，分别为湾区医学院、加州管理与技术大学、加州南湾大学、卡内基梅隆硅谷大学、加拿大学院、查博特学院、德安萨学院、德弗里大学、长荣谷学院、山麓

① 安纳利，萨克森宁.地区优势：硅谷和128公路地区的文化和竞争[M].曹蓬，等译.上海：上海远东出版社，1999：12.

学院、加维兰学院、国际科技大学、林肯圣何塞法学院、门洛学院、米申学院、国立大学圣何塞校区、西北工业大学、奥隆学院、帕洛阿尔托大学、帕尔默脊骨疗法学院、西校区、佩拉尔塔学院、圣何塞城市学院、圣何塞州立大学、圣克拉拉大学、奇点大学、索菲亚大学、斯坦福大学、加州大学圣克鲁斯分校、硅谷校区、旧金山大学南湾校区、硅谷大学、西谷学院及威廉杰瑟普大学。也正是源于高等教育的集聚，为硅谷这一世界著名高科技产业区，源源不断提供了人才保障和智力和科学研究支撑。

第五节　日本筑波科学城高等教育集聚

高等教育机构的发展与区域经济社会和科技的发展关联性日益紧密，其在推进产业升级、科技研发、人才培养等方面的巨大作用也逐渐被人们熟知且重视。所以，有计划地规划、建设和促进高等教育集聚，即以政府为主导的高等教育集聚，在世界上很多国家出现。政府主导、区域选择、职能定位，发展方式等方面带有显著的政府意愿。当然，政府意愿的形成，也是基于对其经济社会发展、高等教育发展、科技发展、区域发展等方面的调查分析基础上。

一、区位特征

筑波科学城地处东京东北约 50 千米，北依筑波山，东临霞浦湖，其东南 40 公里是千叶县的成田国际机场。筑波总占地 285.5 平方千米，其中，中心区占地 28.4 平方千米，南北长大约 18 千米，东西宽大约 6 千米，被称作研究与教育区，包括国家研究与教育机构区、都市商务区、住宅区、公园等各功能区。科学城中部布置了市中心，设置了文化娱乐区、行政功能区、商业服务区、科技交流区。科研教学区按性质分成了教育、建设、科学、工程及生活不同的功能类别，并形成了各自的区域。住宅区设有购物中心等服务设施。环绕筑波科学城外围的是技术园开发区，占地 258.5 平方千米。规划建设私人机构和未来型工业，同时保留大量的农田和自然景观，以保持良好的生态环境。

筑波大学位于科学城的中心，是开放式校园，规划占地 24 平方千米。大学没有围墙，虽然周围各种建筑较为密集，但校区规划时，还是在各个建筑物之间保留较为宽敞的空间。筑波大学分为北、中、南和西四个区块。中部区块为教学区，主要的学群和少量学系均在这里；南块为研究区，大部分学系、研究中心设在这里；西块为医学区域，西块和北段为学校师生食宿设施区域。

二、筑波科学城建设历程

（一）初步建设阶段

筑波科学城 1968 年 10 月开始动工，1969 年 3 月新都市居住区开始建设；1972 年 5 月，日本内阁决定将 42 个实验性研究和教育机构搬迁到筑波，直至 1979 年年底，这些机构完成迁建。在这一阶段，筑波科学城的建设并非一帆风顺。迁建计划进展缓慢，到 1979 年才完成了原计划 1975 年需完成的 42 个机构的迁建工作，主要原因是当地居民对征地的反对，以及设施建设和迁建工程耗费巨大。人口和就业岗位也增长不足，至 1980 年迁入的工作岗位仅 9000 多个，总人口 12.4 万，与原计划的 22 万人差距较大。这主要是因为筑波与东京之间的高速公路尚未开通，许多大学和研究机构并不愿意离开繁华的都市搬到相对偏远的地方。

（二）城市整合发展期

初步建成科学城之后，整合和提升城市发展成为本阶段主题。科学城的公共设施和住宅建设力度加大，城市副中心的职能得到强化。

1981 年，日本政府制订了周边开发计划，开始陆续建立 8 个工业研究开发区，吸引民间研究机构和企业进驻。1985 年，为了在筑波科学城举办世博会，筑波与东京特快专线建成，主要购物中心开始营业；借由世博会，筑波科学城的国际知名度大大提高，提升了对研究机构和高科技企业的吸引力。1987年，筑波地区的 4 个町村合并建立筑波市。筑波市的成立，使之获得一级财政权力，提升了城市基础设施和公共服务的财政保障能力。

(三) 进阶发展期

进入 20 世纪 90 年代，科学城作为城市的各类功能不断完善，人口集聚加快。从 1989 年至 1998 年，筑波科学城的人口年均增速达到 12.7%。为激发经济活跃度，推动经济产出能力和创新能力，加快独创性和高端科技成果诞生，1989 年 5 月筑波科学城制定了"新筑波计划"。1998 年，日本政府修订了《研究学园地区建设计划》和《周边开发地区整体计划》，确定了筑波科学城的三大目标，即首都周边的核心城市、高水平学术研究及国际交流城市、优良生态环境及现代化市政设施的示范都市。2007 年 4 月 1 日，筑波被指定为自治市。

科学城推进了制度改革，不仅对科学研究、教育机构等实行独立行政法人化改革，而且对科学城的参与主体、运行机制等也进行了调整，从最初仅作为基础研究基地的机制设计向实现基础研究、应用性开发乃至企业化生产的机制转变。筑波文化艺术中心、筑波国际会议中心建成，图书馆、艺术博物馆相继开放，科学城的城市功能在不断完善的同时，周边地区开发公共设施、工业区和研究机构有序进行。20 世纪 80 年代末，筑波拥有 45 家国家级研究和 8 家民间研究机构，占全国国家机构的 30% 和研究人员的 40%。截至 2016 年年底，有人口约 20 万，拥有 31 个国立科研机构，300 余个民间科研机构和企业，29家公共教育、研究机构，涉及建筑建设、生物、理工科学等多个方面，总占地面积约 1400 多公顷等（见表 5-17）。

表 5-17　日本筑波科学城的公共教育、研究机构概况（截至 2016 年）

类别	机构名称	主管部门	面积/公顷
文化教育类 （7家）	（独）国立公文书馆筑波分馆	内阁府	3
	（独）国际合作机构筑波国际中心	外务省	5
	国立大学法人筑波大学	文部科学省	258
	国立大学法人筑波技术大学	文部科学省	8
	大学共同利用机关法人 高能加速器 研究机构	文部科学省	153
	（独）国立科学博物馆筑波地区	文部科学省	14
	（独）教师研修中心	文部科学省	17
建筑建设类 （6家）	NTT 服务系统研究所	总务省	22
	（国研）防灾科学技术研究所	文部科学省	27
	国土地理院	国土交通省	18
	国土技术政策综合研究所 （国研）土木研究所 （国研）建筑研究所	国土交通省	146（3 家合计）
理工类（7家）	（国研）物质与材料研究机构	文部科学省	30
	（国研）宇宙航空研究开发机构	文部科学省	53
	（国研）产业技术综合研究所	经济产业省	140
	气象研究所 高层气象台国土交通省 气象测量仪器检测实验中心	国土交通省	53（3 家合计）
生物类（8家）	理化学研究所筑波研究所	文部科学省	5
	（国研）医药基础·健康·营养研究所 灵长类医学研究中心	厚生劳动省	9
	（国研）医药基础·健康·营养研究所 药用植物资源研究中心	厚生劳动省	5

续表

类别	机构名称	主管部门	面积/公顷
生物类（8家）	农林水产技术会议事务局筑波产业合作支援中心	农林水产省	421（5家合计）
	（国研）农业食品产业技术综合研究机构		
	（国研）国际农林水产业研究中心		
	（国研）森林综合研究所农		
	横滨植物防疫所筑波农场农		
共同利用类	研究交流中心	文部科学省	1
合计			1388

资料来源：筑波研究学园都市（日本国土交通省网站）

　　根据 2020 年 7 月 1 日的统计，全市估计人口为 108 669 户，244 528 人，人口密度为每平方千米 862 人。目前筑波科学城拥有大学四所，分别为筑波大学筑波校区，国立大学法人筑波技术大学，高等研究大学筑波校区，以及筑波学院大学。其中，驻波大学拥有学生 16 542 名，教职工 4608 名（截至 2021 年 5 月 1 日），拥有 11 个学院（人文社会科学学院、商业科学学院、纯粹与应用科学学院、工程、信息和系统学院、生命与环境科学学院、人文科学学院、健康与运动科学学院、艺术与设计学院、医学院、图书馆与信息和媒体科学学院，以及跨学科研究学院），拥有近 50 所各类研究机构。

三、筑波科学城发展的逻辑：政府主导推动下的高等教育集聚区

（一）政府直接运用行政手段推动形成高等教育集聚区

　　20 世纪五六十年代，通过出口导向的发展战略，日本实现了经济的快速增长。但在技术层面，因为主要依靠进口和引进，购买专利导致生产制造费用

日益昂贵，而产业结构升级也面临技术储备不足的问题。20 世纪 60 年代后期，日本转向着力提升国家创新能力，既重视基础研究，也在产业领域谋求技术创新，这是提出建设筑波科学城设想的重要原因。筑波科学城的开发建设是由国家相关行政单位、地方公共团体和其他有关执行单位共同实施的。日本政府在首相办公室设立了科学城建设促进本部，以更好地联络、协调有关部门。科学城促进指挥部由国土部领导，由其负责人担任首脑，成员分别由首相办公室、财政、国土、科技、教育、环境等有关部门的副职组成，全权负责科学城开发建设与管理，并直接对首相负责（见表 5-18）。

表 5-18　筑波科学城建设促进本部部分职能部门的主要职责

部门名称	部门职责
国土部	根据筑波科学城建设促进指挥部所做出的有关决议和筑波科学城建设法对科学城的开发和建设的总协调
住宅和都市发展局	科学城规划与设计、土地征购和开发、公共设施的建设、社区设施的建设、建设工程的执行、开发都市地下设施
建设部	建设国家研究与教育机构和公务员住宅
教育部	负责筑波大学、国家高能物理实验室、图书情报科技大学和筑波科技学院的建设
筑波市政府	开发公共服务设施

政府直接运用行政手段强制干预筑波科学城发展的，推动高等教育集聚区的手段主要体现在如下四个方面。

（1）政府直接介入筹建全过程。日本政府直接介入整个筹建过程，包括科学城之选址、人力筹措等。日本内阁通过建设筑波科学城的决议，明确城市的基本性质、功能、建设方针和措施，购买大量的城市建设土地来建设筑波科学城。

筑波的形成和发展，完全靠政府指令，从规划、审批、选址到科研等整个过程和运行完全是政府决策，连科研机构和科研人员也都由政府从东京迁来，各种设施都需经行政审批配备，私人研究机构和企业也由计划控制。规划和主管都是国家最具权威的机构，使科学城的建设和搬迁得以顺利进行。

（2）政府强大的财政支持。到 1993 年，日本政府在筑波科学城花费的预算经费已超过 2 万亿日元，到 1998 年累计财政预算经费达到 2.39 万亿日元。筑波科学城建设预算在 2004 财政年度超过 2.5 万亿日元，同时享受日本开发银行、北海道东北开发公库的低息贷款。

（3）建立健全政策法规，给予立法和政策扶持。一是专门针对高新技术产业区制定的法律；二是与高新技术产业区相关的国家科技经济乃至社会方面的法律法规。其中，第一类法律更集中有力，这是筑波科学城建设的一个突出特点。通过立法手段，对房地产租赁、设备折旧、税收、信贷、外资引进等给予多种优惠政策和措施，有力地保障和促进了科学城区的发展。《筑波研究学院园区都市建设法》对研究学院地区建设计划、周围开发地区整备计划及事业设施等作明确说明。《研究交流促进法》允许私人企业使用国家院所设施。修订后的《研究学园地区建设计划》对研究学院园区的区域、公共利用设施等作了具体规定。

（4）直接将国家级研究机构和教育院所迁移至科学城。筑波科学城由政府主导模式还体现在科技创新方面。筑波科学城的科研机构，主要是由政府决策迁移的国家级研究机构和教育院所。从 1968 年建设国家自然灾害防治中心开始，到 1980 年共有 43 个国家级研究机构迁入筑波科学城。到 20 世纪 80 年代末，日本全国近三成的国家研究机构和四成的研究人员都聚集在筑波科学城，吸引了国家研究机构全部预算的一半左右投资。

但是，科技创新的政府主导模式具有一定的问题，突出表现在忽略与地方产业和企业的联系，科技成果转化及应用动力不足，基础性研究占比过重等。由此，筑波科学城的创新能力和高科技产业发展逐渐落后于硅谷。为了弥补此方面缺陷，日本于 1987 年颁布了《研究交流促进法》，鼓励私人公司和私人研究机构发展，允许私人部门使用国家研究院所的设施。这极大地促进了私人部门在筑波科学城创新活动中的作用。据统计，截至 2017 年 2 月，共计 153

家民营企业入驻。不过，虽然筑波科学城入驻的私人公司不断增多，但主导筑波科技研究的主要还是政府型的研究机构，高科技企业间创新网络及具有影响力的高科技产业尚未成熟。

（二）日本经济社会发展过程中面临着的现实问题加速了高等教育集聚区的形成

东京是日本最大的城市，城市规模快速扩张，人口增长迅速且非常密集。早在 1958 年制定的东京大都市圈发展规划中，就设想建设一个东京的卫星城市，将所有国家研究和教育机构及其人员由东京都迁到都市圈的外围地区。1961 年，时任日本前首相田中角荣在他的《日本列岛改造论——大学篇》中指出，当前日本大学过分密集在大城市中，应当实行"地方分散"的方针，宜选择"山麓河畔、阳光充足、绿树成荫、山清水秀的开阔之处"建设"大学科学城"，同年 9 月，日本内阁决定，为了缓和东京都国立教育机构及科学研究机构过于密集带来的土地、交通和人口等方面的压力，推进东京周边地区的开发，要把一些不必要设置在东京的官厅迁移他处，并提出了集中迁移政府机构地点的设想。综合考虑到筑波与东京都的区位关系、可开发土地面积及良好的自然环境等，日本内阁决定将筑波作为东京都教育和科研职能疏解的承接地。

（三）日本高等教育发展的自身需求从内部驱动着高等教育集聚区的形成

日本大学长期囿于学科狭窄领域、基本不存在研发类和综合型大学，以致造成了教育与研究两个方面的停滞和固定化，脱离了现实社会。日本社会对高等教育的认识开始出现一些转变，认为传统及当前的高等教育机构，将自身职能过于限定在研究和教育两个方面，且研究和教学脱离社会需求，造成高等教育机构和社会之间交往和互动不够密切，这种脱节的趋势愈发显著。

基于以上背景，筑波科学城确立了三大发展定位：一是成为全日本科学研究的中心，二是成为一个功能齐全、自成体系的中心城市，三是成为一个与周边自然和乡村环境共存的生态模范城市。同时，这也决定了筑波科学城的建设是由政府强力主导的。

四、筑波科学城高等教育聚集效应及问题分析

（一）"规划建设型"大学城的典范

作为完全由政府主导的科学园区，筑波为日本的科技发展作出了很大贡献。筑波科学城实现了从高校聚集、人口聚集、科研聚集、产业聚集到城市聚集的演进，科学城除了原有东京外迁的政府型研究机构，还吸引了私人公司进驻，不断完善的内外交通、住房和公共设施，以及独立政府的公共管理和服务，使筑波科学城真正成了一个城市。

筑波科学城建成后，大学科技园在世界各地如雨后春笋般增多、规模庞大。它们大都是依托一所或多所大学、围绕大学校园发展、以科学研究为基本功能的科研机构和大学集结的区域。在这类大学城内部，大学和科研机构是开发区在知识和人才方面的基本依托。它有别于自然发展而成的传统大学城，而是由政府、企业界和大学、科研机构共同参与，三方协调合作形成统一发展战略的联合体。一般来说，政府主要考虑政治形势和社会发展需求，企业主要追求利润和效益，而大学和科研机构则主要考虑人才培养和科技研究与开发。三方互动、互补、互惠，成就了新一代"规划建设型"的大学城。

（二）存在的问题和不足

筑波大学提出的办学宗旨与以往的大学有许多不同，强调在基础和应用科学方面，同国内外教育和研究机关及社会之间加强密切的交流与联系；在取得科学协作成果的同时有效地进行教育和研究，以培养具有创造性才智和高尚品德的人才，为推动学术文化的发展作贡献。由此可见，筑波大学从成立之初，

就带有强烈的实用主义倾向，致力于打破高等教育机构与社会之间的"壁垒"，强调与社会需求之间的互动，将科学研究、人才培养、文化传承等传统职能，与社会发展紧密结合起来，实现高等教育机构和社会发展的双向互动和良性延续。通过聚集效应提高科技研究开发能力。但从现实来看，上述目的有很多方面并没有达成。

（1）政府主导科技创新造成的弊端。第一，政府主导缺乏激励机制。筑波以国家级研究机构为主体，并享有政府的财政拨款，科技创新有政府财政支持，园区内缺乏相应的创新激励机制。第二，制度与管理分割。政府的垂直管理、条块分割，限制了研究机构、教育设施与其他公司之间的沟通与交流。园区的参与主体和运行机制都比较封闭，缺乏与国外先进文化与技术的联系与交流。在国际科技工业园区迅猛发展的背景下，筑波科学城的弊端愈发显现，并严重制约了自身的发展，科研部门与工业界缺乏联系，科研成果的产品转化率不高。这不仅降低了科技转化产业的产值，也影响了当地民企或私人研究机构的发展。

（2）通过高校、科研机构和人才聚集以实现科技创新的目的并未达到。筑波科学城科技人才聚集和高技术产业发展程度不高，也没有完全达到日本最大、最强科学技术研究中心的发展目标。分析其原因，首先，筑波被许多研究人员视作"远离人类社会的孤岛"，缺乏足够的城市设施，研究信息也难以得到，研究和交流活动受到抑制，尽管研究组定期会晤效用也不大，出现了"筑波综合征"现象。其次，生活与工作被割裂。研究人员和教师的社会网络和子女上学都在东京，高水平的日本大学和公司总部都在东京，所以搬往筑波的人并不多。1984年筑波规划人口为10万人，实际人口仅为3万人，筑波科技基础和人才基础并不好。第三，人文环境建设滞后。筑波建设初期对于城市人文关怀体现不够，导致很多文体设施建设不够，使人才更加留恋东京繁华的国际大都市的生活节奏和生活方式，东京都的虹吸效应越发明显。

（3）各创新主体间缺乏交流合作。日本政府和下属科研机构实行垂直一体化管理，使科研机构难以实现设施共享，从而导致设备过度重复，给该研究、科学建设与私人企业很少进行交流，导致合作研究很是匮乏。迁入的科研机构一心致力于扩大其擅长的研究项目和领域，却忽视了与地方工业或企业进行联系，导致基础研究和应用研究脱节，产学研脱节，造成科研成果产业化与商业化的积极性和水平都不高。科研成果不能很快与生产相结合，使产品的高科技含量低，市场竞争力不足，科研成本高昂但回报率较低，回报周期长。园区的参与主体和运行机制都比较封闭，缺乏与国外先进文化与技术的联系与交流，在国际科技工业园区迅猛发展的背景下，筑波科学城的弊端愈发显现，严重制约了科学城的健康和长远发展。

（4）人才管理与人才文化没有得到根本性改变。在高等教育集聚过程中，人才的集聚是关键要素。在人才流动和聚集过程中，开放和健全的人才管理政策和人才发展环境，或者上升到更高一级层面，人才至关重要。人才的流动有其潜在的规律。一方面，人才流动的主要目的是通过流动实现人力资本的提升，这种提升既包括专业技能的提升、职位职级的提升，也包括薪酬福利的提升。如果不能显著提升人力资本的提升，那么流动的驱动力就是匮乏的，或者说长期来看是匮乏的。另一方面，人是社会关系的产物，人才流动的背后是其整个社会关系的调整，所以必须有就业、医疗、教育、交通、住房、购物等相应的人才保障设施或措施进行支持。再具体落实到科技研发类人才上，这类人才的流动同样符合上述规律，而且，科技研发类人才对于专业的忠诚度更高。要保障科技研发类人才的发展，必须高度树立专业权威，防止行政权威或者制度权威影响专业权威。日本企业的终身雇佣制虽有改变，但其强调权威、等级制度，强调下级对上级的服从、个人对企业的忠诚的基本传统未变。这一因素限制了筑波的科技人员流动及彼此之间的交流，使科研活动缺乏活力。

总之，日本筑波科学城（Tsukuba Science City）的发展历史体现了政府在驱动高等教育聚集中的作用。日本政府对筑波科学城的预期不仅是发挥高等教育聚集在推动科学研究和人才培养方向的发展，而且希望其能在一定程度上疏解东京城区用地紧张、人口稠密、交通拥堵等不利境况，协调与助力大东京区域的发展。在政府的有力推动下，筑波科学城的规划建设较为迅速，在相对较短的时间内取得显著成果，筑波科学城的发展模式也被很多国家或地区借鉴。但是，筑波模式的弊端逐渐浮出水面。政府主导的驱动力强大，但高等教育与市场和社会间的互动和联系较为薄弱，原本在规划科学城时力图改变的日本高等教育过于封闭的情况并没有得到实质性的改变。这在一定程度上也能解释筑波科学城在科技创新方面尚未取得较大成果。同时，由于筑波科学城与东京间的距离较远，不利于人员和其他相关资源的流动，真正愿意"扎根"筑波的科研人员和企业不及预期那样多。

第六节　海湾地区跨境高等教育集聚

一、区位与历史

海湾是指波斯湾，位于亚洲西南部，是介于阿拉伯半岛和伊朗之间的一片狭长的海面。海湾四周，从东向南，围绕着伊朗、伊拉克、科威特、沙特阿拉伯、巴林、卡塔尔、阿拉伯联合酋长国，阿曼和也门9个国家，被称为海湾国家，或海湾地区。海湾地区总面积约为481万平方千米，人口约1.18亿，主要是阿拉伯人和波斯人，还有相当数量的少数民族和外籍移民。

海湾及其周围地区自古以来就是重要的国际通道，不论是在路上陆上占主导的古代，还是大宗货运主要依赖海运的现代，其交通区位都极为重要。20世纪中期，随着大量石油资源被探明，海湾地区的经济和战略地位变得极其重要，成为世界大国博弈的重点地区。丰富的油气资源为海湾国家带来了巨额财富，这决定了其发展路径和发展方式的选择与世界其他地方相比，具有显著的特殊性。具体而言，巨额财富有力地支撑了国民财富增长和国家现代化进程，但这也使其经济发展方式过度依赖油气资源，产业结构严重单一化。在社会层面，海湾地区现代高等教育发展较为落后，国民财富的增长、产业结构和经济发展方式单一，以及浓重的文化和宗教传统，使其国民受教育的意识和需求都相对较低，大量技术性和研发性的岗位多由外来移民承担。

近年来，随着油气资源的逐渐枯竭，环境保护事业的进展，以及新能源的不断发展，海湾诸国明显感觉到转变经济发展方式，提高社会和文化现代化的压力。各国普遍开始意识到，驱动经济转型最主要的力量就是人才和科技，其首要路径是大力发展教育，特别是高等教育。由此，海湾地区兴起教育热，该地高等教育得到迅速发展，高等教育资源得到快速聚集。特别需要指出的是，此处的高等教育聚集，特指的是海湾地区吸引国际优质高等教育的聚集，集中体现在跨境高等教育机构上。

二、跨境高等教育聚集发展的外部条件

（一）高等教育适龄人口迅速增长

据经济学人信息部（Economist Intelligence Unit）发布的《2020 年海湾合作委员会：海湾地区及其民众》（*The GCC in* 2020：*The Gulf and its People*）研究，海湾地区是全球人口增长最快地区之一，2020 年人口达到 5300 万人，并以 25 岁以下人群为主体。这使海湾地区拥有世界上最年轻、发展最快的群体，其未来发展最终取决于对下一代教育的成功和他们的就业状况，教育与企业需求之间不匹配会导致教育和就业间的断层。

（二）本地高等教育发展转型以集聚求突破的诉求

海湾地区高等教育的发展仍然较为落后。表现在，本土高等教育机构的规模和质量并不能满足当地需求，居民出国留学愿望强烈；高等教育体制机制建设尚不完善，高等教育的规模、结构、类型建设等仍有很大空间；传统的以宗教教育为主的高等教育机构不能完全满足经济社会发展的需要，等等。

（三）区域教育联动发展具有较好的历史基础

海湾地区六国早在 1975 年便成立了阿拉伯海湾国家教育局（Arab Bureau of Education for the Gulf States），旨在推进地区间的教育合作进程。在成立宪章中，明确表明要推进包括教育等多个领域的发展与合作。1996 年海湾地区高等教育部长委员会（Ministerial Committee for Higher Education）成立，力图促进和监督海湾地区高等教育机构间的合作。

（四）扩大世界影响力，打造区域"教育中枢"的远景目标

卡塔尔在 2009 年创设了"世界教育创新峰会（World Innovation Summit for Education）"，并通过年度会议和颁发相关奖项，扩大卡塔尔在世界教育发展中的影响力。卡塔尔、阿联酋和巴林等国着力发展"教育中枢"战略，聚集国际优质教育资源，发挥教育集聚效应，扩大区域影响力。其中，卡塔尔是全球最早宣称打造教育中枢的国家之一；阿联酋则拥有目前世界规模最大的教育中枢；巴林于 2009 年宣布将与科威特金融投资公司一起，进行一项投资达十亿美金的教育中枢战略建设。

三、跨境高等教育集聚逻辑：强烈的政治驱动

强有力的政府驱动是海湾地区高等教育聚集的一大特点。以卡塔尔为例，卡塔尔国是海湾地区的石油富国，2017 年人均国内生产总值位居世界第四。卡塔尔意识到石油和天然气等自然资源总有枯竭的一天，国家要发展应该更多地关注教育，打造人力资源强国，从而引领和推进本国知识经济的发展。2008 年卡塔尔通过了该国第一份国家战略"卡塔尔国家愿景 2030（Qatar National Vision 2030）"。该战略将人力资源发展视为国家发展的四大支柱之首，并提出要打造世界一流的教育体系；该体系"可以向学生提供媲美世界任何地方教育的一流

教育，并可以依据个人的意愿和能力，提供高质量的教育和培训机会。"❶

在战略实施层面，卡塔尔教育、科学与社会发展基金会（Qatar Foundation for Education，Science and Community Development，QF，简称卡塔尔基金会）发挥了非常重要的作用。该基金会成立于 1995 年，主要目标是致力于教育、科学研究与社会发展方面的投资建设。"卡塔尔国家愿景 2030"称其为"驱动卡塔尔人民发展的引擎"。QF 的主要成就之一，便是多哈"教育城（Education City）"的建设。

除卡塔尔之外，阿联酋于 2010 年颁布了《阿联酋愿景 2021 国家议程》（*UAE Vision 2021 National Agenda*），主张"教育是国家发展的基础"，并将"建立一流的教育体制"列为重要目标之一，"让阿联酋学生跻身世界最佳学生之列"。类似的计划还有巴林 2008 年推出的"巴林 2030 愿景"（Bahrain Vision 2030）。

海湾地区对跨境高等教育的集聚，带有强烈的政治驱动，政府在其中发挥了重要作用。以卡塔尔、阿联酋和沙特等国家为代表，这些国家普遍意识到逐渐枯竭的石油资源无法长期且稳固地支撑国家未来的发展，经济发展方式的转型迫在眉睫，而驱动经济转型的最主要力量就是人才和科技，并最终落实到教育领域上。所以，这些国家的政府普遍开始重视高等教育的发展，加强教育发展规划，加大教育投入，兴建基础设施，并主要通过建设教育城、大学城等吸引全世界的优质高等教育机构前来建立分校。

同时需要注意的是，这种聚集带有显著的经济目标，即满足本地需求，驱动本地经济发展方式转型；同时，高等教育的快速聚集催生了本地国际教育服务贸易的快速发展，反过来驱动高等教育聚集产生了经济效应。因此，该地形成了经济与政治协同驱动的高等教育集聚模式。

---

❶ Ministry of Development Planning and Statistics，"Qatar National Vision 2030"［EB/OL］.（2018-11-12）［2020-11-2］. https://www.mdps.gov.qa/en/qnv1/pages/default.aspx.

四、跨境高等教育聚集的两种模式❶

(一) 以市场为主导的"自由区"聚集方式

阿联酋实施自由区（Free Zone）办学政策，除了阿布扎比酋长国外，境内绝大多数国际分校建于自由区内。自由区是指缔约方领土内的一部分，进入这部分的任何货物就进口税费方面通常视为关境之外，并免于惯常的海关监管。自由区属于一个国家（或地区）采取的"境内关外"的行为。自由区办学模式下，政府对国际分校的管控集中在两个方面，一是设立阶段的审查，以质量审查为主；二是基于教育特殊规律而设立的保障性规定，如教育质量监管、学生保护和广告监督等。

（1）自由区办学和设立"教育自由区"。阿联酋设立 40 多个自由区，涉及通信、运输、医疗、教育和金融等多个领域。在这些自由区中，有 9 个自由区内设有国外大学的分校，更特别的是，迪拜酋长国专门设立了两个以教育为主题的自由区，迪拜知识村和迪拜国际学术城。这两个"教育自由区"吸引了众多国外大学在此建立分校（见表 5-19）。

表 5-19　主要自由区高校数量统计

主要自由区	国际分校数量/个
哈伊马角自由贸易区（RAK FZ）	2
朱美拉胡塔自由贸易区（JLT FZ）	1
迪拜知识村（DKV）	8
迪拜国际学术城（DIAC）	9
迪拜医疗城（DHCC）	2

❶ 该部分内容主要引自 秦冠英,刘芳静.海湾地区跨境高等教育发展状况及对中国教育"走出去"的启示[J].中国高教研究,2019(8):39-46.

续表

主要自由区	国际分校数量/个
迪拜国际金融中心（DIFC）	2
迪拜硅谷城（DSO）	1

（2）开放学校设立，落实一般自由区的优惠条件。"教育自由区"保留了一般自由区开放性、服务性、税费优惠等特征。市场准入和国民待遇方面，阿联酋在自由区实施了较为开放的条件；设立机制方面，实行开放式的网上注册，并明确规定各个步骤的审核时间，实行高效率的注册服务；所有权和收益分配方面，自由区内的高等教育机构享有完全的外国所有权，完全的免税权，完全的汇回利润；学生、教师和教职工的签证手续更加简便易行。

（3）政府不干预学校运行，由市场自主决定。阿联酋对自由区内国际分校的管理与企业管理非常相似，如不限定注册学校的来源、办学层级和开设专业，学校自主决定教职工的聘用和学生录取，自主决定学位授予，自主实施科研活动等。高度开放和市场化的运作方式吸引了很多学校前来设立分校，阿联酋一度兴起了"教育热"，造成了市场供大于需局面，致使一些运行困难的学校不得不关闭。阿联酋成为近年来国际分校关闭数最多的国家。

（二）以政府为主导的"邀请制"聚集方式

卡塔尔引进高校平均国际排名远高于同地区国家所引进的高校；多哈教育城的建设水平和发展状况完全不逊色于其他"教育中枢"。卡塔尔因此形成了自己独特的发展模式。

（1）政府投资兴建基础设施。多哈教育城由政府投资建设，城内建有从学前教育到高等教育的各类教育和研究机构，并出台了多项促进教育发展的政策。教育城在十年左右吸引了6所美国大学，1所英国大学和1所法国大学共计8所大学在此设立分校。这些学校既有私立大学，也有公立大学。值得注意的是，除了卡内基梅隆大学设有另一所研究生层次的海外分校外，其他大学在卡塔尔的分校均是其第一所，也是唯一的海外分校。

（2）政府"邀请"国外高校前来办学。卡塔尔高等教育市场并非完全开放，教育城不是开放接受申请，而是其采用邀请制。具体而言，参照国家发展规划归纳未来卡塔尔经济社会发展所需要的人才类型，进而聚焦这些人才的专业种类，然后在该专业领域内挑选最好的大学进行洽谈，协商来卡塔尔办学事宜。事实证明，教育城的确引进了较高水平的分校（见表5-20）。

表5-20　多哈教育城中国际分校信息

分校名称	主校类型	规模		授予学位及专业开设	
		在职教师/人	在校学生/人	学位或资质授予	专业名称
弗吉尼亚联邦大学卡塔尔分校	公立研究型	62（2018年）	339（2018年）	美术学士（B. A. , B. F. A.）	艺术史，时尚设计，图像设计，室内设计，绘画与版画
				美术硕士（M. F. A.）	设计
威尔康奈尔医学院卡塔尔分校	私立研究型	74（2018年）	超过300人（2018年）	医学博士（M. D.）	综合医学项目（6学年）
				无	基础医学项目（1学年的学分项目）
得克萨斯农工大学卡塔尔分校	公立研究型	45（2017年）	约2000人（2017年）	理学学士（B. S.）	化学工程，电气和计算机工程，机械工程，石油工程。
				理学硕士（M. S.）工程硕士（M. Eng.）	两个化学工程专业
卡内基梅隆大学卡塔尔分校	私立研究型	56（2017年）	约1500人（2017年）	理学学士（B. S.）	生物科学，工商管理，计算生物学，计算机科学，信息系统。

分校名称	主校类型	规模		授予学位及专业开设	
		在职教师/人	在校学生/人	学位或资质授予	专业名称
乔治城大学卡塔尔分校	私立研究型	49（2017 年）	252（2017 年）	理学学士（B. S.）	文化和政治，国际经济，国际历史，国际政治。
				授予证书	美国研究，阿拉和区域研究，媒体和政治。
西北大学卡塔尔分校	私立研究型	36（2018 年）	291（2018 年）	理学学士（B. S.）	通讯，新闻。
巴黎高等商业研究院卡塔尔分校	私立商学院	暂无数据	暂无数据	EMBA	EMBA
伦敦大学学院卡塔尔分校	公立研究型	16（2017 年）	81（2017 年）	文学硕士（M. A.）	图书馆与信息研究，博物馆与画廊实践。

（3）政府提供多项经费支持。卡塔尔对国际分校的支持不仅表现在提供基础设施方面，还包括经费支持，具体如下：①由 QF 承担分校基本建设费用和运行费用；②由 QF 承担相关设施维护和优化费用；③提供管理费，QF 每年支付各分校一笔管理费，用于主校在管理和监管分校过程中发生的相关费用；④丰厚的奖学金和助学金，QF 及其他部门针对教育城的学生设立了多种奖学金和助学金。

（三）与两种聚集方式相匹配的跨境高等教育质量监督方式

（1）政府主导国际分校的质量监督。国际分校在海湾地区均被视为私立高校，设立国际分校的国家普遍设立了一套由政府主导的，不同于公立学校的质量监督机制。如卡塔尔最高教育委员会（Supreme Education）通过下设的高等教育所（Higher Education Institute）实现对国际分校的监督。阿联酋的迪拜酋长国立法授权知识与人力发展局（The Knowledge and Human Development Authority，KHDA）规范和监督迪拜酋长国所有自由区内高等教育机构，KHDA 专设了"大学质量保障委员会（University Quality Assurance Board，UQAIB）"，专门负责自由区内高等教育机构的质量审查。

（2）以"一致性"为监督机制的核心内容。"一致性"监督不直接测量教育活动本身的质量，而是在确保主校具备相应的质量保障机制，能够提供一定质量的教育服务后，以主校设立和运行的主要指标为参照，对比分校在这些指标上是否与主校一致或者接近，并借此判断分校是否达成预期质量目标。

（3）"一致性"监督机制的特点。①以标准审查和结果审查为主，并不参与教育和教学过程。以阿联酋的迪拜为例，该地在学校申请设立过程中会进行质量审查，将分校和主校在管理、专业开设、师生管理等方面的制度和标准进行对比，在确保基本一致后即可通过。学校运行后只在每一年度结束后进行结果审查，在此期间不做干预。②保障国际分校办学自主权。以卡塔尔为例，在与分校签订的建设协议中，明确"分校应当在主校的指导和控制下运行"的基本原则，并从自主聘用、任命和考核教职工，自主录取、管理学生，自主确定课程和学位项目设置，自主进行学术管理并确保享有学术自由等具体方面予以保障。③外部质量认证机构发挥重要作用。在不干预具体教学过程和保障学术自主权的前提下，质量监控的重要参考就是外部质量认证机构的认证结果。例如，卡塔尔要求分校必须达成与主校相同的质量认证，包含机构认证和开设专业的认证；阿联酋要求学校在申请过程中，必须提供外部质量认证机构提供的证明。因此，与世界其他国家建立海外分校不同，海湾地区对国际分校的管理独具一格。分校所在国政府对国际分校的监管，主要审核其是否达成其主校寻求的第三方教育认证机构的认证。举例来说，一所美国高校到海湾某国设立分校，其主校在美国需要通过 ABC 教育认证机构的认证，那么，海湾某国的教育主管机构，只需要监管这所分校是否同时达到 ABC 教育认证机构的认证即可，分校其他的运行主要由分校自主决定，所在国的政府意愿也是通过合约的方式与分校达成共识。这种管理方式确保了分校具有较大的办学自主权，聚集在海湾地区的国际分校能够在维护学术性和服务地方发展方面达成动态平衡，从而使该地区的国际分校具有持续的发展动力，高等教育聚集效应中的积极方面得以持续发挥。

第七节　高等教育集聚动因：基于国内外案例的总结

通过对国内外高等教育集聚案例的剖析，高等教育集聚区的形成和发展，深受如下几个因素的影响和制约。

一、资源禀赋为高等教育集聚奠定了历史基础和现实优势

大学的产生是各种因素综合作用的结果，在推动大学产生的各种因素中，某一个或几个优势资源禀赋高度发达，从而使该区域高等教育集聚具有天然优势作为培养高层次专门人才的高等教育机构，现代大学由中世纪欧洲大学演变而来。中世纪欧洲大学是多种因素或多重力量交互作用的产物，欧洲社会相对的政治稳定、教会影响的扩大、商业贸易的发展、城市的兴起、行会的产生、社会对教育的需求，以及基督教世界与伊斯兰世界的文化交流，都为欧洲中世纪大学的产生及其人才培养奠定了坚实的基础。除了这些作用力或影响因素，中世纪欧洲大学的诞生还与古希腊、古罗马的高等教育机构直接关联，也与拜占庭的高等教育有莫大的关系。正如有的教育史家所言：拜占庭帝国对中古欧洲和西亚各国产生过强大影响，特别是其文化成为连续古希腊和古罗马时代到意大利文艺复兴时代的近代欧洲文化的桥梁，君士坦丁堡大学可视为中世纪大

学之始。❶ 从上面学者简明扼要地论述了大学产生是多种因素综合作用的产物。有了大学才会有高等教育集聚的可能。在影响大学产生的各种因素中，区域内某一个或几个优势资源禀赋高度发达，具有得天独厚的优势地位，深刻影响高等教育集聚的程度。通过国内外的案例分析可以发现，促进区域高等教育集聚的优势资源禀赋主要包括区位优势、区位优势带来的便捷交通条件、规模庞大的人口资源、高等教育发展的悠久历史等。

二、区域经济发展水平与高等教育集聚之间互为因果、相互影响和促进

潘懋元教授提出的教育基本规律中关于教育的外部规律认为，"教育必须与社会发展相适应。适应，包括两个方面的意义：一方面教育要受一定社会的政治、经济、文化科学所制约；另一方面教育必须为一定社会的政治、经济、文化科学（的发展）服务"❷。这一教育基本规律作用于高等教育，有学者称之为高等教育的适应论，以此强调高等教育发展必须与社会发展需求相一致。高等教育与环境二者之间彼此形塑：一方面，高等教育总是生长在一定的环境之中，从经济发展中汲取物质和能量；另一方面，高等教育不只是自我生长，它也改变周边的环境，与经济发展彼此共生互进。

国内外高等教育集聚的案例表明，高等教育集聚与经济发展之间相互影响，互为因果。一方面，经济发展是区域高等教育集聚的直接原因，换言之，区域高等教育集聚是适应本区域经济发展的结果。比如，长三角高等教育集聚是为了适应长三角产业经济社会发展对人才和科技的新需求。同时，高等教育的集聚又不断推动着区域经济发展的迭代升级，产业结构不断优化调整。硅谷是高校与区域经济发展互相成就的典范，早期斯坦福大学、加州大学伯克利分校等集聚于硅谷，是适应市场的需要，高科技产业集聚硅谷是推动高等教育集

---

❶ 李枭鹰.高等教育内外部关系规律的元研究[J].中国高教研究,2016(11):13.

❷ 潘懋元.教育外部关系规律辨析[J].厦门大学学报(哲学社会科学版),1990(2):1.

聚发展的直接动力；与此同时，高等教育是促进硅谷经济发展的重要力量，正是由于高等教育的发展和聚集，推动着硅谷成为全世界最为典型和成功的高新技术园区。

三、国家意志将直接导致区域高等教育集聚

无论是中国还是西方国家高等教育的发展历史均表明，国家意志是推动高等教育发展的最直接和最强大的力量。在我国，政府意志在推动高等教育发展进程中发挥的作用巨大，《中共中央关于教育体制改革的决定》、第一次全国教育工作会议和党的十二大的召开，推动了改革开放后高等教育的恢复和发展，《中共中央、国务院关于深化教育改革全面推进素质教育的决定》和第三次全国教育工作会议的召开，将高等教育事业看作社会经济发展的重要动力，直接导致 21 世纪扩招后高等教育的井喷式发展。在强大的政府意志下，1999—2002 年，三年招生规模和在学规模双双翻番，毛入学率增长 5 个百分点，达到 15%，使我国高等教育迅速步入了大众化阶段。纵观以美国为代表的西方国家高等教育发展进程，也可以看到政府这双看得见的手所起的巨大推动作用。美国高等教育大众化的实现，就是美国政府不断干预高等教育发展的过程，通过颁布法案不断推动美国高等教育的发展。1862 年美国颁布《莫雷尔法案》，以此建立了大批的"赠地学院"，这被看作美国政府对高等教育的第一次大规模的干预。由于政府的介入，美国高等教育规模开始扩大，高等教育毛入学率从 1890 年的 3% 上升到 1930 年的 7.2%，1940 年上升到 9.1%，高等院校由 1900 年的 977 所增加到 1940 年的 1800 所。1944 年，第二次世界大战接近尾声，美国国会颁布了《军人权利法案》，为美国经济的恢复与发展培养中等教育后的专业人才和准专业人才。该法案实施后，上百万退伍军人涌入高校。到 1946 年美国的高等教育毛入学率达到 17%，实现了高等教育的大众化。1956 年，美国高等教育入学人数明显增加，规模又扩大一倍。1958 年，美国通过了《国防教育法》，掀起了一场轰轰烈烈的教育科学化运动，美国高

等教育的规模进一步扩展，大学生数从 1960 年的 358 万上升到 1970 年的 792 万。1964 年和 1972 年，美国先后颁布《民权法》和《职业教育法修正案》，美国政府的注意力由教育科学化转向教育民主化，美国高等教育再一次得到较大规模的发展。1970—1980 年，美国在校学生增加了 53%，高等教育毛入学率达 56.5%，步入了高等教育的普及化阶段。如果没有这一系列法案的颁布和政府的积极推动，美国高等教育的大众化和普及化都是难以完成的任务。❶

从国内外相关案例的研究中可以发现，国家意志下政策倾斜，加大财政投入，这将直接导致区域高等教育集聚。比如，2011 年国家发展改革委印发《成渝经济区区域规划》及 2016 年国家发展改革委、住房和城乡建设部联合印发的《成渝城市群发展规划》明确，2020 年中央财经委员会相关决议，在地方政府层面签署的《深化川渝合作推进成渝城市群一体化发展重点工作方案》《关于合作共建中新（重庆）战略性互联互通示范项目"国际陆海贸易新通道"的框架协议》两个重点工作方案（协议）和《共建合作联盟备忘录》在内的"2+16"个协议（方案）等，对推动成渝地区高等教育集聚具有重要影响。美国硅谷地区高等教育集聚，早期国家投入特别是军事投入产生了重要影响。日本筑波科学城的形成，也是日本政府基于发展战略转型对科研和自主创新能力的诉求、解决超大都市发展瓶颈的诉求、日本高等教育克服自身症结的发展诉求等考虑之上的结果。正因如此，1961 年，田中角荣认为当前日本大学过分密集在大城市中，应当实行"地方分散"的方针，宜选择"山麓河畔、阳光充足、绿树成荫、山清水秀的开阔之处"建设"大学科学城"。

同时，需要指出的是，相较于国外高等教育集聚区域，我国高等教育集聚仍存在着一些问题。比如，高等教育集聚仍处于倡议阶段，很多区域间高校合作协议仍停留在达成共识的倡议阶段，地方政府主导和高校协同机制在运行过程中并未系统形成制度化管理和运营，组织相对松散。政府在推动区域高等教育集聚发展中具有强有力的主导作用，但是政府主导模式固有的行政管理壁垒

---

❶　毕宪顺,张峰.改革开放以来中国高等教育的跨越式发展及其战略意义[J].教育研究,2014(11):68-69.

可能会限制高等教育集聚发展的集群效用及成果。当前区域教育资源尤其是优质教育分布不均也是一个既存的现实问题。

总之，高等教育集聚毫无疑问可以带来的外部性。一方面聚集可以尽快发挥高等教育聚集效应中的积极部分，例如快速汇集优质资源，短时间内形成规模效应，快速匹配市场和社会需求等，尤其是区域内高等教育形成的规模集聚效应，又在进一步影响和巩固着区域高等教育的聚集。另一方面，聚集所带来的外部性还有相对负面的影响。现代高等教育聚集的高效性，也使聚集的负面效应在短时间内集中"爆发"，负面效应所导致的问题，却不像高等教育聚集那样快速，通常需要很长的时间才逐渐展现。而且高等教育聚集的驱动力、影响因素和作用机制是较为复杂的，在相对短时间内由一种或几种相对较强作用力主导的聚集，实际上掩盖、回避或者忽视了其他驱动力和影响因素的作用，在主驱动力式微时，如果其他驱动力得不到提升，与外部互动不够充分，相互联系和支持不够牢固，这种短时间内形成的高等教育聚集在后期缺乏发展动力，而且往往不能达成预期效果。正是由于高等教育集聚外部性存在正负两个维度，因此为高等教育集聚后的扩散提出了现实的要求。

第八节　本章小结

通过本章国内外案例分析可以发现，高等教育集聚的动力机制是多要素综合作用的结果。大学的产生是各种因素综合作用的结果，在推动大学产生的各种因素中，某一个或几个优势资源禀赋高度发达，从而使该区域高等教育集聚具有天然优势。区域经济发展水平与高等教育集聚之间互为因果，相互影响和促进。国家意志将直接导致区域高等教育集聚。综合来看，有学术发展导致的高等教育集聚。在以德国洪堡大学为代表的现代大学发展模式诞生之前，西方高等教育机构基于学术传统和学术研究的发展和驱动，就已经出现了聚集的倾向和表现。例如，一门学科或一类研究领域的发展，催生了相关研究的产生，随着这些新出现的研究领域逐步发展壮大，新的学科得以逐步明确和建立，从而推动了以这些新兴学科为基础的新的高等教育或研究机构的出现。这些新建立起来的教育或研究机构，通常在原有的教育和研究机构附近。空间上的临近有利于新兴的学科和机构与原有的学科和机构进行频繁且深入的互动，从而有利于再次催生新的研究领域，形成新的机构，从而形成一种高等教育聚集的循环。有外部发展需求导致的高等教育集聚。但是需要指出的是大学处于不同的发展阶段，集聚程度受外部需求的影响是不同的。在早期高等教育发展阶段，外部需求对聚集的影响也是存在的，但并不突出，这与当时高等教育机构肩负的职能、人们对高等教育的认知及高等教育与外部互动情况等因素有关。这种作用机制，也决定了早期的高等教育聚集在时间维度上是持续较长的，过程相对缓慢，高等教育机构之间，高等教育机构与外部机构、所在地区的互动是长期且持续的。随着现代大学发展模式的确立，尤其是以美国为代表的高等教育发展模式的兴起，高等教育的发展和高等教育的聚集，受外部因素影响的程度越来越深，市场、政府和社会需求等甚至成为决定性因素。高等教育聚集在时间维度上大大缩减，在市场主导下，一个区域内可能在几十年内就聚集了众多高等教育机构；政府强大的资源调配能力则更为突出，一座大学城或者科技城在十几年甚至几年之内就建立起来的例子也并不少见。同时，本书认为需要客观辩证地看待高等教育集聚问题，虽然集聚可以带来巨大的溢出效应，与此同时，聚集所带来的外部性还有相对负面的一部分。正是由于高等教育集聚外部性存在正负两个维度，因此，为高等教育集聚后的扩散提出了现实的要求。

第六章 我国高等教育集聚的实证分析

研究思路

　　本章主要对我国高等教育集聚的影响因素进行研究，主要研究方法在于运用数理统计软件进行实证研究。本章具体开展研究思路：首先，根据现有研究，确定影响高等教育集聚的因素；其次，确定解释变量，并提出研究假设；最后，分别对高等教育以及各层次高等教育集聚的影响因素进行实证研究，并对计量结果展开分析，探索影响高等教育集聚的影响因素及形成机理。

第一节 影响经济集聚因素的实证研究

　　现阶段，国内外学者对高等教育集聚影响因素进行专门研究的成果尚不是很多，"集聚"这一专业术语源于对经济组织的研究，故本章先对经济集聚影响因素实证分析的既有研究进行回顾，在此基础上结合现有针对高等教育集聚的研究，并根据高等教育自身发展特点规律，系统梳理国内外高等教育集聚逻辑基础上，选择科学的影响因素，构建计量模型。

基于新经济地理学理论、区位理论、规模效应等各种理论，既有相当多的研究以实证分析的手段探寻影响经济集聚的因素，试图对经济集聚的形成过程与形成机制背后的机理进行揭示。通过对现有研究的梳理发现，资源禀赋、市场状况（需求及潜力）、规模经济（企业内外部）、政府经济政策等是主要的影响因素。

基于资源禀赋的研究认为，具有先天良好资源条件可以形成比较优势，以此推动经济和产业集聚。基姆（Kim）通过对美国 1860—1987 年的产业集聚趋势的梳理发现，自然资源投入与产业具有正相关性，美国各个州既有的产业规模其实是由各自所具有的资源禀赋条件所先天决定的。❶❷ 资源禀赋并非仅仅是自然资源，同时还包括人力资源，哈兰德（Haaland）等的研究便揭示，产业集聚度其实是与人力资源的密集程度紧密相关的。❸❹ 对于这一研究结果，有学者也持不同的意见。埃里森等（Ellison）❺ 通过对美国制造业集聚的影响因素的研究认为，人力资本的影响其实并不是很显著，真正发挥显著影响的是经济资源的投入。在资源禀赋中，区位优势也是一个显著的资源优势。戴维斯等（Davies）认为，以地理位置为代表的区位优势是经济集聚和城市规模的影响因素。❻ 俄林（Ohlin）的研究更是指出，产业集聚的原因直接受区域间自然

❶ KIM S. Expansion of market and the geography distribution of economic activities: the trends in U. S. regional manufacturing structure, 1986-1987 [J]. Quarterly Journal of Economics, 1995(110):881-908.

❷ KIM S. Regions, resources and economic geography: source of US regional comparative advantage, 1880-1987[J]. Regional Science and Urban Economics, 1999(29):1-32.

❸ HAALAND J, KIND H, MIDELFART-KNARVIK K, et al. What determines the economic geography of Europe[N]. CEPR Discussion Paper, 1999-2.

❹ HAALAND J, KIND H, MIDELFART-KNARVIK K, et al. What determines the economic geography of Europe[N]. CEPR Discussion Paper, 1999-2.

❺ ELLISON G, GLAESER E L. The geographic concentration of industry: does natural advantage explain agglomeration? [J]. American Economic Review, 1999(89):311-316.

❻ DAVIES D R, WEINSTEIN D E. Economic geograp and regional production structure: an empirical investigation[J]. European Economic Review, 1999(43):379-407.

地理环境、位置及资源禀赋的影响，因为优越的条件形成了区位的比较优势。[1] 金煌等基于中国的研究结果也持相同观点，我国工业集聚地往往是自然条件丰富的区域。[2] 贺灿飞等基于面板数据，通过对中国制造业空间集聚的实证研究认为，比较优势、规模经济和经济全球化是主要的影响因素。[3] 不同的产业布局对资源的依赖程度不同，原材料取材于农产品的产业集聚趋势不明显，而取材于金属矿物质的产业则相对更集中。[4] 除此之外，运输成本及资源禀赋也是相对重要的影响变量。[5] 但是同时资源禀赋也不能很好地解释所有的经济集聚现象，比如，某一地区工业集聚的形成并不是纯粹自然资源禀赋带来的比较优势所致，如自然资源禀赋相近的两个区域，工业集聚却有截然不同的表现。[6]

基于市场需求的研究认为，市场的需求及潜力是影响经济集聚的重要诱因。哈里斯（Harris）的研究证明，在美国，市场潜力大的区域恰恰是制造业集聚的首选之地，产业集聚程度较高、工业化发展好的地区。[7] 欧洲的情况也是类似的，产业大多集聚在市场潜力大和市场规模大的区域。[8] 对日本及我国

❶ OHLIN B. Interregional and International Trade [M]. Combridge：Harvard University Press，1957.

❷ 金煌,陈钊,陆铭.中国的地区工业集聚:经济地理、新经济地理与经济政策[J].经济研究,2006(4):79-89.

❸ 贺灿飞,谢秀珍,潘峰华.中国制造业省区分布及其影响因素[J].地理研究,2008,27(3):623-635.

❹ 贺灿飞,潘锋华,孙蕾.中国制造业的地理集聚与形成机制[J].地理学报,2007(12):1253-1264.

❺ 路江涌,陶志刚.我国制造业区域集聚程度决定因素的研究[J].经济学(季刊),2007(3):801-816.

❻ 金煌,陈钊,陆铭.中国的地区工业集聚:经济地理、新经济地理与经济政策[J].经济研究,2006(4):79-89.

❼ HARRIS C D. The Market as a Factor in the Localization of Industry in the United States [J]. Annals of the association of American geographers, 1954, 44(4): 315-348.

❽ BRULHART M. Economic geography, industry location and trade：the evidence[J]. World Economy,1998(13):775-801.

的研究结果也证实，市场规模是产业集聚的主要影响要素。❶❷❸❹

基于规模效益的研究认为，企业规模集聚带来的报酬递增促进和加快经济集聚。同样是基姆（Kim）对美国的研究，企业平均规模显著影响着产业集聚。❺福尔摩斯等（Holmes）的研究同可以互为印证，他们的研究结论指出美国集聚程度高的产业，企业规模较大。❻除美国外，企业规模对经济和产业集聚的作用规律，在西班牙、瑞典、中国的产业集聚过程中，同样适用，而且随着时间的推移对集聚的影响可能逐渐增加。❼❽❾

基于外部经济视角的研究认为，劳动力共享、技术和知识外溢影响着经济的集聚。埃里森等（Ellison）构建的计量模型揭示了外部经济在节省交通运输成本、共享劳动力及知识外溢确实影响着经济集聚，但是三个要素发挥作用的大小存在差异，相较而言，共享劳动力在经济集聚过程中发挥的影响更大，产

❶ DAVIES D R,WEINSTEIN D E. Economic geograp and regional production structure:an empirical investigation[J]. European Economic Review,1999(43):379-407.

❷ 金煌,陈钊,陆铭. 中国的地区工业集聚:经济地理、新经济地理与经济政策[J]. 经济研究,2006(4):79-89.

❸ 贺灿飞,朱彦刚,朱晨君. 产业特性、区域特征与中国制造业地理集聚[J]. 地理学报,2010(10):1218-1228.

❹ 刘军,段会娟. 我国产业集聚新趋势及影响因素研究[J]. 经济问题探索,2015(1):36-43.

❺ KIM S. Expansion of market and the geography distribution of economic activities:the trends in U. S. regional manufacturing structure,1986-1987[J]. Quarterly Journal of Economics,1995(110):881-908.

❻ HOLMES T J,STEVENS J J. Geographic concentration and establishment scale[J]. Review of Economics and Statistics,2002(84):682-690.

❼ PALUZIE E,PONS J,TIRADO D. Regional integration and specialization patterns in Spain[J]. Regional Studies,2001(35):285-296.

❽ BRAUNERHJELM P,JOHANSSON D. The determinants of spatial concentration:the manufacturing and sectors in an international perspective[J]. Industry and Innovation,2003(10):41-63.

❾ BAI C, DU Y, TAO Z. Local protectionism and regional specialization:evidence from China's industries[J]. Journal of International Economics,2004(63):397-417.

业集聚可以获得更大的利益。❶ 汉森（Hanson）对共享劳动力的素质做了进一步挖掘，最终发现产业倾向于向接受高等教育较多的地区集聚，人力资本在经济集聚过程中发挥着外部经济作用。❷ 金祥荣等对国内浙江专业化产业区集聚过程的研究发现，具有一定技能的工匠和具有特质的劳动力是区域专业化形成的前提之一。❸ 技术和知识外溢的外部性影响方面，扎菲（Jaffe）通过分析专利引用数据，认为注重研发的高新技术产业更倾向于集聚在知识溢出效应明显的地区，知识溢出效应直接影响着经济活动的空间集聚。奥德斯等（Audretsch）进一步地研究发现，共享劳动力和知识溢出效应在不同行政级别的地区对集聚的影响程度各异，研究认为在不同的行政区域级别范围内，劳动力共享的影响作用均较明显，而知识溢出效应对产业集聚的影响仅在较低的行政级别范围显著。❹ 关于知识溢出效应对产业集聚的影响，目前也有学者持不同观点。布鲁哈特（Brulhart）和德弗罗（Devereux）等发现，欧洲存在相反的现象，即技术水平较高的企业，却没有出现集聚发展的态势，因此知识溢出效应在产业集聚过程中的影响仍待进一步验证。❺❻ 瑞典的情况也和欧洲类似。❼ 中国有研究也发现，省级区域内产业的空间集聚方面知识溢出效应影响其实也不显著。在劳动力的集聚影响因素研究方面，王业强等的研究认为劳动力数量与

❶　ELLISON G,GLAESER E L. Geographic concentration in U. S manufacturing industries：a dartboard approach[J]. Journal of Political Economy,1997(105)：889-927.

❷　HANSON G H. Scale economies and the geographical concentration of industry[J]. Journal of Economic Geography,2001(1)：255-276.

❸　金祥荣,朱希伟.专业化产业区的起源与演化——一个历史与理论视角的考察田.经济研究[J].经济研究,2002(8)：74-82.

❹　AUDRETSCH D,FELDMAN M. R&D spillovers and the geography of innovation and production[J]. American Economic Review,1996(86)：630-640.

❺　BRULHART M. Evolving geography concentration of European manufacturing industries [J]. Weltwirtschaftliches Archiv,2001(137)：215-243.

❻　DEVEREUX M P,GRIFFITH R,SIMPSON H. The geographic distribution of production activity in the UK[J]. Regional Science and Urban Economic Review,2004(43)：369-373.

❼　BRAUNERHJELM P,JOHANSSON D. The determinants of spatial concentration：the manufacturing and sectors in an international perspective[J]. Industry and Innovation,2003(10)：41-63.

产业集聚具有负相关性，传统劳动力密集的优势恰恰是中国制造业集聚程度下降的原因。❶

政府地方保护主义、对外开放等各项经济政策对经济集聚的影响，更多地来源于中国经济的实践。贝一等（Bai）的研究认为，地方保护主义的经济政策与产业集聚呈负相关性，而且也阻碍中国制造业集聚发展。❷❸但是地方保护主义对不同的区域范围其影响程度不同，相较于县级层面，在省级层面的影响更为显著。❹除了地方保护主义政策对经济集聚产生影响，对外开放推动工业集聚发展❺，较高程度的经济开放状态更能为产业集聚创造有利条件，❻中国制造业地理分布的区域集聚便是例证之一卡廷等（Catin）❼对1988—1997年的研究表明，对外开放显著地影响中国产业地理分布。与此同时，出口导向型产业和外资所占比重较高的产业表现出更为明显的集聚分布趋势。❽经济政策对产业集聚的影响方式存在直接和间接的不同方式，既可以直接作用于产业集聚，也可以通过经济地理因素的媒介发挥间接影响的作用，比如珠三角经济集聚直接得益于各项经济政策，而同时珠三角和香港天

---

❶ 王业强,魏后凯.产业特征、空间竞争与制造地理集中:来自中国的经验证据[J].管理世界,2007(4):68-77.

❷ BAI C, DU Y, TAO Z. Local protectionism and regional specialization: evidence from China's industries[J]. Journal of International Economics,2004(63):397-417.

❸ 路江涌,陶志刚.我国制造业区域集聚程度决定因素的研究[J].经济学(季刊),2007(3):801-816.

❹ 贺灿飞,潘锋华,孙蕾.中国制造业的地理集聚与形成机制[J].地理学报,2007(12):1253-1264.

❺ 金煌,陈钊,陆铭.中国的地区工业集聚:经济地理、新经济地理与经济政策[J].经济研究,2006(4):79-89.

❻ 杨宝良.我国渐进式改革中的产业地理集聚与国际贸易[M].上海:复旦大学出版社,2005.

❼ CATIN M, LUO X, VAN C. Openness, industrialization and geographic concentration of activities in China. World Bank Policy Research Working Paper 3706,2005.

❽ 贺灿飞,潘锋华,孙蕾.中国制造业的地理集聚与形成机制[J].地理学报,2007(12):1253-1264.

然的地缘优势是实行各种经济政策的驱动所在。❶

通过对现有文献的总结发现，经济集聚的因素大致可归纳为以下三类：一是区位等资源禀赋影响经济集聚；二是外部经济和规模效应等影响经济集聚；三是各种经济政策直接影响经济集聚。比如有的研究市场需求、运输费用、知识外溢和制度环境对中国生产性服务业集聚进行分析。❷

第二节　影响高等教育集聚的因素分析

一、理论维度的研究

现阶段关于高等教育相关影响因素的研究，学者取得了一定的共识。潘懋元和王伟廉在《高等教育学》一书中认为，重要的有生产力与科技发展水平、社会制度、传统文化与外来文化，还有人口数量与密度、民族和宗教等因素及地理、资源、生态环境等并非纯属社会的因素。无论是自然科学还是人文社会科学的高等教育发展规模与速度，专业设置等直接受生产力与科学技术制约；制定教育发展目标、形成教育发展模式等都需人的作用。人在成长的过程中，其文化传统包括价值观、道德观、思维方式及心理倾向等会发生潜移默化影响。❸ 韩延明主编的《高等教育学新论》认为，高等教育发展受社会发展制约，主要表现在受社会经济发展水平制约，受社会政治制度制约，受科技发展水平制约，受文化制约，除此之外还受到诸如人口、民族、宗教、地理、资

---

❶　金煌,陈钊,陆铭.中国的地区工业集聚:经济地理、新经济地理与经济政策[J].经济研究,2006(4):79-89.

❷　盛龙,陆根尧.中国生产性服务业集聚及其影响因素研究——基于行业和地区层面的分析[J].南开经济研究,2013(5):115-129.

❸　潘懋元,王伟廉.高等教育学[M].福州:福建教育出版社,2013:31-44.

源、生态环境等因素的制约。❶ 胡弼成主编的《高等教育学》中提及，制约高等教育的因素很多，重要的有生产力与科技发展水平、社会制度、传统文化与外来文化，还有人口数量与密度、民族和宗教等因素。❷ 杨德广和谢安邦在《高等教育学》认为，政治、经济及文化可以对高等教育产生影响，经济发展水平影响高等教育发展的规模和速度，经济结构中的技术结构变化可以影响高等教育层次结构；政治决定了高等教育的领导和控制权，其典型表现是通过经济力量，即利用财政拨款的方式影响和控制高等教育，左右高等教育发展方向；文化可以更直接影响高等教育的特色形成和发展，但是根本上仍然受制于经济发展水平。❸ 胡建华、陈列、周川和龚放合著的《高等教育学新论》中专门论述了政治、经济、科技及文化对高等教育的影响，❹ 田建国在《高等教育学》一书中认为，高等教育发展受政治、经济发展、科技及文化的制约。❺

二、案例研究的经验

通过上一章对国内外案例分析可以发现，影响高等教育集聚的动力机制是多要素综合作用的结果，如下三个因素发挥着突出的作用：一是突出的资源禀赋优势，便捷的区位优势、丰富的人口资源，抑或是本身便有着悠久发展的高等教育发展历史等；二是经济因素的作用，经济发展的现实需求，产业结构的现状等影响着高等教育的集聚；三是强大的政府意志，政府基于发展战略，在高等教育发展政策的倾斜、财政拨款等，对区域高等教育集聚发挥着直接且强大的影响。

❶ 韩延明.高等教育学新论[M].济南:山东人民出版社,2012:67-76.
❷ 胡弼成.高等教育学[M].长沙:湖南人民出版社,2010:62-65.
❸ 杨德广,谢安邦.高等教育学[M].北京:高等教育出版社,2009:63-70.
❹ 胡建华,周川,陈列,等.高等教育学新论[M].南京:江苏教育出版社,1995:81-174.
❺ 田建国.高等教育学[M].济南:山东教育出版社,1990:64-80.

三、高等教育集聚影响因素的假设

综合现阶段关于高等教育影响因素的研究，以及国内外高等教育集聚的案例剖析，本书具体研究如下因素对高等教育集聚的影响。

(一) 资源禀赋影响区域高等教育集聚

不同区域之间自然资源、地理区位条件、交通状况、生态环境等资源禀赋形成的不同比较优势，可以显著地影响高等教育集聚。某些偶然的条件导致高等教育在某个地方集聚并形成一定优势，这种优势地位一旦形成，就会通过高等教育集聚效应进一步提升区域内高等教育集聚。

(二) 外部经济和规模效应等影响高等教育集聚

区域内拥有高校、在校生规模、潜在受教育者（生源）、企业等规模数量将会对高等教育集聚产生直接影响。一方面，既有高校、在校生规模可以形成规模集聚，通过高质量劳动力共享、技术和知识溢出效应所带来的报酬递增促，加快高等教育和企业的集聚；另一方面，就业市场需求大的区域，可以直接给学生提供各种产学研合作的机会，同时极大地降低学生择业的各种成本。企业集聚也导致了就业市场的进一步拓展，就业市场的拓展反之又会进一步提高高等教育的集聚程度及水平。

(三) 政府政策直接影响高等教育集聚

在集权的管理体制下，高等教育的发展必然会受到政府政策的影响，在中国社会转型发展的特殊阶段，经济政策、教育政策、文化政策、社会政策等任何一项政策和制度都有可能会对高等教育的发展产生着影响。在本书中我们仅聚焦教育领域的政策，因为它可以直接影响着高等教育的发展方式和方向。在政策导向的影响下，尤其是教育保护政策导致高等教育的发展，可能并不仅仅遵循着成本收益最大的逻辑。

第三节　指标的选取和数据说明

一、被解释变量

jj：高等教育集聚程度。学者在衡量工业集聚程度的研究中，将各省的经济生产总值占全国国内生产总值的比重作为集聚程度高低的衡量变量，比值越高说明该省经济集聚程度越高。文玫的研究以区域内高等教育在校生总量占全国的比重作为衡量高等教育集聚程度高低的标准，占比越高，则说明该省高等教育集聚水平越高。❶ 在具体的分析过程中从两个维度展开：一是对各省整体高等教育集聚影响因素进行研究，用 jjtotal 表示；二是对各省各层次高等教育集聚的影响因素进行研究，即分别研究影响专科（jjtotal）、本科（jjbaca）、硕士（jjassa）和博士（jjdoca）集聚的影响因素。为了更容易解释，在实证过程中对 jjtotal、jjtotal、jjbaca、jjmasa、jjdoca 均取对数使用。

二、解释变量

（1）jt：交通运输条件。以各省铁路里程占本省面积的比重进行衡量，因此 jt 是一个占比数，比重越大说明该省的交通越发达和便利，良好的交通条件将大大提升高等教育的集聚水平，因此预期与高等教育集聚之间呈正相关关系。

---

❶ 高校集聚与地方经济增长:来自中国大学城建设的证据[D].南昌：江西财经大学，2024.

（2）univ：央属高校数量。相较普通的地方省属院校，央属高校的学术声誉较高，教学质量及毕业生的就业渠道均较好，处于高等院校中的第一梯队，代表着当前我国高等教育的质量和水平，因此省内央属高校较多的地区，对生源尤其是优质生源有着强大的吸引力。同时，随着内涵式发展已成为驱动我国高等教育发展的内在动力，在区域一体化发展的大背景下，以央属院校为核心形成高等教育的集聚区，对提升整体高等教育水平更具有优势。因此，在理论上，央属高校的数量多的地区更利于带动区域内高等教育集聚。

（3）stud：生源数量。潜在受教育者数量大的地区，也即高中学生生源充足的地区，可以为本省高校提供充足的生源基础，在经济成本利益核算的基础上，最有可能直接在本省范围内择校，尤其是本省内有着较优质高等教育资源的前提下，就近择校的可能性显著提升。在实证过程中，对 stud 取对数使用。

（4）pop：人口规模。人口规模较大的省份，生源数量的供给更充足，也更容易形成人力资本优势，从而直接影响着高等教育集聚。但是人口因素在不同层次高等教育集聚的影响方面可能作用不同，比如，研究生教育尤其是博士的集聚区域形成，可能并不仅仅是由于人口数量较多所导致的。在实证过程中，对 pop 取对数使用。

（5）scgm：市场规模。以各省地区生产总值占全国生产总值的比重作为衡量市场规模大小的指标，因此 scgm 是一个占比数，比重越大说明该省市场规模相对较大，较大的市场规模可以为高校毕业生提供充足的就业择业及创业空间，在经济作用的规律下，预计高等教育集聚与市场规模的大小显著相关。

（6）company：企业数量。与市场规模的逻辑相似，以各省小微企业法人单位数量占全国总量的比值作为横向指标，比值越大说明该省在全国范围内的企业发展相对越好，同样在高校产学研合作战略、学生就业创业选择方面具有比较优势。与高等教育集聚有着正相关性。在实证过程中，对 company 取对数使用。

（7）eco：经济发展水平。生产力决定生产关系，经济基础决定着上层建筑，这是马克思主义的一条永恒定律。一方面，经济社会发展的阶段及水平，整体上便决定着高等教育的发展，不但制约着高等教育发展的规模和速度，而且还制约着教育结构、专业设置、人才培养的规格及教育的内容和手段。同时，强大的经济发展水平可以直接增加高等教育的投入水平，教学软硬件条件的换代升级，教学环境的改善，无疑是要依靠强大的财政支撑，投资教育是一项耗费巨大的长期工程。另一方面，经济发展水平较高的地区，同样就业机会和岗位较多，可以吸纳更多的劳动力。因此，高等教育集聚程度是与区域经济发展水平密切相关的。本书选取三个代表经济发展水平的指标，分别是人均生产总值（pergdp）、第二产业产值（s）、第三产业产值（t），在实证过程中均取对数使用。

（8）rd：研发经费投入水平。西方古典高等教育学者的研究指出，大学的发展是源于"闲逸的好奇"，高深知识是大学产生和发展的原动力，因此，大学的初始职能在于教学和人才培养。随着社会发展，科学研究和社会服务逐渐被纳入大学职能。大学无论是要进行创新性的原始科学研究，还是将研究成果进行转化，研发经费的投入都是其前提，因为它是直接关系着一流的科研产出，"基础研究和应用研究主要是扩大科学技术知识。试验发展并不增加科学技术知识，而是利用或综合已有知识创造新的应用"。❶ 以各省高校研发经费支出占全国比值作为衡量指标，研发经费投入水平较高的地区，产生原始创新性科研成果的概率也大大提升，科研成果的转化又直接吸引着高新技术产业在空间上的集聚，二者彼此作用影响着高水平大学集聚。在实证过程中，对 rd 取对数使用。

（9）finap：政府高等教育政策。我国实行中央集权的高等教育管理体制，政府的行政意志，无论是对高等教育整体的发展，还是对某一层次高等教育的发展，以及对某些特定专业的发展建设都具有最直接、最重大的影响。参考这一思路，本书以各省普通高校的教育经费支出占全国的比重作为衡量促进教育发展的政策指标，因此 finap 是一个百分比数，比值越大说明该省通过政策促进高等教育发展集聚的力度越大。预期二者之间呈正向相关关系。

（10）religion：所在区域。由于我国沿海和内陆地区发展程度存在差异，因此根据《中国海洋统计年鉴》中沿海地区的定义，将有海岸线（大陆岸线和岛屿岸线）的地区划分为沿海省份，除港澳台外，有 10 个沿海省市，分别

---

❶ 严成樑，龚六堂.R & D 规模,R & D 结构与经济增长[J].南开经济研究,2013(2):4.

是天津市、河北省、辽宁省、山东省、江苏省、上海市、浙江省、福建省、广东省、广西壮族自治区，其他省份定义为内陆地区，因此 religion 是一个二分虚拟变量。预期沿海地区更有利于促进高等教育发展集聚。

解释变量及其指标说明见表 6-1。

表 6-1　解释变量及其指标说明

解释变量	英文缩写	度量指标	预期影响
交通运输条件	jt	各省铁路里程占本省面积的比重	+
央属高校数量	univ	各省央属高校总量	+
生源数量	stud	各省高中生总量	+
人口规模	pop	各省人口总量	+
市场规模	scgm	各省地区生产总值占全国生产总值的比重	+
企业数量	company	各省小微企业法人单位数量占全国总量的比值	+
经济发展水平	eco	人均生产总值（pergdp）、第二产业产值（s）、第三产业产值（t）	+
研发经费投入水平	rd	各省高校研发经费支出占全国比值作为衡量指标	+
政府高等教育政策	finap	各省国家财政性教育经费投入水平占全国的比重	+
所在区域	religion	沿海和内地二分类虚拟变量，沿海为 1	+

第四节　计量结果分析

表 6-2 是被解释变量的描述性统计结果，其中 $n=31$，而 $T=16$，由于 n 大而 T 小，故而是一个短面板数据。整体高等教育集聚程度（jjtotal）均值是 3.226，整体标准差是 1.966，组间标准差 1.975，组内标准差 0.287，说明不同省份之间的高等教育集聚程度差异较大，而同一省份内部不同年份之间的差异程度较小。同理，表 6-2 也显示了专科生、本科生、硕士生、博士生的高等教育集聚程度的均值、标准差等描述性统计结果。

表6-2 描述性统计

变量		Mean	Std. Dev.	Min	Max	Observations
高等教育集聚度	overall	3.226	1.966	0.089	7.841	N=496
	between		1.975	0.126	7.227	n=31
	within		0.287	2.040	4.417	T=16
专科集聚度	overall	3.226	2.285	0.087	9.110	N=496
	between		2.286	0.107	8.408	n=31
	within		0.392	2.074	4.684	T=16
本科集聚度	overall	3.226	1.889	0.098	8.041	N=496
	between		1.888	0.148	7.193	n=31
	within		0.336	1.665	4.946	T=16
硕士集聚度	overall	3.226	2.764	0.000	15.029	N=496
	between		2.792	0.060	12.940	n=31
	within		0.285	2.107	5.315	T=16
博士集聚度	overall	3.226	4.487	0.000	27.258	N=496
	between		4.520	0.008	22.845	n=31
	within		0.560	0.341	7.639	T=16

一、整体高等教育集聚的影响因素

就整体高等教育集聚的影响因素而言，高等教育集聚与各因素之间在0.05的显著性水平相关，即高等教育集聚程度高低受交通运输条件、央属高校数量、生源数量、人口规模、市场规模、企业数量、经济发展水平、研发经费投入水平、政府高等教育政策、所在区域等因素的影响。具体而言，央属高校数量集中的地区，高等教育集聚程度越高；人口总量和高中生总量越大的地区，高等教育集聚程度越高；经济发展水平越高的地区，高等教育集聚程度越高；小微企业法人单位数量越多的地区，高等教育集聚程度越高；人均生产总值、第二产业产值、第三产业产值越高的地区，高等教育集聚程度越高；高校研发经费支出越大的地区，高等教育集聚程度越高；国家财政性教育经费投入水平越高的地区，高等教育集聚程度越高，相较于内陆地区沿海地区高等教育集聚程度越高。需要特别说明的是，高等教育集聚水平与交通运输条件呈现负相关关系，其可能的解释是在后工业化时代，我国交通基础设施有了极大的改善和提升，已经从交通大国向交通强国迈进。交通运输部数据显示，"截至2016年年底，我国'五纵五横'综合运输大通道基本贯通，综合交通网络初步形成。铁路营业里程达到12.4万千米，高速铁路里程突破2.2万千米，占世界高铁总里程的65%左右。公路总里程达到469.6万千米，全国99.99%的乡镇和99.94%的建制村通了公路，高速公路里程突破13万千米，跃居世界首位……科技创新达到世界先进水平。高速铁路、高速公路、特大桥隧、深水筑港、大型机场工程等建造技术达到世界先进水平，沪昆高铁、港珠澳大桥、洋山深水港、北京新机场等一批交通超级工程震撼世界。"❶ 就整体而言，我国高等教育在从大众化向普及化迈进过程中，随着后工业社会我国交通运输面貌发生了历史性变化，用几十年走完了西方发达国家几百年走过的发展历程，推动了运输服务提质升级，交通不便不再是限制个人选择去哪儿接受高等教育的限制性因素。换言之，高等教育集聚在后工业社会更多地受学术声誉、经济发展水平、研发经费投入水平等制约，交通条件对高等教育集聚的影响作用较小。

二、专科高等教育集聚的影响因素

在专科高等教育集聚的影响因素方面，除与央属高校数量不具有相关性之外，与其他各因素之间在0.05的显著性水平相关，即专科高等教育集聚程度高低受交通运输条件、生源数量、人口规模、市场规模、企业数量、经济发展水平、研发经费投入水平、政府高等教育政策、所在区域等因素的影响。同样需要指出的是，专科高等教育集聚水平与交通运输条件呈现负相关关系。专科高等教育集聚与央属高校数量不具有相关性，可以从如下两个方面解释：其

---

❶　交通运输部党组.奋力从交通大国向交通强国迈进[J].中国公路,2017(21):20-21.转引自中共交通运输部党组.奋力从交通大国向交通强国迈进[J].求是,2021(20).

一，与央属高校的属性相关。研究生教育属于高等教育序列中的最高一级，研究生教育的发展水平直接反映着我国高等教育发展的整体实力，一定程度上代表着我国经济及科技发展的阶段与水平。由于研究生教育在人才培养的目标及规格方面，主要集中在具有从事科学研究、教学工作或独立担负专门技术工作的能力，以及具有独立从事科学研究工作的能力，在科学或专门技术上做出创造性成果的高级专门人才。换言之，央属高校的办学目标和对象与专科教育的办学目标及对象具有本质的不同。其二，大众化阶段专科教育的发展动力机制相关。一方面，在中央政府层面，教育发展公平是中央政府一直秉行的施政理念，所有符合条件的公民均平等地享有受高等教育的权利。在教育公平方面，政府已经逐渐由教育机会公平逐渐转向结果公平，使所有的受教育者不但享有同等的受教育机会，而且同等地享有教育资源等结果方面的公平，区域本科和高职高专教育集聚作为政府实现高等教育机会公平理念的主要抓手，会借助出台高等教育政策、法律法规等手段，在全国各个地区通盘布局本科及高职高专教育。另一方面，在省级地方政府层面，随着我国经济管理体制改革进程的推进，以及中央政府和省级政府两级管理，以省级政府管理为主格局的形成，高等教育领域地方分权的特征也越来越明显，即相对于中央所属高校，地方高校在高等教育系统中占据着绝对的优势地位，地方政府对高等教育的主体责任及管理权限日益扩大；而且地方高校已经成为我国高等教育大众化进程的主要推动力量，各级地方政府之间存在受某些社会竞争指标驱动的心理，导致有些地方政府出现"不再将促进经济建设作为高等教育规模扩张的主要依据，追求和竞争高等教育毛入学率就起到类似于利用生产总值衡量经济发展水平的行为激励作用"等行为，因此，无论经济发展水平发达的区域还是欠发达的区域，都在不遗余力地集聚发展本科及高职高专教育，政府对本科及高职高专教育集聚发挥着重要作用。

三、本科高等教育集聚的影响因素

在本科高等教育集聚的影响因素方面，与其他各因素之间均与 0.05 的显著性水平相关，即专科高等教育集聚程度高低受交通运输条件、央属高校数量、生源数量、人口规模、市场规模、企业数量、经济发展水平、研发经费投入水平、政府高等教育政策、所在区域等因素的影响。同样需要指出的是，本科高等教育集聚水平与交通运输条件呈负相关关系。

四、硕士研究生教育集聚的影响因素

在硕士研究生集聚的影响因素方面，与其他各因素之间亦均与 0.05 的显著性水平相关，即博士研究生集聚程度高低受交通运输条件、央属高校数量、生源数量、人口规模、市场规模、企业数量、经济发展水平、研发经费投入水平、政府高等教育政策、所在区域等因素的影响。硕士研究生教育集聚水平与交通运输条件也呈现负相关关系。

五、博士研究生教育集聚的影响因素

在博士研究生集聚的影响因素方面，除与各省高中生总量不具有相关性之外，与其他各因素之间也均在 0.05 的显著性水平相关，即硕士研究生集聚程度高低受交通运输条件、央属高校数量、人口规模、市场规模、企业数量、经济发展水平、研发经费投入水平、政府高等教育政策、所在区域等因素的影响。博士研究生集聚水平与交通运输条件也呈现负相关关系。博士研究生集聚与各省高中生总量不具相关性亦很好理解，因为博士教育处于国民教育序列的最顶端，肩负着培养高层次人才的重任，按照接受国民教育的顺序和模式，除个别情况下特别优秀的本科生可以直接攻读博士学位之外。一般而言，硕士研究生的数量是影响博士研究生教育集聚的主要因素之一，高中生数量充足与否与博士研究生教育集聚之间没有相关性。在现实生活中，传统的人口大省博士研究生数量不足，而北京、上海等地人口体量相对各省而言数量不大，但博士研究生教育却高度集聚。

表 6-3 至表 6-8 显示了高等教育集聚与各影响因素之间的相关性。

表6-3 高等教育集聚度与各因素之间相关性结果

Variables	(1)	(2)	(3)	(4)	(5)	(6)	(7)	(8)	(9)	(10)	(11)	(12)	(13)	(14)	(15)	(16)	(17)
(1) jjtotal	1.000																
(2) jjassa	0.949*	1.000															
(3) jjbaca	0.985*	0.889*	1.000														
(4) jjmasa	0.584*	0.330*	0.646*	1.000													
(5) jjdoca	0.369*	0.109	0.429*	0.946*	1.000												
(6) jt	-0.356*	-0.291*	-0.364*	-0.353*	-0.291*	1.000											
(7) univ	0.288	0.047	0.339*	0.888*	0.966*	-0.255*	1.000										
(8) lnstud	0.795*	0.832*	0.765*	0.208*	-0.014	-0.229*	-0.067	1.000									
(9) lnpop	0.833*	0.833*	0.812*	0.335*	0.120*	-0.287*	0.054	0.959*	1.000								
(10) scgmgdp	0.859*	0.823*	0.838*	0.488*	0.316*	-0.383*	0.227*	0.629*	0.702*	1.000							
(11) lncompany	0.729*	0.643*	0.736*	0.553*	0.403*	-0.590*	0.330*	0.674*	0.757*	0.717*	1.000						
(12) lnpergdp	0.190*	0.088	0.215*	0.389*	0.386*	-0.604*	0.352*	-0.012	0.062	0.314*	0.643*	1.000					
(13) lns	0.751*	0.705*	0.748*	0.430*	0.246*	-0.560*	0.168	0.748*	0.801*	0.726*	0.943*	0.624*	1.000				
(14) lnt	0.684*	0.599*	0.690*	0.535*	0.401*	-0.627*	0.336*	0.611*	0.706*	0.684*	0.962*	0.740*	0.951*	1.000			
(15) lnrd	0.724*	0.599*	0.745*	0.664*	0.525*	-0.596*	0.452*	0.597*	0.692*	0.683*	0.958*	0.697*	0.928*	0.956*	1.000		
(16) finap	0.729*	0.548*	0.753*	0.876*	0.817*	-0.399*	0.755*	0.381*	0.512*	0.743*	0.679*	0.398*	0.578*	0.655*	0.736*	1.000	
(17) religion	0.383*	0.361*	0.377*	0.232*	0.120*	-0.335*	0.060	0.211*	0.310*	0.626*	0.500*	0.366*	0.472*	0.453*	0.454*	0.392*	1.000

注：*代表在0.05水平上具有显著性。

表6-4 整体高等教育集聚度与各因素之间相关性结果

Variables	(1)	(2)	(3)	(4)	(5)	(6)	(7)	(8)	(9)	(10)	(11)	(12)	(13)
(1) jjtotal	1.000												
(2) jt	-0.356*	1.000											
(3) univ	0.288*	-0.255*	1.000										
(4) lnstud	0.795*	-0.229*	-0.067	1.000									
(5) lnpop	0.833*	-0.287*	0.054	0.959*	1.000								
(6) scgmgdp	0.859*	-0.383*	0.227*	0.629*	0.702*	1.000							
(7) lncompany	0.729*	-0.590*	0.330*	0.674*	0.757*	0.717*	1.000						
(8) lnpergdp	0.190*	-0.604*	0.352*	-0.012	0.062	0.314*	0.643*	1.000					
(9) lns	0.751*	-0.560*	0.168*	0.748*	0.801*	0.726*	0.943*	0.624*	1.000				
(10) lnt	0.684*	-0.627*	0.336*	0.611*	0.706*	0.684*	0.962*	0.740*	0.951*	1.000			
(11) lnrd	0.724*	-0.596*	0.452*	0.597*	0.692*	0.683*	0.958*	0.697*	0.928*	0.956*	1.000		
(12) fmap	0.729*	-0.399*	0.755*	0.381*	0.512*	0.743*	0.679*	0.398*	0.578*	0.655*	0.736*	1.000	
(13) religion	0.383*	-0.335*	0.060	0.211*	0.310*	0.626*	0.500*	0.366*	0.472*	0.453*	0.454*	0.392*	1.000

注：＊代表在0.05水平上具有显著性。

表6-5 专科高等教育集聚度与各因素之间相关性结果

Variables	(1)	(2)	(3)	(4)	(5)	(6)	(7)	(8)	(9)	(10)	(11)	(12)	(13)
(1) jiassa	1.000												
(2) jt	-0.291*	1.000											
(3) univ		-0.255*	1.000										
(4) lnstud	0.832*	-0.229*	-0.067	1.000									
(5) lnpop	0.833*	-0.287*	0.054	0.959*	1.000								
(6) segmgdp	0.823*	-0.383*	0.227*	0.629*	0.702*	1.000							
(7) lncompany	0.643*	-0.590*	0.330*	0.674*	0.757*	0.717*	1.000						
(8) lnpergdp	0.088	-0.604*	0.352*	-0.012	0.062	0.314*	0.643*	1.000					
(9) lns	0.705*	-0.560*	0.168*	0.748*	0.801*	0.726*	0.943*	0.624*	1.000				
(10) lnt	0.599*	-0.627*	0.336*	0.611*	0.706*	0.684*	0.962*	0.740*	0.951*	1.000			
(11) lnrd	0.599*	-0.596*	0.452*	0.597*	0.692*	0.683*	0.958*	0.697*	0.928*	0.956*	1.000		
(12) fmap	0.548*	-0.399*	0.755*	0.381*	0.512*	0.743*	0.679*	0.398*	0.578*	0.655*	0.736*	1.000	
(13) religion	0.361*	-0.335*	0.060	0.211*	0.310*	0.626*	0.500*	0.366*	0.472*	0.453*	0.454*	0.392*	1.000

注：*代表在0.05水平上具有显著性。

表6-6 本科高等教育集聚度与各因素之间相关性结果

Variables	(1)	(2)	(3)	(4)	(5)	(6)	(7)	(8)	(9)	(10)	(11)	(12)	(13)
(1) jjbaca	1.000												
(2) jt	-0.364*	1.000											
(3) univ	0.339*	-0.255*	1.000										
(4) lnstud	0.765*	-0.229*	-0.067	1.000									
(5) lnpop	0.812*	-0.287*	0.054	0.959*	1.000								
(6) scgmgdp	0.838*	-0.383*	0.227*	0.629*	0.702*	1.000							
(7) lncompany	0.736*	-0.590*	0.330*	0.674*	0.757*	0.717*	1.000						
(8) lnpergdp	0.215*	-0.604*	0.352*	-0.012	0.062	0.314*	0.643*	1.000					
(9) lns	0.748*	-0.560*	0.168*	0.748*	0.801*	0.726*	0.943*	0.624*	1.000				
(10) lnt	0.690*	-0.627*	0.336*	0.611*	0.706*	0.684*	0.962*	0.740*	0.951*	1.000			
(11) lnrd	0.745*	-0.596*	0.452*	0.597*	0.692*	0.683*	0.958*	0.697*	0.928*	0.956*	1.000		
(12) finap	0.753*	-0.399*	0.755*	0.381*	0.512*	0.743*	0.679*	0.398*	0.578*	0.655*	0.736*	1.000	
(13) religion	0.377*	-0.335*	0.060	0.211*	0.310*	0.626*	0.500*	0.366*	0.472*	0.453*	0.454*	0.392*	1.000

注：* 代表在 0.05 水平上具有显著性。

表 6-7 硕士研究生集聚度与各因素之间相关性结果

Variables	(1)	(2)	(3)	(4)	(5)	(6)	(7)	(8)	(9)	(10)	(11)	(12)	(13)
(1) jjmasa	1.000												
(2) jt	-0.353*	1.000											
(3) univ	0.888*	-0.255*	1.000										
(4) lnstud	0.208*	-0.229*	-0.067	1.000									
(5) lnpop	0.335*	-0.287*	0.054	0.959*	1.000								
(6) scgmgdp	0.488*	-0.383*	0.227*	0.629*	0.702*	1.000							
(7) lncompany	0.553*	-0.590*	0.330*	0.674*	0.757*	0.717*	1.000						
(8) lnpergdp	0.389*	-0.604*	0.352*	-0.012	0.062	0.314*	0.643*	1.000					
(9) lns	0.430*	-0.560*	0.168*	0.748*	0.801*	0.726*	0.943*	0.624*	1.000				
(10) lnt	0.535*	-0.627*	0.336*	0.611*	0.706*	0.684*	0.962*	0.740*	0.951*	1.000			
(11) lnrd	0.664*	-0.596*	0.452*	0.597*	0.692*	0.683*	0.958*	0.697*	0.928*	0.956*	1.000		
(12) finap	0.876*	-0.399*	0.755*	0.381*	0.512*	0.743*	0.679*	0.398*	0.578*	0.655*	0.736*	1.000	
(13) religion	0.232*	-0.335*	0.060	0.211*	0.310*	0.626*	0.500*	0.366*	0.472*	0.453*	0.454*	0.392*	1.000

注：*代表在 0.05 水平上具有显著性。

表 6-8　研究生集聚度与各因素之间相关性结果

Variables	(1)	(2)	(3)	(4)	(5)	(6)	(7)	(8)	(9)	(10)	(11)	(12)	(13)
(1) jjdoca	1.000												
(2) jt	-0.291*	1.000											
(3) univ	0.966*	-0.255*	1.000										
(4) lnstud	-0.014	-0.229*	-0.067	1.000									
(5) lnpop	0.120*	-0.287*	0.054	0.959*	1.000								
(6) scgmgdp	0.316*	-0.383*	0.227*	0.629*	0.702*	1.000							
(7) lncompany	0.403*	-0.590*	0.330*	0.674*	0.757*	0.717*	1.000						
(8) lnpergdp	0.386*	-0.604*	0.352*	-0.012	0.062	0.314*	0.643*	1.000					
(9) lns	0.246*	-0.560*	0.168*	0.748*	0.801*	0.726*	0.943*	0.624*	1.000				
(10) lnt	0.401*	-0.627*	0.336*	0.611*	0.706*	0.684*	0.962*	0.740*	0.951*	1.000			
(11) lnrd	0.525*	-0.596*	0.452*	0.597*	0.692*	0.683*	0.958*	0.697*	0.928*	0.956*	1.000		
(12) finap	0.817*	-0.399*	0.755*	0.381*	0.512*	0.743*	0.679*	0.398*	0.578*	0.655*	0.736*	1.000	
(13) religion	0.120*	-0.335*	0.060	0.211*	0.310*	0.626*	0.500*	0.366*	0.472*	0.453*	0.454*	0.392*	1.000

注：*代表在 0.05 水平上具有显著性。

第五节　本章小结

本章主要对我国高等教育集聚的影响因素进行实证研究，其目的是对前述高等教育集聚案例抽象出的影响因素在实证层面予以验证，对经验研究进行严谨的科学求证。通过对国内外现有文献的总结发现，经济集聚的因素大致可归纳为三类：一是区位等资源禀赋影响经济集聚；二是外部经济和规模效应等影响经济集聚；三是各种经济政策直接影响高等教育集聚。在此基础上提出如下假设：一是资源禀赋影响区域高等教育集聚；二是外部经济和规模效应等影响高等教育集聚；三是政府政策直接影响高等教育集聚。依据研究假设，选取如下十个变量进行实证研究：交通运输条件、央属高校数量、生源数量、人口规模、市场规模、企业数量、经济发展水平、研发经费投入水平、政府高等教育政策、所在区域。实证研究发现，就整体高等教育集聚的影响因素而言，高等教育集聚与各因素具有相关性，即高等教育集聚程度高低受交通运输条件、央属高校数量、生源数量、人口规模、市场规模、企业数量、经济发展水平、研发经费投入水平、政府高等教育政策、所在区域等因素的影响，但是与交通运输条件呈现负相关关系。在各层次高等教育集聚的影响因素方面，本科和硕士研究生集聚与各因素均具有相关性；在专科高等教育集聚的影响因素方面，除与央属高校数量不具有相关性之外，与其他各因素之间都具有相关性；在博士研究生集聚的影响因素方面，除与各省高中生总量不具有相关性之外，与其他各因素都具有相关性。

第七章 我国高等教育集聚动力机制

研究思路

　　基于案例分析及定量分析，本章主要试图构建我国高等教育集聚的影响机制。首先为构建影响机制寻找基础性的理论框架，即伯顿·克拉克提出的由政府、学术权威和市场构成的"三角协同关系"理论；其次从区位因素、外部经济和规模效应及经济政策等维度分析对高等教育集聚的影响过程，在"三角协同关系"理论基础上构建关于高等教育集聚的影响机制；最后根据构建的影响机制，并且根据边际成本理论，对高等教育集聚到一定程度后的扩散现象进行分析。

　　从上述关于各省高等教育在校学生规模影响因素的实证研究结果显示，区位因素、外部经济和规模效应及政府各种政策是影响高等教育集聚的主要因素。实证研究发现，就整体高等教育集聚的影响因素而言，高等教育集聚与各因素具有相关性，即高等教育集聚程度高低受交通运输条件、央属高校数量、生源数量、人口规模、市场规模、企业数量、经济发展水平、研发经费投入水平、政府高等教育政策、所在区域等因素的影响，但是与交通运输条件呈现负相关关系。在各层次高等教育集聚的影响因素方面，本科和硕士研究生集聚与其他各因素之间均具有相关性；专科高等教育集聚的影响因素方面，除与央属高校数量不具有相关性之外，与其他各因素之间具有相关性；博士研究生集聚的影响因素方面，除与各省高中生总量不具有相关性之外，与其他各因素呈现相关性。

本章主要在案例经验研究及实证科学研究的基础上，构建我国高等教育集聚的动力机制。

第一节　高等教育集聚动力分析的理论基础——伯顿·克拉克"三角协调模式"

一、伯顿·克拉克"三角协调模式"

伯顿·克拉克基于长期的工作实践及理论探索，在高等教育系统的运行机制方面提出了围绕学术权威、政府权力及市场三要素关系的"三角协调模式"，具体见图7-1。

克拉克认为，学术权威、政府权力及市场三者综合作用是影响具体高等教育制度形成及高等教育系统运行的主要因素。在这一模式中，学术权威主要是指那些具有专业性学术知识的教师，尤其是资深教授，他们通过制度化的各种正式渠道及非正式化的各种途径，影响着高等教育制度的变化和系统的运行方向。政府权力是社会意志的集中反应，其主要通过出台高等教育方面的政策、法律及行政法规，影响和控制着高等教育的发展及运行。市场主要体现"消费者"的意愿，具体指那些高等教育服务对象的具体要求。伯顿·克拉克认为，"我们这个从国家权力到市场的连续体可以重新改为国家、市场和学术权威呈三角形的协调模式。三角形的每个角代表一种模式的极端和另两种模式的最低限度，三角形内部的各个位置代表三种成分不同程度的结合"❶。因此，他提出了高等教育系统的三种理想模式，即国家模式、市场模式及专业模式。但是由于每个国家政府对高等教育的现实干预程度存在差异，因此理想的模式并不存在，每个国家高等教育体制及运行发展都相对偏向于某一种模式。依照高等教育办学经费来源的主体，大学与政府之间具有两种不同的模式，如果主要由政府提供高等教育办学经费，大学与政府之间是一种国家控制模式，我国及欧洲大陆国家是典型代表；如果办学经费的来源主体依赖市场或者非国家权力机关，那么二者之间就是一种市场的模式，美国和英国是代表国家。

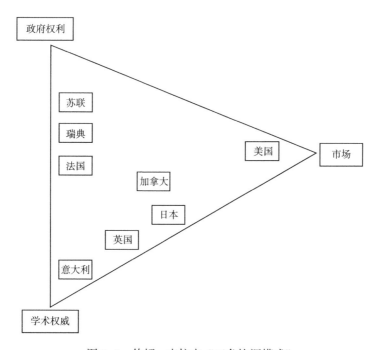

图 7-1　伯顿·克拉克"三角协调模式"

资料来源：伯顿·克拉克，著．王承绪，等，译．高等教育系统——学术组织的跨国研究［M］．杭州：杭州大学出版社，1994：184．

---

❶　伯顿·克拉克．高等教育系统：学术组织的跨国研究[M].王承绪,等译.杭州:杭州大学出版社,1994:184.

二、加雷斯·威廉的拓展

加雷斯·威廉对根据政府对高等教育办学资源的配置情况，将伯顿·克拉克的"三角协调模式"与时俱进做了进一步的拓展，以政府扮演角色为标准，细化为六个模型（见图7-2）。

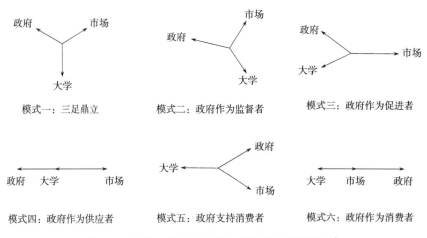

图 7-2　政府、市场与高校之间关系的细部模式❶

加雷斯·威廉对"三角协调模式"的拓展，有着深刻的社会时代背景。20世纪末，经济合作与发展组织国家针对高等教育的发展共同发布了《重整高等教育》报告，简化政府职能，还权于高校，不断增加高校的自主权是该报告自始至终贯彻的主要精神。政府对高校的管理要由微观事物领域转变为宏观政府调控，是统摄高等教育管理体制改革的纲领性文件。撒切尔夫人主政之后，继续在经济、社会及高等教育领域实行主张以自由竞争、多元化和私有化为主要特征的新公共管理运动，来摆脱当时英国社会的经济增长缓慢、财政赤字激增及福利社会不堪重负的弊病。在高等教育领域的主要改革措施集中表现为减

❶　彭湃.大学,政府与市场:高等教育三角关系模式探析:一个历史与比较的视角[J].高等教育研究,2006,27(9):103.

少政府公共财政投入，将自由竞争的企业家精神注入高等教育中，以期进一步提升效率，"在 1979 年撒切尔上台的三天内，大学预算在一夜之间就被削减了 1 亿英磅。在 1980—1984 年，政府划拨给大学拨款委员会的经费又锐减了 17%"。❶

在大西洋彼岸的美国，高等教育发展改革也有着同样的境遇。自 20 世纪 80 年代开始，极度推崇"小而能政府与大市场"共和党党魁里根和布什分别入主白宫之后，在高等教育领域掀起绩效问责、缩减财政资助、大学自筹募捐、高校自负盈亏等方面的改革，并且不断出台各种政策文件加深大学在产学研领域与市场的合作对接。正是在当时这种时代背景下，市场和非国家力量不断介入高等教育发展，加雷斯·威廉根据政府在高等教育经费配置权及政府的角色，将"三角协调关系"进一步进行了细化。

从图 7-2 可知，在其拓展的新模式下，模式一中政府、高校及市场三者作用力比较均衡，三者之间的作用点正好位于中心位置，三者处于均衡的制衡与发展状态。在模式二中，三者之间的作用力已经开始发生了变化，均衡状态已被打破，政府在作用力方面具体表现为对大学采取自由的发展模式，主要扮演着监督者的角色，英、美等市场经济国家是其典型的表现，政府只负责宏观的发展管理事宜，高等教育办学经费由相对独立的社会中介组织评估之后直接拨付，例如英国的高等教育拨款委员会，政府对大学发展的介入程度较低。在模式三中，政府的作用力与大学相同，与市场发展，扮演着促进者的角色，其介入大学发展的程度已经进一步加深，通过规章制度及公共政策等行政手段促进大学的发展，对市场的影响起到制衡作用。在模式四中，政府对大学的介入程度已经达到无可复加的地步，政府的作用力方向已经与大学完全在同一方向，市场在另一极端。此时，政府完全掌控着高等教育资源配置权，成为大学的主宰，大学的战略发展目标与远景规划与政府高度一致。我国、苏联及欧洲大陆许多国家都是模式三和模式四的代表。在模式五中，政府的作用力方向与市场

---

❶　MICHAEL S. Thatcherism and British higher education：university and the enterprise culture[J]. Change21,1989:31-39.

一致，扮演支持消费者的角色，其集中表现在于政府有意引导大学发展与市场需求相结合，服务和满足市场的发展需要，消费者选择权利进一步凸显。在模式六中，政府对市场的支持达到完全的高度，二者作用力方向完全一致，政府的角色已经完全成为消费者。在此模式下，政府完全放任对大学的管理，只发挥市场的作用，大学要想实现发展，除了完全适合市场的需要，没有其他的选择。不过此种模式只是理论上存在的一种模式，实际在各国高等教育发展中的情况较少。

第二节 构建高等教育集聚动力机制

通过对我国高等教育集聚现状历史的分析、国内外高等教育集聚区域案例分析，以及在此基础上以面板数据为基础的量化分析，本书对高等教育集聚影响因素做了较为全面的分析，影响因素也较多，主要包括交通运输条件、央属高校数量、区域潜在高中生源数量、人口规模、市场规模、企业数量、经济发展水平、研发经费投入水平、各省国家财政性教育经费投入水平等要素。在伯顿·克拉克围绕学术权威、政府权力及市场三要素关系提出的"三角协调模式"理论指导下，仔细梳理后发现，学术、市场和政府三要素也是影响高等教育集聚的主要因素，市场规模、企业数量、经济发展水平与市场息息相关；各省国家财政性教育经费投入水平是政府教育政策的直接反应；央属高校数量、研发经费投入水平与一个地区高等教育学术水平的发达程度直接相关，而交通运输条件、区域潜在高中生源数量、人口规模则是一个区域资源禀赋的反应，资源可以分为自然资源和物质资源，在一定意义上学术水平也是一种资源。因此，学术资源、自然资源和物质资源主要是人口资源，共同构成影响高等教育集聚的资源禀赋要素。

伯顿·克拉克围绕学术权威、政府权力及市场三要素关系提出的"三角协调模式"理论，是源于对美国高等教育实践发展的总结，将其具体应用到中国高等教育集聚的研究中应该进一步完善。本书认为影响高等教育集聚和发展的要素除了学术权威、政府权力以及市场三要素，在中国高等教育集聚还有一个要素不能忽视，那便是高等教育发展历史的推动，在历史要素偶然扰动下形成的某一地区高等教育发展的先发优势，具有强大的路径依赖属性，对高等教育集聚产生深刻的影响，只不过由于在实证研究中难以找到合适的指标数据予以量化，所以并未将这一要素纳入实证分析的范畴。综上，本书认为影响我国高等教育集聚的影响因素可能有四个方面：一是资源禀赋，包括自然资源、人力资源、学术资源；二是市场要素，它从经济方面为高等教育集聚提供了最直接的动力；三是政府要素，这一要素在中央集权管理体制下的影响尤为重要；四是历史要素，从高等教育发展历史长河的维度，揭示那些偶然情况下形成高等教育先发优势的区域集聚原因。

一、市场因素为高等教育集聚提供直接动力

（一）经济发展水平是高等教育在校学生规模集聚的物质基础

市场因素对高等教育集聚的影响，主要是经济因素发挥影响的过程。可以说，经济发展水平是高等教育在校学生规模集聚的物质基础。第一，在现代社会，经济基础决定最初高等教育的产生及规模发展。在现代社会，高等教育的产生及发展都是适应经济发展需要的结果。在实用主义思想指导下，美国政府为了培养工农业急需人才，而迅速发展起来的增地学院便是最典型的代表。在中国漫长的封建主义社会，在教育领域，无论是政府建立的官学教学制度，还是持续了1300余年的科举制（官学后来逐渐成为科举制的附庸，名存实亡），阶级性是其最主要的特性，办学宗旨是培养各种维护封建统治人才，以供朝廷之用。教授的主要内容以儒家经籍为主，"四书五经"是最主要的教材，教育几乎不具备任何的经济功能。随着社会生产力的不断发展，资源对促进经济增

长的作用越来越小，科学技术已经成为促进经济社会发展的最主要动力；而生产力发展的不同阶段，对高等教育的需求程度各异，因此不同的经济社会发展水平便决定着不同的高等教育规模。无论封建社会还是近现代社会，政府投资举办高等教育，都需要投入大量的"真金白银"，故而经济基础是高等教育产生的现实基础。

（二）经济基础决定高等教育的性质

经济基础决定高等教育的性质。简单来说，有什么样的经济基础，便会产生什么样的高等教育，高等教育的性质最终是由经济基础的性质决定的。在封建主义社会经济基础上的高等教育，决定了其性质是服务封建专制和地主阶级，阶级性是显著特性。在资本主义经济基础上的高等教育，决定了为资产阶级服务的性质，等级性是显著特性，穷人不可能得到与富人同样的受教育权。在社会主义经济基础上的高等教育，决定了其为广大无产阶级人民服务的性质，公平和平等是其本质要求，每个人享有平等的教育权。

（三）经济基础决定各层次高等教育规模的调整及变化

生产力的发展会引起经济基础的变化，随着经济基础的改变，作为上层建筑重要组成部分的高等教育，也要进行相应的调整及变化。新中国成立之初百废待兴，经济基础还较为薄弱，当时高等教育面临的主要任务是为经济社会发展输送一批懂技术及善管理人才，因此当时本科及专科高等教育发展最为迫切。改革开放之后，随着经济社会发展的体制机制性障碍，以及人民思想观念束缚的打破，生产力得到迅速发展，高等教育层次结构也有了相应的调整，高层次的研究生教育得到发展。中国特色社会主义进入新常态，对经济发展的质量要求越来越高，科技发展成为推动我国产业结构转型升级的最核心要素，体现在高等教育领域便是对培养高层次人才的需求与日俱增，对研究生教育发展提出了更高的要求。同时，这对本科及研究生教育的类型也提出了改革的内在需求，培养应用技术型人才、发展专业硕士、培养专业博士等相关改革不断深化。

高等教育人才培养类型也受到经济发展水平的影响和制约。国内外众多的学者经过研究提出如下结论："①在工业化之前的农业时代和手工业时代，生产所需的是劳动经验和手工技能。②在工业化时期的初期阶段，机器被广泛推广和应用，经济的发展对劳动力的质量提出了更高的要求，要求劳动力必须具备相应的知识和技能。到了电气化时代，劳动力只有具备更高层次知识和技能才能适应生产的需要。③在工业化时期中期阶段，及经济起飞阶段，也是重化工业大发展时期，此时人均 GDP 大约在 3000～10 000 美元，需要专业性的技能型人才与之相适应。④在工业化后期，经济增长主要依靠投资驱动，但更多的是强调技术进步，工业内部结构趋于集约化和高加工化，服务业比重最大。此阶段主要强调人力资本的高新技术创新，典型的知识经济时期"。❶

二、资源禀赋在高等教育集聚过程中起着基础性的作用

其一，交通条件等得天独厚的禀赋直接影响一个区域高等教育的发展，因为得天独厚的交通条件可以为其提供通行的便利，比如九省通衢的武汉，位于各大铁路交通枢纽位置的哈尔滨、沈阳等，沿海城市上海、厦门、大连等，处于亚欧大陆桥的西安等，交通条件对高等教育集聚的影响不容忽视。其二，人口资源直接为高等教育集聚的形成提供了人力资源基础，区域人口数量与区域内高中生数量是相关的，人口规模较大的省份，生源数量的供给更充足，也更容易形成人力资本优势，从而直接影响着高等教育集聚。其三，文化资源无形中制约和影响着高等教育集聚。文化资源丰富的地区其高等教育规模集聚先赋性文化资本也更强。其中的机理在于，人力资本理论已经证明，人力资源是一

---

❶　杨宇轩.高等教育层次结构调整与经济增长的关系研究[D].成都:西南财经大学,2012.

切资源中最主要的资源，在促进经济社会发展的过程中，人力资本投资的经济增长的贡献率远远超过对机器、厂房等物质资本的投资。对个体而言，接受高等教育和高级职业技能培训，是个体实现经济利益最大化的理性投资。国务院学位办的一份报告指出，随着人民生活水平的不断提高、本科生规模的扩大、人才市场的逐步发展，接受高层次教育的社会回报率显著增长，广大公众希望接受更高层次的教育和获得高学位的热情与愿望日益高涨，由此形成了一个新的、巨大的消费领域。❶ 在具体的教育回报率方面，一项针对中国的高等教育投资回报的研究结果显示，在高等教育与中学教育之间，"从1988年到2007年，大学学历与高中学历劳动者平均工资的比值从1.14上升到1.54，本科及以上学历与高中学历劳动者平均工资的比值从1.22上升到1.88，专科学历与高中学历劳动者平均工资的比值从1.06上升到1.35"，在整体的高等教育投资回报率方面，"1988年、1995年、2002年、2007年我国的高等教育回报率分别为11.72%，29.13%，42.32%和61.35%，呈现持续上升的趋势"。❷ 在经济方面产生的高投资回报率的预期，是个体接受高等教育的内在动力。

文化资本的概念首先由法国社会学家布迪厄提出，并具体细化为三种形式：身体化形式、物质化形式和制度化形式。按照和套用先驱布迪厄对文化资本的划分，学界将大学文化资本也分为三种形式：大学具身形态文化资本、大学物品形态文化资本、大学证书形态文化资本。第一，大学具身形态文化资本，集中表现为师生的教养技能、精神气质、学识风度、审美趣味等。到底什么是大学具身形态的文化资本，北京大学陈平原教授有一个饶有趣味的解读，"没有长须飘拂的冯友兰，没有美学散步的宗白华，没有妙语连珠的吴组缃，没有口衔烟斗旁若无人的王瑶，未名湖肯定会显得寂寞多了"。❸ 这一文化资

❶ 中国学位与研究生教育发展战略报告编写组.中国学位与研究生教育发展战略报告[J].学位与研究生教育,2002(6):5.

❷ 刘泽云.上大学是有价值的投资吗:中国高等教育回报率的长期变动(1988-2007)[J].北京大学教育评论,2015(4):66.

❸ 陈平原.中国大学十讲[M].上海:复旦大学出版社,2002:7.

本具有典型的"排他性"特点，不是其他高校能够进行简单随意效仿的，同时这一文化资本的回报具有精神愉悦性及自我满足性，如兴趣之满足、求真之快乐、哲思之幸福，又如走在街上引来钦羡的目光，朋友聚会受人尊敬等。第二，大学物产形态文化资本，集中表现为蕴涵着大学文化的校园景观和文化产品，比如人民大学的百家廊、一勺池，以及依托人大精神、人大校徽等衍生的一系列文化产品等。第三，大学证书形态文化资本，最典型的是大学的学位证、学历证、各种资格证书、授权证书等，其背后代表的大学文化具有不同的质量和品质。不同高校具有不同的文化资本，经过漫长的高等教育发展，这一文化资本在不同的高校等级排序中具有先赋性。先赋性意味着文化资本获取的排他性，并非经过后天自致学习、模仿便可获得，深深地存在于人们的"观念、想法、实践、信念、传统、惯习等心智结构之中"[1]，从而对高等教育集聚产生着无形而深刻的影响。

在现代社会，雇主更加倾向雇用接受过高等教育的人员[2]，接受高等教育与否，接受高等教育的层次，以及在什么水平的高校接受的高等教育，已经成为传递给就业市场以供甄别和筛选的"价值信号"。在普遍意义上，一流的学校对学生规模有着强大的吸引力。一流的学校通常具有一流的教师、一流的科研、一流的人才培养、一流的硬件保障及卓越的声誉等。如果某一大学具备各种一流的要素，我们一般认为就其具有较强的办学实力。一个显而易见的事实是，拥有较强办学实力的高校，在同等水平的学生选择高校用脚投票的过程中具有竞争优势，因此在高等教育规模方面会产生一种"马太效应"。最重要的是，这种办学实力由于其背后积累的文化基因优势，不是短时间之内就能形成或者超越的，也不是以人的意志为转移的。在我国现实语境之下，办学实力较强的高校一般是成功入选"世界一流大学"和"世界一流学科"的"双一流"高校。从2017年国务院颁布的首批"双一流"高校结果来看，大部分入选

[1] 索罗斯比.文化政策经济学[M].易昕,译.大连：东北财经大学出版社,2013:12.
[2] 文雯,周京博.我国高等教育区域布局结构影响机制研究[J].清华大学教育研究,2019(10):34.

"世界一流学科"高校是原"211 工程"高校,原"985 工程"高校全部入选"世界一流大学"建设之列。在高等教育在校生规模方面,总体而言,重点建设大学所在的省份,其高等教育在校生规模也较大。究其原因,这些身份在一流的教师、一流的科研、一流的人才培养、一流的硬件保障及卓越的声誉等方面形成的优势,提供了发展高等教育的文化基因,尤其是发展高水平研究生教育,更是具有得天独厚优势。以 2015 年我国研究生教育的招生数据为例,2015 年,我国"211 工程"高校(含"985 工程"高校)招收的学术学位博士研究生占全国学术学位博士研究生招生总数的 71.56%。其中,"985 工程"高校招收的学术学位博士研究生所占比重为 50.01%。"211 工程"高校(含"985 工程"高校)招收的学术学位硕士研究生所占比重为 53.65%;其他高校招收的学术学位硕士研究生所占比重为 44.88%。❶。

三、政府在高等教育集聚过程中发挥着导向作用

我国实行中央集权的高等教育管理体制,政府的行政意志,无论是对高等教育整体的发展,还是对某一层次高等教育的发展,以及对某些特定专业的发展建设都具有最直接、最重大的影响。在现行的高等教育管理体制下,高等教育的发展无疑是要服从和服务于国家宏观战略的调整。以 1964 年开始的"三线"建设为例,我国高校开始了从一线到二、三线的大规模迁徙历史。1964年,《关于国家经济建设和如何防备敌人突然袭击的报告》,其中提出大专学校、科学机构、设计机构等都要采取防备措施,内容包括:"在一线的全国重点高等学校和科学研究、设计机构,凡能迁移的,应有计划地迁移到二、三线,不能迁移的,应一分为二。""一切新建项目不论在哪一线建设,都应贯

---

❶ 数据源于教育部学位与研究生教育发展中心的《中国学位与研究生教育发展年度报告(2016)》

彻执行分散、靠山、隐蔽的方针，不得集中在某几个城市或点。"❶ 后来毛泽东同志在关于三线建设的讲话中指出，"现在工厂都集中在大城市和沿海地区，不利于备战。工厂可以一分为二，要抢时间迁至内地去，各省都要搬家，都要建立自己的战略后方，不仅工业交通部门要搬家，而且院校和科研单位也要搬家。迟搬不如早搬。一线要搬家，二线、三线要加强。"❷ 从 1964 年 11 月，当时主管教育工作的最高领导机关高等教育部根据《1965 年计划纲要（草案）》及中央关于加强三线建设的精神和指示，开始向三线地区迁建部分高等院校。❸ 之后高等学校、各级各类科研机构逐渐向三线搬迁，按照当时的计划，高教部 4 校、国防科委 2 校、一机部 2 校、铁道部 2 校，共计各部委所属高校共 10 所迁移至三线进行建设，具体情况如下：上海机械学院（第一机械工业部主管）、唐山铁道学院（属铁道部）、成都铁道学院（属铁道部）3 所院校整体搬迁外，南京大学、北京大学、清华大学、华东化工学院（现名华东理工大学）；北京航空学院（国防科委）、北京工业学院（国防科委）、甘肃工业大学（第一机械工业部）7 所院校迁出部分专业至三线地区建设，各个学校根据中央精神均在不同程度上展开了选址和建设工作，"文化大革命"开始后，建设工作进入停顿状态。

　　1965 年拟从一线牵至三线的项目情况见表 7-1。

表 7-1　1965 年拟从一线牵至三线的项目

机构类型	数量/个	人数
自然科学研究机构	32	13 940
勘察设计单位	8	3 692

❶ 李富春、薄一波、罗瑞卿关于国家经济建设如何方被敌人突然袭击问题的报告[M]//陈夕.中国共产党与三线建设.北京:中共党史出版社,2014:71-72.

❷ 毛泽东:一线要搬家,二线三线要加强(1964 年 8 月 20 日)[M]//陈夕.中国共产党与三线建设.北京:中共党史出版社,2014:73.

❸ 中央教育科学研究所.中华人民共和国教育大事记 1949—1982[M].北京:教育科学出版社,1984:382.

续表

机构类型	数量/个	人数
高等学校	10	21 400
文教系统工厂	3	284
合计	53	39 316

资料来源：国家计委、经委关于科研、勘察设计、文教系统搬迁项目的报告这［M］∥陈夕. 中国共产党与三线建设. 北京：中共党史出版社，2014：133.

纵观新中国成立后我国高等教育区域布局发展的历史，布局结构共经历3次调整。学习苏联经验，20世纪50年代进行的院系调整是第一次，20世纪末针对行业办学进行的院校合并是第二次，2000年后，各地各高校建研究院、研究生院、分校区等是第三次布局调整。第一次和第二次布局调整背后是政府发挥着主导作用，充满计划经济的色彩，第三次虽然以市场为主导，市场从中发挥了积极作用，但是地方政府在其背后仍然发挥着作用。❶ 更有学者经过1949—1990年高等教育布局的定量研究认为："在几十年间，影响高等教育布局的因素，更多的是政府政策与政治因素，而不是经济因素。这充分体现了高等教育布局深受计划经济体制约束。"❷

四、高等教育发展历史在底层逻辑层面影响着高等教育集聚

高等教育的发展历史像一只无形的手，在底层逻辑层面规范和约束着区域高等教育的集聚。某一区域高等教育的发展现状，很大一部分还可以归因于受历史偶然事件和路径依赖的影响。因为历史偶然要素的突然扰动，所以某个特定区域获得了相对于其他区域在高等教育发展过程中的受动者优势（先发优势），这一受历史扰动所突然形成的模式只要一旦确立，该地区的初始优势便

---

❶ 卢彩晨,廖霞.我国"双一流"建设高校扩张模式与区域走向研究:基于区域经济发展的视角[J].中国高教研究,2020(12):37.

❷ 李若建.高等教育布局与区域发展研究[J].未来与发展 1994(2):52.

得以充分发挥，由于偶然性历史事件在路径依赖机制下形成的累积效应，具有强大的"锁定"优势❶，自然会导致某一特定区域的高等教育规模的集聚，正如玛格丽特·阿切尔所言，"一旦一种既定形态的教育得以存在，它就会对未来教育的变革产生影响"❷。

清末"新政"是我国高等教育发展的起步阶段，随着癸卯学制及《奏定学堂章程》的颁布施行，清政府在高等教育阶段建立了高等学堂或大学预科、大学堂和通儒院，同时又在全国各地设置了高等实业学堂、优级师范学堂、法政学堂、文科学堂、理科学堂、医科及艺术学堂，成为我国发展高等教育的起点。但是这些洋务学堂大都集中设立于南京、天津、上海等工业基础较为发达的地区，其布局的真实写照是"中国的首批现代大学都极其自然地建在了沿海城市"❸，工业基础较为薄弱的西部、西南及东北等地区，洋务学堂的数量相对较为稀少，"江苏、安徽、福建、湖南和广东等省总共有6~8所大学，每省的在校大学生人数都超过了1000人。当时，直隶（包括北平）共有高校18所，在校学生4028人，占国立院校总数的37%"，"而黑龙江、新疆、贵州和广西等内陆省份则只有一些小型的政法学院，连一所大学也没有"❹。北洋政府针对高等教育多集中于东南沿海现状，同样认为应采取在全国分区设校政策，虽然没有在根本上改变高等教育布局的不均衡状态，但是奠定了我国高等教育布局集中于沿海及省会所在地的基本格局。1925年，北洋政府教育部在全国将大学确定划分为7个学区进行重点建设，即北京、南京、广州、武昌、太原、奉天、兰州。国民政府时期，政府运用行政手段在全国各大区设置国立大学，在全国将高等教育的发展划分为几个集聚地区，"至国立大学，虽未完

❶ JEFFREY A. Effects of Human Resource Systems on Manufacturing Performance and Turnover[J]. Academy of Management Journal,1994,37(4):670.

❷ 宋林飞.西方社会学理论[M].南京:南京大学出版社 1997:134.

❸ 许美德.中国大学 1895—1995:一个文化冲突的世纪[M].许洁英,译.北京:教育科学出版社,2000:308.

❹ 许美德.中国大学 1895—1995:一个文化冲突的世纪[M].许洁英,译.北京:教育科学出版社,2000:65.

全设立，己由全国教育会议议决划为南京、北平、武昌、成都、广州、沈阳、西安七区各设国立大学，江苏浙江曾试验大学区制，此吾国高等教育设施之概况也"❶。抗日战争期间，沦陷区的高校大批内迁，中国近代集中于北京、上海及东南沿海等地的很多高校迁至西部偏远地区进行教学研究，陕西、四川、云南等省高等教育有了较大的发展。解放战争时期，国统区共计有高等学校205 所，"205 所高校中，在沿海的有118 所，占57.6%，在内地的有87 所，占42.4%。位于北京、上海、江苏和广东的高校就有78 所，仅上海一地就有36 所高校，在校生2 万多人，约占全国在校大学生总数的1/5，而西北广大地区仅有9 所高校"❷。新中国成立初期，计划经济体制之下，政府运用行政化手段，设计了高等教育区域布局方案，"1955—1957 年的调整方案中提出，将沿海地区一些高等学校的同类专业、系迁至内地组建成新校或加强内地原有高校，并将一些学校的全部或部分迁至内地建校，扩大内地现有学校规模，增设新专业。经国务院批准，在武汉、兰州、西安、成都等内地城市建设一批高等学校，并决定从1956 年暑期开始将上海交通大学迁往西安"❸。即使进入21世纪，我国高等教育已经进入由大众化向普及化迈进的新的发展阶段，我国高等教育区域布局方面也未发生根本性的变化。

最后，需要指出的是，资源禀赋、市场、政府和发展历史要素之间并不是孤立存在的，各个要素之间彼此也相互关联。比如政府和历史要素，在1955—1957 年的院系调整过程中，要将沿海地区一些高等学校迁至内地，确立武汉、西安、成都等为内地选址，也是与这些地区历史上高等教育发展的积淀息息相关，政府和历史要素是相联系的。再比如，市场和资源禀赋也是彼此关联的，交通条件优越的地区，为企业集聚和市场规模的拓展提供了良好条件；反之，企业集聚所产生的规模效应又进一步带动着交通条件的优化升级。

❶ 张季信.中国教育行政大纲[M]上海：商务印书馆，1934：268.

❷ 郑利霞.我国高等教育布局结构及其逻辑研究[D].武汉：华中科技大学，2009.

❸ 宋争辉.中国优质高等教育资源区域分布非均衡化的历史演变与现实思考[J].高等教育研究，2012(5)：26.

第三节　高等教育集聚的高级阶段——
高等教育扩散

高等教育集聚一旦在某个区域发生，便会在集聚溢出效应、路径依赖带来的优势"锁定"下实现自我强化，促使集聚程度的进一步提升。但是集聚度的提升并不是无限制的增长过程，因为它在带来集聚溢出效应的同时也必然会附带产生各种成本。而且一旦发生高等教育在某一区域的过度集聚，也会带来各种问题，比如人口激增、交通拥堵、环境污染等问题，北京的大城市病便是一个典型代表。当区域内高等教育集聚到一个特定的程度，便会产生高等教育的扩散现象。因此，本书构建了一个由市场、政府、资源禀赋和高等教育发展历史构成的高等教育集聚动力机制（见图7-3）。

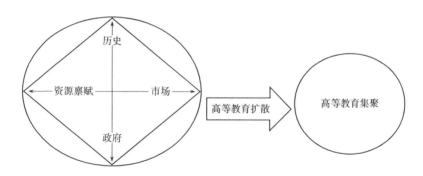

图 7-3　高等教育集聚动力机制图示

经济学领域中边际成本可以为理解高等教育扩散提供学理层面的解释。增加一单位的产量随即而产生的成本增加量称为边际成本，一般用 MC 表示。边际成本等于总成本（TC）的变化量（△TC）除以对应的产量上的变化量（△Q），MC（Q）= △TC（Q）／△Q 或 MC（Q）= lim = △TC（Q）／△Q = dTC/dQ（其中△Q→0）。边际成本在理论上的意义，说明当产量增加 1 个单位时，总成本的增加量。但是随着产量的增加，边际成本的变化呈现出先减少

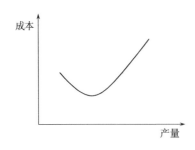

图 7-4　边际成本变化曲线

后增加的态势，曲线函数呈现右上方倾斜的走势（见图 7-4）。当产量较小时候，企业的设备没有得到充分利用，因而企业的产量不大。此时随着企业雇用员工投入生产的增加，生产设备的利用率也开始变大，假设增加的第一个工人对产量的贡献是 10，那么增加的第二个工人对产量的贡献可能是 15，甚至更高，第三个会是 30。在此阶段，产品的生产函数曲线位于第一个阶梯，即边际产品随着投入的增加以递增的比例增加，产量的增加速度超过成本的增加速率，从而边际成本随着产量的增加而减少。但是随着员工增加到一定程度时，企业变得拥挤，虽然每增加一个员工依然会提高生产设备的利用率，但是利用率的提高会逐渐降低。在此阶段产品的生产函数位于第二个阶梯，即生产函数的斜率逐渐从第一个阶梯时的最大值减少到 0。这也便意味着，当员工增加到某一程度，再增加一个员工时，这个员工对产量的贡献将会是 0，即边际产量为 0。在这一阶段，产量的增加速率从最大值逐渐减小到零，而成本的增加速率大于产量的增加速率，从而边际成本增大。

高等教育在某一区域集聚的边际成本，也会先减少后增加（见图 7-5）。当区域内高等教育刚刚开始集聚，集聚的高校规模体量不大，此时集聚区内高校间教学科研的合作处于起步阶段，而且随着高校集聚带来的经济发展等外部效应也逐渐凸显。随着高校集聚规模的逐渐提升，每

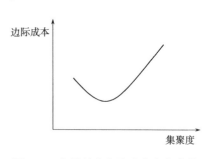

图 7-5　高等教育集聚成本变化曲线

提升一个单位的集聚度，无论是对高等教育自身的发展还是外部经济社会发展的贡献值是逐渐增加的，集聚效应的增加速度超过成本的增加速率，边际成本随着集聚度的提升而减少。但是高校集聚也并不是一个无限增长的过程，区域内高校数量规模终究要与承载能力相匹配，与战略发展相吻合。虽然每增加一

个单位的集聚依然会带来溢出效应，但是同时由于高校和人口大量集聚带来的管理问题及诸如人口膨胀、环境污染、交通拥堵等各种社会问题，集聚的溢出效应将逐渐减弱，最终可能会造成这么一种状态。也就是说，当集聚度到达一定程度，再提升一个集聚度时，无论是对高等教育自身还是经济社会发展，所产生的溢出效应将会是 0，此时成本的增长速度将会超出集聚溢出效应的增加速率，造成边际成本增大。

当高等教育集聚带来的溢出效应逐渐减弱而成本逐渐增大时，该地区高等教育的发展将会由集聚转为向外扩散，进入高等教育疏解阶段。扩散开来的高校会在政府、经济、资源禀赋等条件及历史先发优势较好的地区最先实现集聚发展，之后随着集聚溢出效应与成本的变化再次出现扩散，重复着集聚中的扩散和扩散中的集聚过程，如图7-5 中所示。因此，本书认为，伴随着高等教育集聚程度的提升，转而会出现高等教育扩散，或者说，高等教育扩散是高等教育集聚的第二阶段是高等教育扩散。换言之，高等教育扩散是高等教育集聚的高级形态。现阶段，在京津冀高等教育协同发展的背景下，北京高等教育发展已开始由集聚向扩散阶段转变，进入高等教育功能向天津、河北、雄安新区等区域疏解阶段。

第四节　本章小结

在高等教育系统的运行机制方面，伯顿·克拉克围绕学术权威、政府权力及市场三要素关系构建的"三角协调模式"，为构建我国高等教育集聚影响机制奠定了理论基础。在"三角协调模式"的理论基础上，本书提出了由资源禀赋、市场、政府及高等教育发展历史四要素构成的高等教育集聚影响机制。具体而言，第一，市场因素为高等教育集聚提供直接动力，市场因素对高等教育集聚的影响，主要是经济因素发挥影响的过程，经济基础决定最初高等教育的产生及规模发展；经济基础决定高等教育的性质；经济基础决定各层次高等教育规模的调整及变化。第二，资源禀赋在高等教育集聚过程中起着基础性的作用，交通条件等得天独厚的禀赋直接影响一个区域高等教育的发展，人口资源直接为高等教育集聚的形成提供了人力资源基础。同时，文化资源无形中制约和影响着高等教育集聚。因为在现代社会，雇主更加倾向雇用接受过高等教育的人员。接受高等教育与否，接受高等教育的层次，以及在什么水平的高校接受的高等教育，已经成为传递给就业市场以供甄别和筛选的"价值信号"，也是迅速获得被他人重视和提升赏识度的来源。在普遍意义上，一流的学校对学生规模有着强大的吸引力。第三，政府在高等教育集聚过程中发挥着导向作用，我国实行中央集权的高等教育管理体制，政府的行政意志，无论是对高等教育整体的发展，还是对某一层次高等教育的发展，以及对某些特定专业的发展建设都具有最直接、最重大的影响。第四，高等教育发展历史在底层逻辑层面影响着高等教育集聚，高等教育的发展历史像一只无形的手，在底层逻辑层面规范和约束着区域高等教育的集聚。从纵向以历史的眼光来审视高等教育集聚，可以发现因为由于偶然性历史事件在路径依赖机制下形成的累积效应，具有强大的"锁定"优势。第五，需要指出的是，资源禀赋、市场、政府和历史要素之间并不是孤立存在的，各个要素之间彼此也相互关联互为因果。最后，需要指出的是，集聚度的提升并不是无限制的增长过程。因为它在带来集聚溢出效应的同时也必然会附带产生各种成本，而且一旦发生高等教育在某一区域的过度集聚，也会带来各种问题，比如人口激增、交通拥堵、环境污染等问题，因此，当区域内高等教育集聚到一个特定的程度，便会产生高等教育的扩散现象。扩散开来的高校会在政府、经济、资源禀赋等条件及历史先发优势较好的地区最先实现集聚发展，之后随着集聚溢出效应与成本的变化再次出现扩散，重复着集聚中的扩散和扩散中的集聚过程。

第八章　政策建议

研究思路

本章节针对已有的研究，主要对促进我国高等教育集聚提出相应政策建议，一方面，根据本书构建的高等教育集聚影响机制，从"两点论"和"重点论"相结合的角度综合提出各个区域整体推动高等教育集聚的策略；另一方面，以构建的高等教育集聚影响机制为理论指导，谋略分析了高等教育集聚的第二阶段——高等教育的扩散问题，具体以高等教育集聚的"回波效应"和"扩散效应"展开分析。同时，鉴于我国高等教育已经进入普及化阶段，通过梳理对比国外高等教育发达国家普及化阶段的历史，对普及化阶段我国高等教育层次结构完善进行了具体分析。

第一节　促进我国高等教育集聚的思路——坚持两点论和重点论的统一

唯物辩证法指出：所谓"两点论"就是在处理众多矛盾时，既要看到主要矛盾，又要看到次要矛盾，在处理某个矛盾时，既要看到矛盾的主要方面，又要看到矛盾的次要方面；要两点兼顾，只注重一方面而忽视另一方面就是一点论。所谓"重点论"就是在处理矛盾时，要重点抓住主要矛盾，解决主要矛盾，在处理某一矛盾时，要重点把握矛盾的主要方面；不能等量齐观，要"一分为二""合二为一"，全面分析，主次分明，否则就会胡子眉毛一把抓，无重点、无主次，犯均衡论的错误。促进我国高等教育集聚，一定要坚持两点论和重点论的统一，既要从高等教育集聚的影响机制出发，有针对性地提出相应举措，又要具体问题具体分析，根据各个地区的高等教育发展情况，提纲挈领地把握住促进高等教育集聚的主要矛盾。

一、"两点论"：提升高等教育集聚的举措

（一）按照经济发展新常态含义和要求，不断优化空间经济格局，大力发展中西部落后地区经济发展水平，为优化高等教育区域布局提供基础

高等教育发展与经济发展之间双向双生、相辅相成。两者之间的相互作用表现：一是高等教育培养高素质人才促进经济发展，二是经济发展通过提供办学资源和就业机会对高等教育发展产生约束。❶ 具体到高等教育集聚发展领域，市场因素对高等教育集聚的影响，主要是经济因素发挥影响的过程，经济发展水平是高等教育在校学生规模集聚的物质基础，因为经济资源是一种充满强制的、"条件的"无形力量，无论高等教育系统自身是否喜欢它与否，都必须面对并适应它。

当前，在高等教育区域布局层面，我国仍存在着区域布局非均衡的问题，不能够满足协调发展的要求，也就是学界所提的，高等教育不均存在"二元结构"问题，优质高等教育集中在北京、上海等东部地区，中西部尤其是西部高等教育发展严重滞后，现在高等教育领域频繁上演的"孔雀东南飞"、西部"双一流"高校"东扩"等现象，是其典型表现。其实，高等教育布局领域存在

---

❶ 刘娜娜,王效俐,韩海彬.高校科技创新与高技术产业创新耦合协调发展的时空特征及驱动机制研究[J].科学学与科学技术管理,2015(10).

的"二元结构"问题，本质上是我国经济领域存在的"二元结构"的表现和反应。因此，建设高等教育强国，实现国家教育现代化，必然要求高等教育区域布局的优化，其关键在中西部，但是根本上在于提升中西部地区经济发展水平。

2024年年全国两会期间，习近平总书记在参加江苏代表团审议时强调："要牢牢把握高质量发展这个首要任务，因地制宜发展新质生产力。"李克强代表国务院在在第十四届全国人民代表大会第二次会议上所做的《政府工作报告》，将2024年国内生产总值增长定为5%左右，并提出，大力推进现代化产业体系建设，加快发展新质生产力。❶ 根据中国社科院宏观经济运行实验室的预测，在经济增长速度方面，2020—2030年为5.4%~6.3%。❷ 纵观世界范围内发达经济体的发展，放弃追求经济发展速度的简单发展模式，由追求发展速度转向追求发展质量，是符合经济发展规律的，日本、韩国经济增长阶段变化的趋势和特点见表8-1。

表8-1　日本、韩国经济增长阶段变化的趋势和特点

单位：%

国家	高增长时期年均GDP增长率	高增长期结束后的GDP年均增长率	高增长期结束后10年内的最低年度GDP增长率	高增长期结束后的最高年度GDP增长率	高增长期结束后最高增长年度前后3年GDP年均增长率
日本	1950—1973年：8.6	1974—1990年：4.3	1974年：-1.2	1988年：7.1	1987—1989年：5.5
韩国	1963—1996年：9.1	1997—2013年：4.2	1998年：-5.7	1999年：10.7	1998—2000年：4.3

资料来源：转引自郭克莎. 中国经济发展进入新常态的理论根据：中国特色社会主义政治经济学的分析视角［J］. 经济研究. 2016, 51（9）：12.

---

❶ 中国政府网. 习近平:高举中国特色社会主义伟大旗帜 为全面建设社会主义现代化国家而团结奋斗——在中国共产党第二十次全国代表大会上的报告［EB/OL］.（2022-10-25）［2024-11-22］. https://www. gov. cn/xinwen/2022/10/25/content_5721685. htm.

❷ 社科院:中国2016—2020年GDP潜在增长率5.7%［EB/OL］.（2014-10-18）［2020-1-8］. https://www. chinairn. com/news/20141018/093927623. shtml.

关于经济增长动力,一种观点强调由投资驱动转向消费驱动,由出口主导转向扩大内需;除此之外另有一种观点认为要通过产业转型升级,提升产品科技附加值,来带动经济增长。

因此,在新的历史阶段探讨经济发展问题,需要深刻理解经济发展新常态的内在含义及要求,即把握住"中高速""结构调整优化""创新驱动"三个关键词,深刻理会新常态的如下九个特征:模仿型排浪式消费阶段基本结束,个性化、多样化消费渐成主流;基础设施互联互通和一些新技术新产品、新业态、新商业模式的投资机会大量涌现;我国低成本比较优势发生了转化,高水平引进来、大规模走出去,正在同步发生;新兴产业、服务业、小微企业作用更为凸显,生产小型化、智能化、专业化将成产业组织新特征;人口老龄化日趋发展,农业富余人口减少,要素规模驱动力减弱,经济增长将更多依靠人力资本质量和技术进步;市场竞争逐步转向质量型、差异化为主的竞争;环境承载能力已达到或接近上限,必须推动形成绿色低碳循环发展新方式;经济风险总体可控,但化解以高杠杆和泡沫化为主要特征的各类风险将持续一段时间;既要全面化解产能过剩,也要通过发挥市场机制作用探索未来产业发展方向。❶ 在此基础上,加快推进发展方式和动力的转换,改变过度依赖投资推动经济增长的发展方式,不断全面深化改革,加快制度创新和技术创新。❷ 尤其是在优化区域经济发展空间格局方面下功夫,以此适应和满足高等教育区域布局的优化。

(二) 强化特色、提升本地高中生入学比例,促进高等教育资源区域均衡发展

资源禀赋在高等教育集聚过程中起着基础性的作用,因此进一步改善区域交通条件及提升文化资源,尤其是优质高等教育资源,有助于促进区域高等教育的集聚。交通条件的改善可以为区域高等教育集聚提供便利的通行和疏散便

❶ 贾康.把握经济发展"新常态"打造中国经济升级版[J].国家行政学院学报,2015(1):1-9.

❷ 郭克莎.中国经济发展进入新常态的理论根据—中国特色社会主义政治经济学的分析视角[J].经济研究.2016,51(9):15.

利，但是交通条件的改善并非高等教育部门可以决定的，因此本部分不对如何改善交通基础设施等进行论述，主要在大力发展优质高等教育资源方面进行探讨。

现阶段提升区域高等教育集聚，在宏观层面，要促进高等教育区域均衡发展，由于我国区域经济社会发展的现状及高等教育发展历史原因，较之东部地区，中西部地区尤其是西部地区在高等教育经费投入、人才吸引条件等方面相对较弱，人才流动出现"孔雀东南飞"的现象，东中西部地区高等教育存在发展不平衡的问题。因此，要在宏观层面统筹区域高等教育资源，逐渐改善中西部高等教育资源薄弱的问题。此外，上述研究揭示，优质高等教育资源分布密集的地区，更加有利于高等教育规模的增长，区域间存在优质高等教育资源分布的区域不平衡问题，以"双一流"建设的高校数量的区域分布为例，从首轮公布的一流大学建设高校名单来看，东部地区高校有 24 所，中西部地区共计 19 所；从一流学科建设数量，东部地区 63 个，中部地区 16 个，西部地区 19 个，具体见表 8-2。

表 8-2　全国各省份高等教育发展情况比较

单位：所

区域	省份	普通高校数	"双一流"高校数	一流大学高校数	一流学科高校数	入选学科总数
东部地区	北京	92	34	8	26	162
	天津	57	5	2	3	12
	上海	64	14	4	10	57
	辽宁	115	4	2	2	5
	江苏	167	15	2	13	43
	浙江	107	3	1	2	20
	福建	89	2	1	1	6
	山东	145	3	2	1	6
	广东	151	5	2	3	18
	海南	19	1	0	1	1
	河北	121	1	0	1	1

区域	省份	普通高校数	"双一流"高校数	一流大学高校数	一流学科高校数	入选学科总数
中部地区	山西	80	1	0	1	1
	吉林	62	3	1	2	12
	黑龙江	81	4	1	3	11
	安徽	119	3	1	2	13
	江西	100	1	0	1	1
	河南	134	2	1	1	1
	湖北	129	7	2	5	29
	湖南	124	4	3	1	12
西部地区	内蒙古	53	1	1	1	1
	广西	74	1	0	1	1
	重庆	65	2	1	1	1
	四川	109	8	2	6	14
	贵州	70	1	0	1	1
	云南	77	1	1	0	2
	西藏	7	1	0	1	1
	陕西	93	8	3	5	17
	甘肃	49	1	1	0	4
西部地区	青海	12	1	0	1	1
	宁夏	19	1	0	1	1
	新疆	47	2	1	1	4

注：数据来源于《教育部财政部国家发展改革委关于公布世界一流大学和一流学科建设高校及建设学科名单的通知》及《中国教育统计年鉴（2017）》

在微观层面，要根据各地实际情况，强化自身办学特色，在不断提升自身竞争力的同时，吸引其他地区高等教育资源流入。

同时，需要引起关注的一个现实问题是，各个区域每十万人口在校生数差别明显，尤其是在高中教育与高等教育每十万人口在校生之间差别明显。表8-3中，通过对各个区域数据之间的对比发现，北京、天津、上海、江苏、辽宁、吉林、湖北、陕西等地区高等教育每十万人口要远远高于高中阶段每十万人口数量，表明这些地区是高等教育的人口净流入地区，尤其是北京、天津和上海地区，高等教育人口流入较为明显。但是青海、新疆、宁夏、贵州、西藏、海南、云南、河南、广西等省份，高等教育每十万人口要远远低于高中阶段每十万人口数量，尤其是青海、新疆、西藏等地区差别较大。虽然不排除部分高中生跨省入学的可能，但是总体而言，西北和西南地区高校接收本地区高中生入学的能力较差。换言之，这些地区可能存在较低的高等教育毛入学率，高中毕业后继续在读大学的概率较低。这一问题的存在，启示我们在促进高等教育集聚的过程中，要着重提升本地高中生入学的比例，尤其是西北和西南地区。

表 8-3　2019 年每十万人口各级学校平均在校生数

单位：人

省份	高等教育	高中阶段	初中阶段	高中和高等教育差额
合计	2857	2850	3459	
北京	5320	1078	1433	−4242
天津	4214	1673	1945	−2541
河北	2596	3053	3935	457
山西	2515	2815	3071	300
内蒙古	2053	2330	2618	277
辽宁	3136	2135	2328	−1001
吉林	3373	2134	2421	−1239
黑龙江	2531	2054	2422	−477
上海	3582	1070	1860	−2512
江苏	3311	2410	3012	−901
浙江	2509	2626	2853	117
安徽	2447	3109	3460	662
福建	2577	2677	3462	100
江西	3010	3400	4735	390
山东	2855	2720	3592	−135
河南	2913	3685	4877	772

续表

省份	高等教育	高中阶段	初中阶段	高中和高等教育差额
湖北	3248	2239	2795	−1009
湖南	2873	2930	3598	57
广东	2751	2855	3429	104
广西	2887	3843	4476	956
海南	2497	3361	3951	864
重庆	3258	3298	3597	40
四川	2546	2776	3282	230
贵州	2453	4170	4980	1717
云南	2401	3244	3821	843
西藏	1588	2643	4064	1055
陕西	3812	2868	2908	−944
甘肃	2396	2831	3344	435
青海	1486	3490	3736	2004
宁夏	2581	3422	4343	841
新疆	2106	3496	3929	1390

注：数据来源于《教育部财政部国家发展改革委关于公布世界一流大学和一流学科建设高校及建设学科名单的通知》及《中国教育统计年鉴（2017）》

正视高等教育发展区域不平衡这一问题，既是高等教育发展所面临的现实问题，同时也是促进高等教育发展的一种机遇。它告诉我们，需要下大力气促进区域间高等教育均衡发展，也帮我们指明了正确的发展方向，即想要促进本区域高等教育的发展，最重要的在于提升区域高校的办学实力，在增加高校行政教师数量，培养一流的高校教授，以及不断增加研发经费投入总量等方面下功夫。

（三）积极推动高等教育管理体制创新，厘清政府、社会和高校关系

新中国成立后长期实行计划经济管理体制，政府的有形之手可以直接触及经济、社会、文化等各个角落，高等教育的发展、各区域各层次高等教育的发展，均受到政府行政力量的制约。各国高等教育发展实践证明，不同政治体制

下政府的调控都是影响高等教育集聚的一个重要因素，即使在市场经济体制下实行高等教育分权制的欧美等资本主义国家，政府将各种公共政策、规章制度及财政拨款等作为实现国家意志的途径，作用于区域集聚程度的变化。改革开放后，随着我国经济管理体制改革进程的推进，以及中央政府和省级政府两级管理，以省级政府管理为主格局的形成。在高等教育领域，地方分权的特征也越来越明显，即相对于中央所属高校，地方高校在高等教育系统中占据着绝对的优势地位，地方政府对高等教育的主体责任及管理权限日益扩大，地方高校已经成为我国高等教育大众化进程的主要推动力量。因此，推动高等教育集聚过程中，政府成为必不可少的一环。

唯物辩证法指出，现象和本质是揭示客观事物的外在联系和内在联系相互关系的一对范畴。本质是事物的根本性质或组成事物基本要素的内在联系，现象是事物的外部联系和表面特征。政府虽然是推动高等教育集聚的重要影响因素，高等教育集聚过程中要大力发挥政府尤其是地市级政府的积极性，这是一种高等教育集聚的表面特征，而促进高等教育集聚的根本性质在于推动高等教育管理体制的改革，而且发挥政府作用与推动高等教育管理体制改革是辩证统一、相辅相成的，共同作用于高等教育集聚。高等教育管理体制的改革核心在于厘清政府、社会和高校三者之间的关系，其目标在于建立一种与经济、社会、科技发展水平相符，同时又充分体现高等教育发展规律的一种新型管理制度；理顺中央政府和地方政府关系，政府和高校之间的关系，即落实高校办学自主权的问题一直是我国高等教育管理体制改革的核心。高等教育具体集聚程度的问题，原则还是要基于地区经济、社会、科技发展水平相符，也要符合高等教育发展的一般规律，因此需要在中央和地方关系、政府和高校之间关系方面做进一步的体制探讨与改革。

1. 积极推动高等教育管理体制创新，进一步加强地市级政府的统筹权

在中央政府和地方政府的关系方面，现行的高等教育管理体制为中央和省两级管理、以省为主的新管理体制，《中共中央 国务院关于深化教育改革 全面推进素质教育的决定》明确提出，"经国务院授权，把发展高等职业教育和

大部分高等本科教育的权力以及责任交给省级人民政府，省级人民政府依法管理职业技术学院和高等专科学校；进一步简政放权，加大省级人民政府发展和管理本地区教育的权力以及统筹力度"❶，省级政府获得高等教育发展的统筹和管辖权。这一体制规范了中央政府和省级政府在高等教育管理方面的权力，搭建起了市场经济条件下我国新型的高等教育管理体制。省级政府享有对高等教育的统筹权，极大地激发出地方政府办学的积极性，也使高校成为地方经济社会持续发展的引擎。

省级政府享有本辖区内高等教育的统筹权，可以实现本区域高等教育发展的最佳整体效益。省级政府在本省层面统筹高等教育的发展，可以根据本省经济社会发展的客观实际需求决定高等教育的招生规模、经费投入、教师数量等问题，在省级层面确定与本省实际需求最相符合的高等教育规模与结构及数量与质量，可以实现高等教育事业发展改革的整体最佳效益。

我国高等教育集聚，其根本的指导原则在于遵循中央和省两级管理、以省为主的管理体制。在此根本原则的指导下，要进一步加强地市级政府的统筹权，探索建立中央、省以及地级市三级管理的办学格局。正如有学者提出的"高校在空间、地域上的布局，重心适当下移，不能把我国的高校集中在省会城市，本科院校、高职院校要逐步向地级市州延伸，培养当地用得上、留得住的人才，其基本目的是更好地为农村、农业、农民服务，为地方社会经济发展服务，也是为了更好地适应在改革开放中已经发生并还在进行中的生产力布局的重大变化。"❷

进一步加强地市级政府对高等教育的统筹权，有着现实的基础性与合理性。其一，我国现阶段在高等教育经费分担模式方面，高等教育的举办者是办学经费的主要承担者，而随着我国经济的健康平稳发展，各地级市财政收入也呈现出良好的态势，为提供充足的办学经费提供了物质基础。据《中国教育

❶ 李江源.论教育制度创新[J].河北师范大学学报:教育科学版,2002,4(3):21.
❷ 纪宝成.世纪之交中国高等教育管理体制改革的历史回顾[J].中国高教研究,2013,8:10.

统计年鉴》显示，2018 年，全国共计各类普通高校数量 2663 所，其中中央部门所属院校仅 119 所，占比仅 4%，地方所属院校占比高达 96%。占比 96% 的普通高等学校数量主要分布在各省地级市之内，虽然省会城市在数量方面占据一定的优势，但是所有地级市普通高等院校的数量也相当可观。现有的高等教育经费分担模式决定着各地级市是本辖区高等教育办学经费的主要提供者，因此无论是从办学经费提供者的维度，还是出于提高经费使用效率的维度，地级市政府对高等教育行使统筹权具有现实的基础。其二，我国幅员辽阔，不但省级政府之间差异显著，而且由于我国各省区域面积也较大，因此省内各地级市之间经济、社会发展程度，以及高等教育发展历史也是千差万别。从省级政府层面，东南沿海地区无论是经济社会还是高等教育发展质量均高于西部地区，同时在省内各地级市之间也存在较大的差别，例如江苏省的苏南和苏北地区经济社会发展程度及高等教育发展现状之间存在较大的差别，江苏已经出现了四级办学、三级管理的格局；苏南的苏州市对高等教育层次结构的发展需求及人才培养的需求与苏北地级市之间便差别迥异。因此，只有将高等教育发展的统筹权从省一级政府继续下移到地市级政府，避免出现高等教育在省级范围内"摊大饼"的情况，经济社会基础条件良好，有着发展高等教育强大需求的地级市进一步扩大高等教育集聚程度，经济社会发展基础较弱，以及对高等教育需求不是很高的地级市，可以适当减少高等教育集聚程度，这样一方面兼顾各地高等教育管理格局的不同现状。另外，可以使各地级市对高等教育集聚保持可管理性的态度，激发地级市政府兴办高等教育集聚性的同时，通过部分集聚的最优，最终达到整体集聚的最优。其三，从美国等先进国家的经验来看，进一步加强地方对高等教育发展统筹权是一条国际经验，是高等教育管理体制改革的一个主流方向。

加强地市级政府对高等教育的统筹权，需要地级市政府不断转变管理理念，变更调控手段。在管理理念方面，坚决杜绝"婆婆"心态，真正担负起统筹角色的重担，树立起现代治理理念，在现代治理理念之下，不断淡化大学的行政依附属性，真正淡化"属"的意识形态，建立起政府与大学之间的平等协商关系。在调控手段方面，第一，规划而不是具体的行政命令应该是政府的主要调控手段，地级市政府要根据本辖区经济及社会发展现状，高等教育发展的历史及对高等教育的实际需求状况，统筹规划高等教育机构数量、各层次高等教育机构的定位与发展目标，规划的目标的提出基于具体的高等教育资源现状，服务于兼顾本辖区当前利益及长远发展。第二，创新财政拨款方式，地级市政府的财政拨款要破除既有的事业费拨款模式，转而以评估作为主要的拨款多寡标准，辅之以为经济社会发展贡献率的动态调整模式，拨款程序遵循公开、效率及科学的原则。同时保留对区域重点学科、取得重大科研项目的追加或奖励的相应权力。

2. 深化政校关系改革，激发高等教育集聚活力

经济集聚可以在内部和外部产生巨大的集聚效应，一方面通过集聚轻松解决了企业的进入壁垒，使集聚区的企业获得更大的生存发展空间；另一方面集聚区域内具有充足的原材料、资本及劳动力，可以进一步提升对各生产要素的利用效率，增加企业生产效率，从更本质的层面来说，经济集聚实现了集聚区域内产业结构的调整和优化升级。高等教育集聚同样可以在人才培养及社会服务等方面产生巨大的集聚效应，但是要盘活高等教育的集聚效应，最重要的是要深化政校关系的改革，切实落实高校的办学自主权，只有高校自身根据经济生态、社会生态自主决定招生规模、专业设置、教学管理，才能真正激发出每所高校的"心脏地带"，最终不但使区域内高等教育集聚程度合理，而且能够实现高等教育层次结构的完善和优化升级。

进一步深化政校关系，落实高校办学自主权，首先，要与构建新型中央和地方政府管理体制的改革统一起来，将政府对高校的调控权力集中于规划，彻底改变政府机构长期包办高等教育过程中形成的"婆婆"心态，进一步明确高校自身在招生、专业设置、国际交流、学位授予及教学等方面的权力。其次，与时俱进进行制度创新，"建议不再使用'部属高校'、'省属高校'的概念，而代之以'国立大学'、'省立大学'等，进一步凸显高校的法人地位"❶。最后，规范高等教育办学机制，在政府主导的办学机制主导下，积极引导社会力量出资建学。

二、"重点论"：提升高等教育集聚的关键举措

（一）有针对性地优化高等教育集聚

通过对我国高等教育集聚现状一章的研究发现，现阶段，华东和华北地区是我国高等教育集聚程度最高的地区。同时，华中地区高等教育集聚能力在不断强化，极有可能成为继华东和华北地区之后我国另一个高等教育集聚高地。但是华中地区作为潜在的高等教育集聚高地，其内部差异最小，说明湖北、湖南和河南三地高等教育集聚能力势均力敌，差异较小，呈现齐头并进的发展态势。东北地区高等教育集聚能力在逐渐弱化，尤其高等教育资源的集聚能力弱化幅度较大。自高等教育扩招，在以市场为主要资源配置方式的背景下，东北地区高等教育资源仍处于不断流出的状态。东北地区在 1999 年，其高等教育集聚能力突出，但进入 21 世纪其集聚能力逐渐弱化；同时其内部三个省份间的差异逐年缩小，说明东北地区内部也未形成明显的高等教育集聚高地。西南和西北地区高等教育集聚能力较弱，但两者均处于不断提升的态势。导致这一结果的原因很有可能是在政府政策扶持下，政府资源不断向西部地区倾斜。同时在市场竞争机制下，西部地区逐渐强化自身办学特色，提升自身竞争力，吸引其他地区高等教育资源流入所致。华南地区高等教育集聚能力一般，尚未构成我国高等教育集聚高地，其内部高等教育资源也不断向广东地区集聚。

针对当前高等教育集聚现状，根据本书构建的高等教育集聚影响机制，基于各个区域之间经济社会发展的实际情况，优化我国高等教育集聚应该采取有

---

❶　纪宝成.世纪之交中国高等教育管理体制改革的历史回顾[J].中国高教研究,2013(8):12.

针对性的举措，要重点抓住主要矛盾，解决主要矛盾。具体而言：作为我国高等教育集聚程度最高的华东和华北地区，高等教育集聚要服务于经济结构从低端向高端转型升级的实际需要，满足提高实体经济供给质量、积极顺应新一轮科技革命和产业变化趋势、大力培育新兴产业和利用新技术改造传统产业的实际需要，"应强化以市场需求为导向的人才培养模式，提升人力资本积累效率和配置效率，从而为创新发展和高质量发展蓄积力量"❶，即华北和华东地区高等教育集聚要服务于新常态下经济转型升级的现实需要。东北地区高等教育自 21 世纪后集聚能力便在不断下降，针对此现状，要有针对性地大力振兴东北地区经济，以市场力量推动东北地区高等教育集聚。西南和西北地区经济发展水平本身便较为落后，高等教育整体发展水平亦较为薄弱，要想加快两个地区高等教育集聚，要大力发展经济，同时离不开政府的政策扶植。华南地区高等教育集聚能力一般，但是在华南地区，广东的经济发展水平在全国处于领先地位，虽然进一步加快经济发展水平对该地区高等教育集聚也很重要，但是鉴于广东的经济发展现状，提升高等教育的资源禀赋反而将对华南地区高等教育集聚发挥着至关重要的影响。这也是为何近几年广东大力引进高水平大学来粤办分院、研究生院的原因所在。

（二）高等教育层次结构集聚优化原则

除了高等教育集聚区域的优化，高等教育层次结构的优化也要把握"重点论"的关系。基于我国现阶段高等教育集聚的现状，以及我国各层次高等教育集聚与经济社会发展的相关性，并且基于我国各层次高等教育发展的现实情况，确定我国各层次高等教育集聚调整的基本性原则，即博士研究生教育是最高水平的教育层次，因此博士研究生教育集聚应该以具有发展博士研究生教育的现实条件为第一原则；高职高专和本科教育是我国高等教育大众化向普及化过程中最主要的推动力量，伴随着我国高等教育大众化进程的不断推进，其

---

❶ 楠玉.中国迈向高质量发展的人力资本差距[J].北京工业大学学报(社会科学版)，2020(4)：30-39.

集聚的首要原则应该是具有开展高职高专和本科教育的实际需求；硕士研究生教育处于博士研究生教育和本科生教育的中间层次，既是本科教育的延伸，又是博士研究生教育准备阶段，因此其集聚的首要原则应该是兼具发展硕士研究生教育的现实条件和实际需求。

第二节　关注高等教育集聚的"回波效应"和"扩散效应"

一、关注高等教育集聚的"回波效应"

根据高等教育集聚的影响机制，区域高等教育集聚程度是受经济发展水平、资源禀赋、政府政策及高等教育发展等因素综合影响的过程。高等教育发展与经济发展之间存在的紧密共生关系，改革开放后，随着我国社会主义市场经济体制的不断完善，以及以简政放权为核心的政治体制改革的不断推进，以市场为代表的经济因素将会对高等教育集聚产生越来越重要的影响。

区域经济发展并非一个均衡发展的过程。佩鲁指出："增长并非同时出现在所有地方，它以不同的强度首先出现在一些增长点或增长极上，然后通过不同的渠道向外扩散，并对整个经济产生不同的最终影响"[1]，非均衡发展将形成"增长极"。所谓增长极是指"在城市区配置不断扩大的工业综合体，并在其影响范围内引导经济活动的进一步发展"[2]，在"增长极"形成以后，将会对周围地区形成虹吸效应，不断吸收周边地区的资本、资源、劳动力等生产要素，集聚自身不断壮大和发展的能量，使核心区与周围地区的发展不断拉大，

---

[1]　安虎森.增长极理论评述[J].南开经济研究,1997(1):32.

[2]　俞路.20世纪90年代中国迁移人口分布格局及其空间极化效应[D].上海:华东师范大学.2006:47.

产生"极化"作用，缪尔达尔将这种极化现象称为"回波效应"。所谓"回波效应"是指"某一地区经济扩张给另一地区带来的所有不利变化，包括人口迁移、资本流动、贸易及与之相关的其他所有经济、非经济的不利影响"。❶我国经济具有典型的"二元结构型"特征，在全国范围内，东中西部地区经济发展呈阶梯状分布，地区发展差异较大，在区域层面，上海、成渝、广深、京津分别成为"东西南北四大发展极"。在省域层面，东部省份发展布局呈现"双子星""多子星"结构，而中部省会城市多为单极核心城市，一家独大。尤其是随着"长三角"和"珠三角"发展战略的实施推进，东部地区经济发展速度和水平被进一步激活了，东部地区中心城市迅猛崛起，在这一经济发展形态下，直接影响着高等教育的区域集聚，形成高等教育集聚的"回波效应"，即东部经济发达地区高等教育集聚程度明显，不断吸收中西部地区的高等教育资源，尤其是优质高等教育资源。现阶段，江苏、浙江、山东等东部沿海地区"吸附"中西部"双一流"院校开办研究院、研究生院、分校和附属医院等便是突出表征。

在高等教育集聚的回波效应下，"双一流"高校集体东扩，不论是对拓展高校自身的办学空间，提升办学水平，还是促进办学地经济发展水平等，均具有积极意义，某种意义上是一种双赢。但是，本书认为，尤其需要关注高等教育集聚回波效应对周围其他地区所带来的不利影响，仍以"双一流"高校的集体东扩为例，基于高等教育自身发展，这一现象极有可能造成如下问题：导致"双一流"建设高校使命错位、引发更多高校"跟风"易导致两败俱伤、引起中西部高校坚守中西部的信心动摇、进一步拉大东西部高等教育差距。❷针对上述可能出现的问题，在政府层面，应发挥高等教育政策的约束和指导作用，在高等教育自身领域层面，应提前谋略高等教育集聚的"扩散效应"。

---

❶ 韩纪江,郭熙保.扩散:回波效应的研究脉络及其新进展[J].经济学动态,2014(2):117.

❷ 卢彩晨,廖霞.我国"双一流"建设高校扩张模式与区域走向研究:基于区域经济发展的视角[J].中国高教研究,2020(12):38.

二、关注高等教育集聚的"扩散效应"——以北京教育资源疏解为例

"回波效应"的反向作用是"扩散效应",它是指经济中心向其他地区扩张的离心力。本书构建的关于高等教育集聚的影响机制认为,伴随着高等教育集聚程度的提升,转而会出现高等教育扩散,也便意味着高等教育扩散是高等教育集聚的高级形态或者第二阶段。而且,现实层面关于高等教育的实践也已经和该观点有了相互印证。前文关于我国高等教育集聚变迁的历史研究,从高等教育集聚度来看,1999—2016年,我国高等教育基本形成了华东和华北两大集聚高地,在这两大集聚高地的内部又形成了以上海、江苏和北京为核心的集聚中心。一方面,在京津冀高等教育协同发展的背景下,北京高等教育发展已开始由集聚向扩散阶段转变,进入高等教育功能向天津、河北、雄安新区等区域疏解阶段。另一方面,结论认为华东地区内部存在明显的以"苏—沪"为核心的高等教育集聚圈,但这种极化效应随着高等教育发展有逐渐弱化之势。这说明华东地区内部以江苏和上海为核心的集聚高地发挥了其相应的辐射带动作用,使周边其他地区如安徽、山东等地的高等教育集聚能力逐渐增加,这一研究结论同样充分佐证了高等教育扩散是高等教育集聚的高级形态或者第二阶段这一观点的正确性。因此,本书认为,在采取措施不断加快和促进高等教育集聚的过程中,同样需要提前谋略高等教育扩散这一问题。

本部分仅以京津冀高等教育为例予以说明。前文关于高等教育集聚变迁历史的结论同样认为,华北地区内部也存在以"北京"为中心的高等教育集聚圈。在京津冀协同发展战略下,伴随着《京津冀协同发展规划纲要》的颁布实施,"北京"为中心的高等教育集聚已经步入了教育扩散阶段,当前正在进行高等教育资源的疏解工作。关于北京如何扎实做好非首都高等教育资源疏解工作,本书认为,非首都功能疏解是京津冀协同发展的"牛鼻子",所谓非首都功能是指首都功能以外的其他功能,即与"四个中心"不匹配的功能。北京教育尤其是高等教育要以疏解非首都功能为突破口做好"瘦身健体"工作,

教育资源疏解的对象主要是与"四个中心"发展定位不突出的教育资源,《北京市新增产业的禁止和限制目录(2015年版)》更是明确对北京高等教育做出限制性规定和管理措施。鉴于当前首都高等教育处于疏解的初级阶段,应着重在如下方面进行调整优化,推进内涵式发展。

(一) 以央属院校带动人口疏解

相较于市属院校,央属院校对人口集聚更具吸引力。以北京高等教育在校生为例,2015年,招生达32.28万人,其中央属高校招生21.1万人,是市属院校的1.9倍;而且北京16万"蚁族"群体中,30%曾就读于"双一流"建设高校,"聚人多、占地多"是央属院校的显著特点❶,因此,在疏解北京教育资源过程中,首先可重点对央属院校教育资源予以疏解。

(二) 向中心城区以外疏解增量

当前北京高等教育资源仍过多聚集在城六区,总体呈现出向周边郊区疏解的态势。鉴于首都环境资源的有限承载力,非首都教育资源的疏解应该继续坚持总量控制、存量优化的原则,城六区不宜再成立高校或者建立分校以扩大高等教育规模和教育用地规模,要将良乡、沙河高教园区作为主要输入地,支持高校在中心城区外建立分校疏解本科生,老校区定位为研究生培养基地和研发基地;推进职业教育调整转移,经济社会发展需要鼓励特色专业到郊区办学,进一步优化城区布局结构。

(三) 以低层次教育资源疏解为主

当前北京各层次高等教育规模有着较大的体量,在校生教育规模,尤其是研究生在校生规模与天津河北差距不断扩大。打造科技创新中心,必然要疏解低

---

❶ 方中雄.京津冀教育发展研究报告(2016—2017)[M].北京:社会科学文献出版社,2017.

端产业，而研究生教育规模集聚可以源源不断为高端智能产业提供人才供给，因此高职教育疏解更能满足北京城市发展功能定位需求，这也与当前天津、河北专科教育在校生规模不断扩大、北京专科教育在校生规模逐年缩小的态势相吻合。

第三节　普及化阶段高等教育层次结构调整

高等教育普及化在不久的将来将成为高等教育发展的一个全球性现象，截至 2018 年，"全球共有 64 个高等教育发达国家、64 个高等教育发展中国家及 60 个高等教育欠发达国家，有 35 个高等教育大国，以发达国家为主导的高等教育发展局面已被打破，发展中国家高等教育的影响力逐渐凸显"❶。据 2019 年全国教育事业发展统计公报显示，我国高等教育毛入学率 51.6%，正式进入普及化阶段。无论是在大众化阶段还是普及化阶段，自始至终存在着两个制约高等教育发展的矛盾，"一是各级各类人才总量的供给与社会的总需求之间的矛盾，二是高等教育各层次的结构与社会需求的结构之间的矛盾"❷。这两个矛盾的解决均需要进一步优化和调整高等教育层次结构，因此，高等教育层次结构问题将是高等教育在普及化阶段不可回避的主要议题之一。

一、高等教育强国普及化阶段层次结构演变

（一）关于样本国家选取的说明

本书以美国、英国、法国、加拿大、日本和韩国为研究对象，之所以选取上述国家，其一，按照马丁·特罗提出的"高等教育发展阶段理论"，当一个

---

❶　别敦荣,易梦春.普及化趋势与世界高等教育发展格局:基于联合国教科文组织统计研究所相关数据的分析[J].教育研究,2018(4):135.

❷　闫亚林.高等教育层次和科类结构研究[D].上海:华东师范大学,2005:88.

国家高等教育毛入学率低于 15%，高等教育处于精英化阶段；当高等教育毛入学率介于 15%~50%（含 15%）处于大众化阶段；当高等教育毛入学率超过 50%，便进入了普及化阶段。美国于 1975 年率先迈入普及化阶段，加拿大紧随其后，法国、韩国和英国分别于 20 世纪 90 年代后期迈入普及化阶段，日本于 21 世纪之初也迈入普及化阶段，当前六国均是处于高等教育强国之列，而且各层次人才总量供给较好地满足了本国经济社会发展的需求。各国在全球经济体系中处于第一梯队的发展水平，便是最好的现实例证。其二，上述六国样本具有多元化的特征，突破了单一性特征样本分析的局限性，得出的结论更具有合理性与科学性。其多样性体现在两个方面：一方面，现阶段上述六国分别处于普及化的不同阶段，英国处于初期阶段（毛入学率低于 60%），加拿大、法国和日本处于中期阶段（毛入学率 60%~80%），美国和韩国处于后期阶段（毛入学率高于 80%）；另一方面，同时兼顾了高等教育不同管理体制，既有以法国为代表的集权制管理体制，也有以美国为代表的分权制管理体制。

（二）六国高等教育普及化阶段层次结构演变

本节主要针对各样本国家，总结在高等教育大众化和普及化之交、普及化之初，尤其是近些年随着普及化的推进高等教育层次结构最新的变化。其中，出于统计数据需要，以各层次毕业生占比衡量该层次高等教育规模大小（见表 8-4）。

表 8-4　六国主要年份高等教育层次毕业生占比及高等教育毛入学率

单位：%

国家	教育层次	1975 年	1995 年	2013 年	2014 年	2015 年	2016 年
加拿大	专科	26.1	60.3	32.9	34.2	34.7	35.2
	本科	64.0	33.2	53.2	52.0	50.2	49.0
	硕士	10.0	6.5	12.1	11.9	13.2	14.0
	博士			1.8	1.8	1.8	1.8
	毛入学率	47.9	89.9	65.6	66.0	65.3	67.0

续表

国家	教育层次	1975 年	1995 年	2013 年	2014 年	2015 年	2016 年
法国	专科	—	—	29.4	29.5	28.5	27.5
	本科	—	—	33.0	32.5	32.8	33.7
	硕士	—	—	35.8	36.2	36.9	37.1
	博士			1.8	1.9	1.8	1.7
	毛入学率	23.5	50.3	59.8	61.8	62.8	64.4
日本	专科	31.0	48.9	30.8	30.8	31.5	31.3
	本科	66.0	46.1	56.6	57.1	56.7	56.8
	硕士	3.0	5.0	11.0	10.5	10.2	10.3
	博士			1.7	1.6	1.6	1.6
	毛入学率	23.9	39.1	—	63.4	—	—
韩国	专科	36.0	41.1	31.0	30.6	29.4	28.5
	本科	58.0	50.1	53.4	53.9	55.7	56.7
	硕士	6.0	8.8	13.5	13.4	12.8	12.7
	博士			2.1	2.1	2.1	2.2
	毛入学率	7.6	48.3	94.4	93.4	93.3	93.8
英国	专科	41.0	19.1	16.2	9.0	11.5	12.5
	本科	47.0	56.6	50.8	57.5	53.3	53.0
	硕士	12.0	24.3	29.6	30.3	31.6	30.9
	博士			3.3	3.2	3.6	3.6
	毛入学率	18.6	48.2	57.6	57.3	57.3	59.4
美国	专科	27.4	31.6	26.6	26.3	26.3	25.9
	本科	54	47.3	48.7	49.1	49.2	49.3
	硕士	19	21.1	23.0	22.8	22.7	23.0
	博士			1.7	1.8	1.8	1.8
	毛入学率	51.1	79.0	88.7	88.6	88.9	88.8

注：1. 加拿大毛入学率 47.87%，为 1976 年数据。2. 具体数据根据联合国教科文组织统计研究所（The Institute for Statistics，UNESCO）其中，2013—2016 年比例数据为笔者根据具体数据测算而得，1975 年数据根据《1980 年联合国教科文组织统计年鉴》（UNESCO Statistical Yearbook 1980）测算，1995 年数据根据《1999 年联合国教科文组织统计年鉴》（UNESCO Statistical Yearbook 1999 UNESCO）。3. "—"代表当年相关数据缺失。4. 根据 UNESCO 数据统计标准，1995 年（含）之前数据未单独统计硕士或博士毕业生数量，仅综合统计研究生整体数据。

通过数据对比发现，上述六国在高等教育普及化阶段前后，各层次高等教育规模占比存在差异，专科教育规模方面，英国、美国和加拿大占比约在20%~30%，韩国占比超过40%；本科教育规模方面，大多数国家占比介于50%~60%，加拿大占比高达64%；研究生教育方面，加拿大和韩国占比在10%左右，美国和英国占比较高，接近和超过20%。由于法国和日本相关数据缺失，在此不做规模统计。

随着普及化持续发展，从近些年的数据可以发现，除英国外，国外高等教育强国专科教育规模基本上处于微增的状态，占比基本维持在30%左右；本科教育规模在不同年份有所增减，除法国之外，占比基本维持在50%~60%，是高等教育普及化阶段的中坚力量；研究生教育在普及化阶段均呈现增加的状态，其中加拿大、日本、韩国三国占比维持在15%~20%，法国和英国占比较高，维持在30%~40%，美国研究生教育占比处于中间规模，约25%。

二、高等教育强国层次结构调整动力机制分析

(一) 政府调控是高等教育层次结构调整的主导性政治力量

本书选取的传统高等教育强国，高等教育层次结构不断完善的过程中政府调控发挥着重要作用，其影响高等教育层次结构调整的途径主要在于教育立法，即通常以法定条文的形式合法地影响着有限高等教育资源的分配，是高等教育层次结构调整的主导性政治力量。国外相关研究也已经表明，只有以法律或政府干预的方式界定和维护高等教育系统结构，系统多样性才是可持续的。同时，在规定结构多样性的类型和限度，以及影响自下而上多样化的可能程度方面，对高等教育结构变化的法律监管可以发挥根本作用。❶

---

❶ UNESCO-CEPES. Universities,colleges,and others:diversity of structures for higher education:discussion of themes[J]. Higher Education in Europe,1994,19(4):11-17.

美国实行各州分权的高等教育管理体制，各州政府在高等教育层次结构调整优化过程中发挥了重要作用，主要通过制定和颁布高等教育法案、影响财政拨款等方式对高等教育层次结构施加影响。美国内战之前，高等教育层次结构较为单一，主要是以进行古典教育的本科院校为主，具有浓厚的宗教色彩，古典教育在美国高等教育发展中形成了强大的历史惯性。而打破这一路径依赖，开启高等教育层次结构多元化的主要举措便是高等教育立法。1862 年以立法的形式颁布《莫雷尔法案》，创办了增地学院，1890 年又通过进一步修改完善法案，不断增加对赠地学院的财政拨款。1907 年加州政府率先以法律的形式确定了初级学院的合法地位，并将其定位为 "合理的完全的博雅或职业教育"，其功能在于兼顾升学与职业准备❶，初级学院以此为契机在各州发展迅速，在高等教育体系中的地位得到认可。1947 年，杜鲁门的报告《民主的美国高等教育》中，将初级学院统一更名为二年制的社区学院，授予副学士学位，正式存在于美国高等教育层次结构体系。再将视角转移至研究生教育，美国研究生教育的发展过程中，政府宏观调控的影子同样清晰可见，美国研究委员通过财政拨款，短时间内迅速提升了研究生教育及大学的研究功能，造就了一批蜚声中外的研究型大学。同时，为了避免各层次高等教育的不良竞争，各州政府纷纷开始建立协调中心机构，规划着本州各类型、各层次高等教育机构的有序发展。

作为具有高等教育高度自治传统的英国，在高等教育层次结构变迁过程中同样可以看到政府调控所发挥出的重要作用。多科技术学院的建立导致专科层次教育的发展，便是一个很好的佐证。教育与科学部、议会和下议院等部门颁布的《关于多科技术学院与其他学院的计划》《高等教育——迎接新挑战》《教育改革法》《高等教育：一个新框架》《继续教育和高等教育法》等法案，既直接促使多科技术学院的建立及发展，先后共组建了 34 所多科技术学院，又

---

❶　MCCLANE C L. Announcement of the first junior college in California[J]. Junior College Journal, 1930(11): 1-94.

最终决定了多科技术学院的消亡，成为"1992年后大学"❶。

（二）经济发展及产业结构调整是高等教育层次结构优化的经济动力

满足经济社会发展需求，提升产业结构下社会分工对不同层次人才的适应性，是高等教育层次结构调整的导向。上述具有代表性的传统高等强国，在高等教育层次结构调整方面，都非常重视与具体社会需求相结合，产业结构的调整、市场需求的变化是培养不同层次和目标人才的风向标和晴雨表，以不同层次专业人才的供给达到满足社会发展需求的目的，最终建立起层次结构调整和经济社会发展需求的良性互动机制。

日本高等教育层次结构变迁明显受资本主义市场经济制约及社会现代化发展目标影响。20世纪70年代后，日本基本形成了相对稳定的高等教育层次结构，第一层次主要由短期大学、高等专门学校、专门学校、大学专科等组成，大学本科是第二层次主体，以及大学院和进修班组成的第三层次。其实在明治维新前，日本高等教育层次结构只有两个层次。明治维新后，日本开始由农业国向工业国过渡，需要高等教育培养适应资本主义经济发展的各层次专门人才，高等教育层次结构才演变为三个层次。步入20世纪后，日本已经确立起资本主义经济制度，工业经济的快速发展对各层次类型人才的巨大需求，又促使高等教育层次结构的变化，主要表现在原先的高等专科教育产生强烈的升格需求，包括早稻田大学等一批高校成功升格为本科院校。第二次世界大战后，迅速恢复和发展经济是作为战败国的日本最重要的国家战略，日本政府意识到，向科技要生产力才是发展资本主义市场经济的唯一选择。因此，日本高等教育层次结构又经历了一次调整，主要表现在第一层次规模下降，以大学本科教育为主的第二层次规模迅速增加，本科教育规模占比1945年仅为18.9%，1950年提升到90.5%。随后，日本政府提出"国民收入十年倍增计划"，直接

---

❶ 张建新.走向多元:英国高校分类与定位的发展历[J].比较教育研究,2005(3):68.

导致五年一贯制的高等专门学校的出现。20 世纪 70 年代后，日本成为世界第二大经济体，第三产业的迅猛发展造成对各种专门技术人才的需求缺口巨大，因此隶属于高等教育第一层次中的专修学校才得以发展。通过日本高等教育层次结构演变历史可以发现，经济社会发展及产业结构调整对不同层次专门人才的实际需求是层次结构调整的经济动因。

韩国高等教育层次结构的调整更加直接体现了与产业结构之间的紧密动态关系。伴随着韩国产业结构由初始阶段转入高级阶段，高等教育结构也开始由单一向多元化发展。20 世纪 60 年代是韩国产业结构调整的战略机遇期，国外先进设备和流水线开始引入国内，因此对熟练技术操作工人的需求巨大。这一现实需求对高等教育的直接影响便是导致专科层次教育规模的爆炸性增长。据相关数据统计，1955—1975 年，专科性质的初级学院由 9 所增加到 98 所，在全部高校中数量的占比提升了 40%，专科层次在校生的比例增加到 35.7%。在 20 世纪 80 年代后，韩国产业结构开始发生战略性调整，逐渐由工业向技术创新转变，致力于发展高附加值、低能耗的高新技术产业。传统劳动密集型产业在产业结构升级中被知识和技术密集型产业所取代，韩国政府将大力发展研究生教育作为与这一宏观产业结构调整相适应的战略举措。因此，研究生教育在整个高等教育层次结构中得以发展，1974 年研究生毕业生占比约 6%，1995年提升到 8.8%。

（三）健全完善的高等教育制度体系在高等教育层次结构优化过程中提供了制度保障

传统的高等教育强国，在高等教育层次结构调整过程中，不约而同地构建出一套符合本国国情的高等教育制度体系，它的最大特点在于层次丰富、类型多样，而且实现了不同层次之间彼此自由转换及无缝衔接的制度设计，最终为实现高等教育层次结构的整体优化提供了制度基础。

美国是建有完善学位体系的典范。美国高等教育机构根据学位授予类型共包括六个层次，每一层次又包含着不同的类别，即学术型和职业型，具体表现："第一类为博士学位授予机构，包括研究型大学Ⅰ类和Ⅱ类、博士型大学Ⅰ类和Ⅱ类；第二类为综合性硕士学位授予大学和学院，分为Ⅰ类和Ⅱ类；第三类为学士学位授予学院，也分为Ⅰ类和Ⅱ类；第四类为副学士学位授予学院，包括两年制社区学院、初级学院和技术学院等；第五类为专门机构，包括神学院、法学院、医学院、工程技术学院、设计学院、艺术和音乐学院等；第六类则为部落学院和大学"。❶ 美国学位体系为普及化阶段高等教育层次结构优化构建好了制度框架，一是建立了由副学士、学士、硕士和博士构成的健全完善的体系；二是类型多样，每一层次的高等教育，均包含学术型和职业型二种类型；三是各层次之间构建起彼此之间自由流转的制度体系，以社区学院为例，职业型的学生为进入就业市场做准备，而学术型的学生毕业后有健全的制度途径可以转入本科院校继续学习，直至最终攻读博士学位，不同层次的学生根据实际需要实现自由流转、无缝衔接。

加拿大通过建立学分转换制度构建起不同类型和层次高等教育机构之间连接的"立交桥"。加拿大不列颠哥伦比亚省学分转换系统（British Columbia Transfer System，BCTS）由于在差异化的院校之间建立的可操作性的学分转换策略及取得的良好效果等原因，享有全球性的声誉。加拿大实行高等教育分权制模式，各省之间教育标准不一，因此基于课程等价原则签订的灵活多样的学分认证协议是学分转换系统的基础。BCTS 学分互认协议主要有三种形式：一是双边课程认证，主要针对两年制的社区学院和四年制的大学，双方根据课程提纲，经过评估给出最终认定结果；二是多边课程认证，主要是多所学校针对某一学科领域的课程进行等价认证，既可以在不同层次院校之间进行认证，也可以在同层次不同院校之间进行认证，比如大学与大学之间；三是组块学分转换，主要是针对认证双方学校之间课程不具有等价性的情况而进行的制度设计，比如学生获取的职业类文凭课程，可能与学位课程无法有效匹配，但是已经获得的文凭则意味着该生具备了进入高年级继续学习的知识基础和技能条件

---

❶ 陈先哲,卢晓中.普及化时代高等教育体系的构建逻辑:从共存秩序到共荣秩序[J].高等教育研究,2019(8):5.

的可能性，因此应该进行学分认证。学生在学分认证协议的既定要求下，可以按照自主意志提出学分转换申请，继续攻读学位，以此实现自由流转。2007—2009 年，在哥伦比亚省不同院校之间进行学分转换的学生达 22 500 人。❶

需要说明的是，每个国家高等教育层次结构调整，都是政府调控、经济发展以及自身高等教育体系制度等因素综合作用的结果，任何单一因素作用的发挥都不可能起着决定性的影响。上述相关论述中，选取某一因素来集中论述对该国高等教育层次结构变迁的影响，只是将其作为深入剖析的一个视角，更加清晰地梳理出高等教育层次结构变迁背后的重要影响机制，但并非意味着其他因素的缺位或不重要。比如，韩国高等教育层次结构的变迁过程中，集中剖析了产业结构调整带来的显著影响，但是政府的宏观调控同样是至关重要不可或缺的，1963 年颁布《产业教育振兴法》，新设了一批实业高等专科学校，致力于短时间内培养满足经济社会发展所需专业人才；1977 年通过修订《韩国教育法》，取消了之前二年制初级学院和五年制实业高等专科学校，并在此基础上设置了二年制专门大学；1979 年颁布《学术振兴法》，直接促进了研究生教育的发展。

三、普及化阶段我国高等教育层次结构优化

(一) 我国高等教育层次结构面临的主要问题

1. 较之传统高等教育强国，我国研究生教育比例偏小，不能有效满足经济社会发展对高层次人才的需求

本文选取的传统高等教育强国，在普及化阶段，高等教育层次结构之间大致呈现"腰鼓形"：中间的本科教育规模最大，2012—2016 年，平均规模超过

---

❶ 孔磊,殷双绪.欧洲和北美学分积累与转换系统的比较研究:以欧洲 ECTS 与加拿大不列颠哥伦比亚省 BCTS 为例[J].远程教育杂志,2012(3):44-51.

半壁江山；底部的专科教育次之，2012—2016 年规模占比为 20% ~ 35%；顶部的研究生教育也具有较大体量，2012—2016 年规模占比为 15% ~ 25%，最大规模占比超过 35%。反观我国各层次高等教育规模，本科和专科占比极大，二者整体占比超过总体规模的 90%，而研究生规模占比较低，不足 10%。根据相关统计数据显示，2012—2017 年，我国专科规模占比为 43.40% ~ 47.65%，平均值约为 44.99%，本科规模占比为 45.12% ~ 49.20%，平均值约为 47.61%，研究生规模占比为 7.23% ~ 7.51%，平均值约为 7.40%。❶ 潘懋元教授在论述我国大众化阶段高等教育结构问题时早已指出，"高等教育三大层次结构比例不太合理，尤其是研究生教育比例仍然偏小"❷，2019 年我国刚迈进普及化阶段，研究生教育比例偏低的问题依然较为明显。目前，我国经济发展放缓，要素的规模驱动力不断减弱，而人力资本积累与技术进步对经济增长的促进作用愈发重要。《全球竞争力报告 2017—2018》显示，"我国经济发展处于效率驱动阶段，效率驱动的关键因素之一就是高等教育；经济发展所处的阶段越高，要素和投资驱动对其发展的贡献越小，效率和创新驱动对其发展的贡献越大，对人才需求的层次越高"❸。在经济结构不断优化升级，经济增长动力从要素驱动、投资驱动向创新驱动转变的关键阶段，以研究生教育为代表的高层次人才培养占比偏低，增长缓慢，且远远低于国外传统高等教育强国研究生规模比例，不能有效满足经济社会发展对高层次人才的需求。

2. 高等教育层次结构之间"泾渭分明"，允许学生自由流转的制度设计尚未建立

我国高等教育学历教育有普通高等教育、国家开放教育、高等教育自学考试、成人高考（函授）、网络远程教育五种。普通高等教育主要由公办本科大

---

❶ 平均值为笔者根据《中国教育统计年鉴》(2012—2017)相关资料自行计算所得，与国外统计口径保持一致，同样以各层次毕业生占比衡量该层次高等教育规模大小。

❷ 潘懋元,肖海涛.中国高等教育大众化结构与体系变革[J].高等教育研究,2008 (5):31.

❸ 刘志林.高等教育层次结构与社会经济发展关系分析[J].高等工程教育研究教育与经济,2019(5):126.

学、独立学院、民办高校和职业技术学院、高等专科学校构成，招收普通高中毕业生；后四种为继续教育系列，主要面向社会在职人员进行再教育。现阶段，我国高等教育在不同层次、类型之间存在的主要问题：一是在继续教育和学历教育之间终身学习的"立交桥"尚未建立，打破不同形式教育之间的"门户之见"、促进优质教育资源共享，建设学习型社会的任务任重道远；二是在普通高等学历教育方面，一方面，受重点建设政策以及"重学轻术"传统等影响，使独立学院、民办高校和职业技术学院、高等专科学校与公办本科大学争夺教育资源过程中处于劣势地位，具体表现在民办高等教育机构数量多但规模小，且地位低，专科院校特色不明，高职教育层次偏低。另一方面，当前我国各层次高等教育之间的贯通连接机制尚未建立，绝大多数的专科层次毕业生其学历被限制在专科层次，学生向上流动的可能性在制度层面不够通畅。反观以美国为代表的高等教育强国，在制度设计层面搭建了自由流转的"人才立交桥"，允许学生能够在不同类型、不同层次的高等教育机构间自由转学，就读于社区学院的学生，通过努力最终也可以进入研究型大学深造。

（二）普及化阶段我国高等教育层次结构优化的建议

我国高等教育已经迈进普及化阶段，在普及化阶段高等教育的地位、性质、功能、理念等方面将会与大众化阶段有诸多不同，一如精英教育阶段下的高考制度、高等教育体制、关于教育公平与效率的理念等，在大众化阶段必然会进行相应变革。习近平总书记在全国教育大会上指出要坚持扎根中国大地办教育，普及化阶段高等教育层次结构调整，一方面要面向世界，不断吸收国外发达国家积累的经验，另一方面要立足于本国国情，以便使得调整举措更加具有现实可行性。

1. 高等教育双重体制的突破：高等教育层次结构调整的时代坐标

完善和发展中国特色社会主义制度，推进国家治理体系和治理能力现代化是全面深化改革的总目标。我国已经建成世界最大的高等教育体系，深化高等教育综合改革成为建立高等教育强国、构建高等教育体系、提升治理能力、实现现代化的主要驱动力。普及化阶段，优化高等教育层次结构，整体提升高等教育治理能力和水平，首要明确高等教育的行政体制和资源配置方式，因为这是我国高等教育发展不同于国外的显著区别，也是高等教育层次结构优化的基础和时代参照系。

新中国成立后，实行计划经济体制，之后随着社会主义市场经济体制的逐步确立，在高等教育领域形成了双重体制，即高等教育管理和资源配置方式上既有行政体制又有市场体制，而且主要是政府主导的一种管理体制和资源配置模式。❶ 对这一双重体制的突破，将会是高等教育层次结构调整的最佳切入点。具体而言，需要对以下两个问题形成清晰的认知：一是政府在这一过程中角色的界定及权力行使的边界问题。在我国，政府无疑是高等教育改革的最主要设计者和推动者，纵观新中国成立后全国最大范围的院系调整、条块结合管理方式的改革、高等教育扩招、地方本科院校向应用型高校转型、"双一流"建设工程，均是在中央政府部门的推动下实施的，这也是符合我国国情的选择，具有现实的优势。因此，普及化阶段高等教育层次结构调整，政府的行政意志仍将发挥着重要影响。唯一需要进一步探讨的是，在这一过程中政府权力行使的边界或者方式问题，在提升高等教育治理能力水平的背景下，实现由管理向治理的角色转变，主要发挥宏观的导向作用，树立服务理念，积极创造和优化利于层次结构调整的环境和条件，而非以简单的行政命令予以操控、大包大揽。二是同时更加注重发挥高校自身办学主体的积极性。当前，事业单位改革稳步推进，新的事业单位管理体制和运行机制即将形成，高校作为事业单位改革的主体对象，在深入推进管办评分离、完善内部治理结构的过程中，要加快推进自身转型，建成独立办学的法人实体。在高等教育层次结构调整过程中，要主动面向市场、面向社会，使层次结构适应市场的需求，满足社会发展的需要，以此推动高等教育层次结构的转型和升级。应该说，研究型大学有其精英的标准，应用型本科和高等职业学校也有其卓越的追求，故不能用统一标

---

❶ 张应强.全面深化改革需要对高等教育改革进行改革[J].中国高教研究,2014(10):18.

准衡量及评价的。❶ 综合而言，普及化阶段高等教育层次结构调整要在双重体制上有所突破，政府要多发挥宏观主导性作用，简政放权；大学自身要提升自主办学水平和能力，在市场竞争机制中优化资源配置，实现层次结构的优胜劣汰。

2. 政府应主动发挥引导作用，进一步转变管理职能，充分发挥政策法规的约束引导作用

我国实行中央集权的高等教育管理体制，由政府统筹规划高等教育事业的发展。伯顿·克拉克的"三角协同模型"理论指出，行政力量是影响高等教育发展的重要力量之一，本书选取的传统高等教育强国在向普及化过程中，政府通过各项法律法规直接或间接影响高等教育发展的史实便是最好的例证。有学者进一步指出，"从国际比较来看，高等教育体制存在完全单一制（如奥地利）、分层制（如美国加州高等教育系统）、双轨制（如德国）、平行制（如英国）等模式，系统管理模式的确立无不是由政策决定的，法律赋予了这些系统职能的合法性和权威性，个体院校则在这种特定体制下承担着相应的高等教育职能分工"❷。因此，在我国高等教育普及化阶段过程中，政府应主动发挥引导作用，进一步转变管理职能，由直接具体管理向间接宏观管理转变，而施加具体影响的途径便是充分发挥法律法规的约束和引导作用。高等教育强国的美国也正是通过颁布及修改相关法案、设置拨款机构和协调中心等，为高等教育层次结构的变迁提供动力支撑。❸ 当前，我国高等教育层次结构优化调整过程中，政府通过法律法规积极发挥引导作用，应该着重扭转"高校现状存在秩序混乱和结构趋同"❹ 的问题，突出地表现在办学类型趋同与办学层次盲目攀升，即高

---

❶ 余小波,蒋家琼,李震声.新时代高等教育科学研究的使命担当:著名教育家潘懋元先生访谈录[J].大学教育科学,2020(1):6.

❷ 雷家彬.高校分类管理制度与政策:国外经验与启示[J].中国高教研究,2019(7):47.

❸ 韩梦洁.美国高等教育层次结构变迁及影响因素分析[J].大连理工大学学报(社会科学版),2014(1):115.

❹ 张耀萍,袁建辉.当前我国部分高校定位混乱的文化因素透视[J].大学教育科学,2005(6):73-75.

校在办学类型上倾向多定位于多科性、综合性和研究型，在办学层次上追求本硕博的大而全，不断升格。❶ 借鉴国际经验，普及化阶段我国高等教育层次结构调整应主动发挥政府引导作用，进一步转变管理职能，通过法律法规影响资源配置等途径，扭转和引导解决存在的诸如办学类型和结构趋同等问题。

3. 适应产业结构调整需求，本科教育应成为主体，适当缩减专科教育，大力发展研究生教育

本书选取的传统高等教育强国，本国高等教育层次和规模是适应自身经济社会发展的结果，也是随着经济社会发展而不断变化的，因此不存在绝对的、唯一合理的层次结构。国际比较的意义不在于让我们照搬先进国家的既有范式，其真正价值在于为我们提供了吸取他国教训与成功经验的可能及机会。

今后相当长的一段时间内，我国经济发展实现由制造业大国向制造业强国转变，主动布局战略性新兴产业，培育高新技术产业和现代服务业，实现产业结构换挡升级。高等教育层次结构的调整必须服务于我国经济发展及产业结构调整的实际需求。但是通过中外各层次高等教育规模的对比，现阶段我国专科规模占比偏高，而本科规模占比仍显偏低，研究生规模严重不足。因此，参考相关经验，我国高等教育在普及化阶段：一是进一步发展本科教育，使其成为主体，加快新建本科院校向应用型高校转型。根据相关研究显示，在经济转型和产业结构升级的特殊阶段，相较于从事发明和发现的学术型人才，对为社会直接创造价值的应用型人才的需求更为巨大和旺盛。❷ 同时，国外发达国家在促进、适应经济社会发展过程中，也几乎一致采取大力发展应用型本科教育的举措。❸ 二是适当缩减专科教育规模，将发展重点聚焦于面向市场的高等职业教育。2019 年，我国第一、第二、第三产业增加值占国内生产总值比重分别

❶ 纪宝成.我国高等教育大众化进程中的挑战与对策[J].高等教育研究,2006(7):5.

❷ 文雯,李乐夫,谢维和.中国高等教育大众化初期学科结构变化的主要特点与实证分析[J].中国高教研究,2007(3):55.

❸ 杨宇轩.高等教育层次结构调整与经济增长的关系研究:基于1978—2010年的数据分析[D].成都:西南财经大学博士学位论文,2012:173.

为 7.1%、39.0% 以及 53.9%●，随着我国经济的持续发展及产业结构的优化升级，第三产业的比重将逐渐增加，而在现代服务业体系中，职业型和技能型的人才将占八成，因此需要进一步提升职业教育在社会及人民群众心中的声誉❷，加大培养"面向生产、生活、管理第一线工作的技能人才"。❸ 三是大力发展研究生教育。我国研究生教育无论从数量还是质量方面，都与传统高等教育强国存在较大差距。研究生教育迅速增长也是以美国为代表的高等教育强国在普及化阶段所表现出的明显特点❹，这与普及化阶段，精英由本科上移至研究生的趋势是一致的，同时考虑到我国经济发展的实际，实现我国创新驱动和产业结构升级的战略任务，也向培养高层次创新型人才提出了现实需求。

4. 打通制度壁垒，构建层类融合的多元化高等教育体系

本书选取的传统高等教育强国，尤其是以美国的高等教育体系为代表，层次分明、类别合理是鲜明特征。有学者更是一针见血地指出，美国高等教育引领全球，其高等教育体系所发挥的作用至关紧要，因为"（美国）入学率还远未达到普及标准时就已经形成了普及高等教育的框架。之后，入学大量增长，对已经为增长和变革做好准备的系统几乎没有构成什么压力"。❺ 因此，为更好地为普及化到来做好准备。一方面，应着手构建层类融合的多元化高等教育体系，在各自类型和层次上办出特色，为高等教育层次结构调整提供制度空间，高校类别不同，以类别保障均衡发展，每类高校都具有丰富的层次，以层次引导和促进充分发展。鉴于现阶段一步到位构建层类融合多元化高等教育体

● 国家统计局.中华人民共和国 2019 年国民经济和社会发展统计公报［EB/OL］.（2020-2-28）［2022-11-19］.http://www.stats.gov.cn/tjsj/zxfb/202002/t20200228_1728913.html.

❷ 吴丽卿.关于我国高等教育层次结构调整的思考［J］.大学教育科学,2007(3):35.

❸ 潘懋元,王琪.从高等教育分类看我国特色型大学发展［J］.中国高等教育,2010(5):17.

❹ 何晓芳.大众化进程中的中美高等教育层次结构比较研究［J］.中国高教研究,2012(1):45-50.

❺ 马丁·特罗.从精英到大众再到普及高等教育的反思:二战后现代社会高等教育的形态与阶段［J］.徐舟,连进军,译.谢作栩,校.大学教育科学,2009(3):21-29.

系在实践层面的操作困难，有学者指出，在普及化初期可以构建以普通高等教育"和"职业高等教育"分类并以学位授予权分层的"层类交错"过渡性体系❶，最终由"交错"走向"交融"。另一方面，在国外，以社区学院为代表的教育机构，其兼具就业和转学教育双重功能，成为推动高等教育普及化不断发展的主要力量。在高等教育普及化阶段，应注重打通制度壁垒，通过设置学分转换系统等方式，构建不同类型、不同层次教育相互衔接的体制机制；发展高等职业教育，并适时适度地提高职业教育的结构层次，构建普通高等教育与职业教育之间更加顺畅的横向联通机制，允许学生能够在不同层次高等教育机构间自由转学，建立人才培养的"立交桥"，提供更多个性化、可选择的教育形式。

第四节　本章小结

本章节主要对如何加快我国高等教育集聚提出相关政策建议。根据本书构建的高等教育集聚影响机制，首先，从坚持"两点论"和"重点论"的统一的视角提出促进我国高等教育集聚的思路，从"两点论"出发，提升高等教育集聚，一是要按照经济发展新常态含义和要求，不断优化空间经济格局，大力发展中西部落后地区经济发展水平，为优化高等教育区域布局提供基础；二是要强化特色、提升本地高中生入学比例，促进高等教育资源区域均衡发展；三是要积极推动高等教育管理体制创新，厘清政府、社会和高校关系，积极推动高等教育管理体制创新，进一步加强地市级政府的统筹权，同时深化政校关系改革，激发高等教育集聚活力。从"重点论"出发，一方面，针对当前高等教育集聚现状，基于七大区域之间经济社会发展的实际情况，抓住主要矛盾，解决主要矛盾，有针对性地优化高等教育集聚；另一方面，在高等教育层

---

❶ 陈先哲,卢晓中.层类交错:迈向普及化时代的中国高等教育体系构建[J].教育研究,2018(7):61-66.

次结构集聚方面提出了具体的优化原则。其次，本书提出，高等教育集聚无疑会带来巨大的溢出效应，但是同时需要关注高等教育集聚回波效应对周围其他地区所带来的不利影响，并且以"双一流"高校"集体东扩"为例，对可能引致的问题展开了分析；为了消弭高等教育集聚回波效应可能引发的问题，进而讨论了高等教育集聚的"扩散效应"，并且以北京教育资源疏解为例进行了分析。最后，鉴于我国于2019年高等教育已经正式迈入普及化阶段，通过对发达国家高等教育普及化阶段的经验分析，对普及化阶段我国高等教育层次结构存在的问题及如何优化提出了建议。

第九章　结论与研究展望

　　时代需求决定着研究的内容与主题，对时代命题引起的理论热点予以积极回应，是致力于学术研究的学者应有的责任。本书缘起于中国特色社会主义新时代对高等教育发展提出的新需求和新任务，扎根于京津协同发展冀、长三角一体化、粤港澳大湾区建设等一系列国家重要战略决策需求，立足于高等教育领域自身问题及发展规律，聚焦于高等教育集聚问题研究。本书主要得出以下几点结论。

　　第一，高等教育集聚、高等教育一体化等概念既相互区别又紧密联系。本书认为高等教育集聚是指在高等教育发展过程中，在一套共同价值观念的指引下，处在一个特定区域范围内，在区位优势、规模经济、先发优势等要素驱动下，不同办学层次和类型的高校、科研院所等高等教育机构，出于减少投入成本、获取竞争优势、共享知识信息溢出效应，而发生的空间集聚状态及过程，以实现社会资源的整合和均衡发展，"大学城"是其外在表现形式。它既包括静态的过程，即高等教育机构、要素、信息、资源等在空间上集中的状态，也包括动态的过程，即高等教育机构、要素、信息、资源等在空间上集中的过程。高等教育集聚与高等教育一体化既有区别又有联系，具体表现在以下几方面：首先，在空间范围内，高等教育一体化的空间范围更广；其次，高等教育集聚效应的发挥是一体化的结果之一，高等教育集聚是高等教育一体化的动态效应之一；最后，无论是高等教育集聚还是高等教育一体化，在时空状态中都是一个动态和静态相结合的过程，是各种类型、层次高等教育机构、资源等在空间集中的状态和过程，是一个人为消除高等教育制度、信息等壁垒的过程，实现区域内教育发展的合作和统一。

第二，我国高等教育集聚程度在七大区域存在差异，但是区域间地区差异来看，集聚程度差异总体呈现逐渐缩小态势。一是从高等教育集聚度来看，我国高等教育基本形成了华东和华北两大集聚高地，在这两大集聚高地的内部又形成了以上海、江苏和北京为核心的集聚中心；华中地区高等教育集聚能力在不断强化，极有可能成为继华东和华北地区之后我国另一个高等教育集聚高地；东北地区高等教育集聚能力在逐渐弱化，尤其高等教育资源的集聚能力弱化幅度较大；西南和西北地区高等教育集聚能力较弱，但两者均处于不断提升的态势。二是从高等教育集聚度的地区差异来看，整体而言地区间差异逐渐缩小，华东地区内部存在明显的以"苏—沪"为核心的高等教育集聚圈，但这种极化效应随着高等教育发展有逐渐弱化之势；华北地区内部也存在以"北京"为中心的高等教育集聚圈。华南地区高等教育集聚能力一般，尚未构成我国高等教育集聚高地，其内部高等教育资源也不断向广东地区集聚；西南地区高等教育集聚的变化也呈现此趋势；东北地区进入21世纪其集聚能力逐渐弱化；华中地区作为潜在的高等教育集聚高地，内部各省份呈现齐头并进的发展态势。

第三，从国内外高等教育集聚情况分析发现，高等教育集聚聚集是更为多样和复杂的因素长期互动和共同作用的结果。有的聚集主要受到学术发展要素的驱动，有的主要受到外部市场和政治需求的驱动，比如美国硅谷地区高等教育集聚。但是需要指出的是，大学处于不同的发展阶段，集聚程度受外部需求的影响是不同的。在早期高等教育发展阶段，外部需求对聚集的影响也是存在的，但并不突出。这与当时高等教育机构肩负的职能、人们对高等教育的认知，以及高等教育与外部互动情况等因素有关。这种作用机制，也决定了早期的高等教育聚集在时间维度上是持续较长的，过程相对缓慢，高等教育机构之间，高等教育机构与外部机构、所在地区的互动是长期且持续的。随着现代大学发展模式的确立，尤其是以美国为代表的高等教育发展模式的兴起，高等教育的发展和高等教育的聚集，受外部因素影响的程度越来越深，市场、政府和社会需求等甚至成为决定性因素，相应地高等教育聚集在时间维度上也大大缩减，在市场和政府强力主导下，一个区域内可能在几十年内就聚集了众多高等教育机构。

第四，在质性研究和定量研究的基础上，本书提出了由资源禀赋、市场、政府及高等教育发展历史四个要素构成的高等教育集聚影响机制。其理论基础源于伯顿·克拉克围绕学术权威、政府权力及市场三要素关系构建的"三角协调模式"。具体而言，首先，市场因素为高等教育集聚提供直接动力，市场因素对高等教育集聚的影响，主要是经济因素发挥影响的过程，经济基础决定最初高等教育的产生及规模发展；经济基础决定高等教育的性质；经济基础决定各层次高等教育规模的调整及变化。其次，资源禀赋在高等教育集聚过程中起着基础性的作用，交通条件等得天独厚的禀赋直接影响一个区域高等教育的发展，人口资源直接为高等教育集聚的形成提供了人力资源基础。同时，文化资源无形中制约和影响着高等教育集聚，因为在现代社会，雇主更加倾向于雇用接受过高等教育的人员。接受高等教育与否，接受高等教育的层次，以及在什么水平的高校接受的高等教育，已经成为传递给就业市场以供甄别和筛选的"价值信号"，也是迅速获得被他人重视和提升赏识度的来源。在普遍意义上，一流的学校对学生规模有着强大的吸引力。再次，政府在高等教育集聚过程中发挥着导向作用，我国政府的行政意志，无论是对高等教育整体的发展，还是对某一层次高等教育的发展，以及对某些特定专业的发展建设都具有最直接、最重大的影响。最后，高等教育发展历史在底层逻辑层面影响着高等教育集聚，高等教育的发展历史像一只无形的手，在底层逻辑层面规范和约束着区域高等教育的集聚。从纵向以历史的眼光来审视高等教育集聚，可以发现因为由于偶然性历史事件在路径依赖机制下形成的累积效应，具有强大的"锁定"优势。与此同时，需要指出的是，资源禀赋、市场、政府和历史要素之间并不是孤立存在的，各个要素之间彼此也相互关联互为因果。

第五，关于高等教育集聚，需要一分为二辩证地去认识，它在本质上是一个重复着集聚中的扩散和扩散中的集聚过程，需要提前谋略高等教育集聚的"回波效应"和"扩散效应"。一方面，高等教育集聚可以带来巨大的集聚溢出效应，服务区域经济社会发展的同时不断促进高等教育自身的发展；另一方面，需要指出的是，集聚度的提升并不是无限制的增长过程，因为它在带来集聚溢出效应的同时也必然会附带产生各种成本。而且一旦发生高等教育在某一区域的过度集聚，也会带来各种问题，比如人口激增、交通拥堵、环境污染等问题。因此，当区域内高等教育集聚到一个特定的程度，便会产生高等教育的扩散现象，扩散开来的高校会在政府、经济、资源禀赋等条件及历史先发优势较好的地区最先实现集聚发展，之后随着集聚溢出效应与成本的变化再次出现扩散，重复着集聚中的扩散和扩散中的集聚过程。当前以"双一流"高校"集体东扩"及北京教育资源疏解等是这一情况的现实写照。

第六，多措并举加快高等教育集聚发展。根据本书构建的高等教育集聚影响机制，促进我国高等教育集聚要坚持两点论和重点论的统一。从"两点论"出发，提升高等教育集聚，一是要按照经济发展新常态含义和要求，不断优化空间经济格局，大力发展中西部落后地区经济发展水平，为优化高等教育区域布局提供基础；二是要强化特色、提升本地高中生入学比例，促进高等教育资源区域均衡发展；三是要积极推动高等教育管理体制创新，厘清政府、社会和高校关系，积极推动高等教育管理体制创新，进一步加强地市级政府的统筹权，同时深化政校关系改革，激发高等教育集聚活力。从"重点论"出发，一方面，针对当前高等教育集聚现状，基于区域经济社会发展的实际情况，抓住主要矛盾，解决主要矛盾，有针对性地优化高等教育集聚。鉴于高等教育集聚其实是一个重复着集聚中的扩散和扩散中的集聚过程，加快高等教育集聚要在推动区域高等教育协同发展进行设计。

第七，本书在如下三个方面尚待进一步予以补充和完善。一是实证研究中自变量指标选取方面尚待进一步完善。以构建的模型为基础，本书对交通运输条件、央属高校数量、生源数量、人口规模、市场规模、企业数量、经济发展水平、研发经费投入水平、政府高等教育政策等展开研究，但是指标选取方面仍不是很完整，比如沿海地区和中西部地区如何纳入框架。该如何加入虚拟变量等，需要予以进一步深化。二是构建的高等教育集聚影响机制仍需进一步修正完善。本书虽然基于质性研究和定量研究构建了由市场因素、资源禀赋、政府及高等教育发展历史四个要素构成我国高等教育集聚的影响机制，并且对分析高等教育集聚现象具有一定程度的解释力，而且谋略提出高等教育集聚的第二阶段——高等教育扩散问题也具有一定的现实印证，但是众所周知，一个新理论的提出需要经过中外学者的反复讨论与论证，而且本书构建的影响机制终归只是根据本研究得出的一家之言，肯定还有很多不完善、有待推敲之处。因此，本书构建的高等教育影响机制距离一个相对成熟的、具有现实解释力的理论创新尚有不小差距，仍需要进一步不断地修正与完善。三是如何通过高等教育集聚服务国家战略决策的落地，需要进一步系统地科学分析。随着当前京津协同发展冀、长三角一体化、粤港澳大湾区建设等一系列国家重要战略的实施，如何通过高等教育集聚促进经济转型发展，推动产业结构向高端高智产业结构转化，推动经济动能由资源驱动转向创新驱动转换，打造一批高水平服务业集聚区和创新平台，提升区域城市群建设的国际竞争力等，仍是摆在现实亟待解决的问题。

参考文献

中文文献

[1] 纪宝成.中国高等教育结构的战略性转变[J].中国高教研究,2005(12).

[2] 纪宝成.我国高等教育大众化进程中的挑战与对策[J].高等教育研究,
      2006,27(7).

[3] 许庆,尹荣梁,章辉.规模经济,规模报酬与农业适度规模经营[J].经济研
      究,2011(3).

[4] 陆雄文管理学大辞典[M].上海:上海辞书出版社,2013.

[5] 裴娣娜.教育研究方法导论[M].合肥:安徽教育出版社,2000.

[6] 爱因斯坦文集:第三卷[M].北京:商务印书馆,1976.

[7] 倪卫红,董敏,胡汉辉.对区域性高新技术产业集聚规律的理论分析[J].
      中国软科学,2003(11).

[8] 闻曙明,施琴芬.高等教育集聚起因分析[J].江苏高教.2005(2).

[9] 朱芮瑶.高等教育集聚对区域创新能力影响研究[D].大连:东北财经大学
      硕士论文,2016.

[10] 王丹荑.高等教育集聚、区域创新绩效对产业结构升级的影响分析[D].
       南昌:南昌大学,2018.

[11] 邱均平,温芳芳.我国高等教育资源区域分布问题研究:基于中国大学及
       学科专业评价结果的实证分析[J].中国高教研究.2010(7).

[12] 陈书玉.高等教育集聚程度对高等院校创新能力的影响:基于大学层面的实证分析[D].哈尔滨:哈尔滨工业大学,2019.

[13] 陈建军,陈国亮等.新经济地理学视角下的生产性服务业集聚及其影响因素研究:来自中国222个城市的经验证据田.管理世界,2009(4).

[14] 万秀兰.非洲教育区域化发展战略及其对中非教育合作的政策意义[J].比较教育研究,2013(6).

[15] 肖玮萍.系统论视野下我国高等教育层次结构优化探析[J].现代教育科学:高教研究,2011(2).

[16] 金荷香.我国高等教育层次结构的现状及其改革[J].中国农业教育,2006(2).

[17] 乔慧茹,孙绍荣.我国高等教育层次结构的优化研究[J].长春理工大学学报:社会科学版,2011,24(1).

[18] 孙晋晋,王喜峰.优化我国高等教育层次结构的原则[J].吉林省教育学院学报:上旬,2010(9).

[19] 戚万学.高等教育学[M].济南:山东大学出版社,2008.

[20] 杰弗里·亚历山大.社会学二十讲一一二战以来的理论发展[M].贾春增,董天民,等译.北京:华夏出版社,2003.

[21] 周晓虹.芝加哥社会学派的贡献与局限[J].社会科学研究,2004,6.

[22] 乔纳森·特纳.社会学理论的结构(第六版)[M].邱泽奇,张茂元,等译.北京:华夏出版社,2001.

[23] 贾春增.外国社会学史[M].北京:中国人民大学出版社,2000.

[24] 乔纳森·特纳.社会学理论的结构[M].七版.邱泽奇,张茂元,等译.北京:华夏出版社,2006.

[25] 乌塔·格哈特.帕森斯学术思想评传[M].李康,译.北京:北京大学出版社,2009.

[26] 高宣扬.当代社会理论[M].北京:中国人民大学出版社,2005.

[27] 塔尔科特·帕森斯.社会行动的结构[M].张明德,夏遇楠,彭刚,译.南京:译林出版社,2008.

[28] 高宣扬.当代社会理论[M].北京:中国人民大学出版社,2005.

[29] 克里斯·希林,非利普·梅勒.社会学何为[M].李康,译.北京:北京大学出版社,2009.

[30] 贾春增.外国社会学史[M].北京:中国人民大学出版社,2002.

[31] 杜能.孤立国同农业和国民经济的关系[M].吴衡康,译.北京:商务印书馆,1986.

[32] 保建.企业区位理论的古典基础:韦伯工业区位理论体系述评[J].人文杂志,2002(4).

[33] 张清正.中国金融业集聚及影响因素研究[D].长春:吉林大学,2013.

[34] 江激宇.产业集聚与区域经济增长[D].南京:南京农业大学,2005.

[35] 卢焱群.高新技术产业增长极机理研究[D].武汉:武汉理工大学,2005.转引自马歇尔.经济学原理[M].北京:商务印书馆,1981.

[36] 孙洁.文化创意产业集聚动力机制研究[D].上海:上海社会科学院,2012.

[37] 保罗·克鲁格曼.收益递增与经济地理[J].吴启霞,安虎森,译.延边大学学报(社会科学版),2006(1).

[38] 刘林.高等教育与人才集聚两种投入对区域经济增长的共轭驱动研究—以江苏、浙江两省为例[D].北京:中国矿业大学,2014.

[39] 胡蓓,翁清雄.产业集群特征对集群内人才根植意愿的影响—基于我国四个产业集群的一项实证研究[J].工业工程与管理,2008,13(5).

[40] 池仁勇.区域中小企业创新网络形成,结构属性与功能提升:浙江省实证考察[J].管理世界,2005(10).

[41] 闻曙明,施琴芬.高等教育集聚起因分析[J].江苏高教,2005(2).

[42] 刘锐,孙武.教育联盟:21世纪中国高等教育发展战略[J].理论界,2005(9).

[43] 王庆.大学集群要素结构和三维特征分析[J].当代教育论坛:宏观教育研究,2006(11).

[44] 沙迪.关于大学集群的思考[J].高校教育管理,2007,1(4).

[45] 潘海生,周志刚.高校集群:高等教育集聚的本质与研究视角[J].未来与发展,2009(11).

[46] 刘惠林.简论21世纪我国高等教育资源的空间配置[J].黑龙江高教研究,2001(3).

[47] 曲绍卫,杨玉春,川汉族.经济视野中的高等教育[M].青岛:中国海洋大学出版社,2006.

[48] 易明,郑珊珊,陈伟.我国民办高校地方集聚的经济学分析[J].大众商务:教育版(民办教育研究),2005(5).

[49] 闻曙明,施琴芬,王剑敏.高等教育集聚与高校隐性知识管理互动分析[J].江苏高教,2006(1).

[50] 吴轩,蔡靖方.武汉高等教育产业的集聚效应分析[J].沙洋师范高等专科学校学报,2008(3).

[51] 潘海生,周志刚.高校集群:高等教育集聚的本质与研究视角[J].未来与发展,2009(11).

[52] 姚芳.高等教育集聚地区发展模式研究[D].上海:复旦大学,2008.

[53] 王廷.三区联动:高等教育集聚区的创新发展之路[J].高等工程教育研究,2014(3).

[54] 刘姿含.高等教育集聚区对地区经济增长的带动效应[J].城市,2010(5).

[55] 杨海波.高校社会资本集聚及实现路径探析[J].内蒙古师范大学学报:教育科学版,2011,24(7).

[56] 喻征.集聚优势理论视角下的高校数字化学习空间研究[D].锦州:渤海大学,2013.

[57] 马卫华,刘奥林.我国高校产学研合作的区域分布和地理集聚[J].高教探索,2014(2).

[58] 李勇刚.高等教育集聚、溢出效应与区域经济增长:基于市级面板数据的空间计量分析[J].兰州财经大学学报,2015(6).

[59] 王传荣,梁雪,商海岩.中国高等教育空间集聚的影响因素研究:基于省际面板数据的分析[J].北京工业大学学报:社会科学版,2014,14(4).

[60] 阎光才.城市社会中的高校群落现象透视:兼析美国城市高校分布格局的人文生态[J].教育研究,2003,24(5).

[61] 王庆.大学集群要素结构和三维特征分析[J].当代教育论坛:宏观教育研究,2006(11).

[62] 沙迪.关于大学集群的思考[J].高校教育管理,2007,1(4).

[63] 刘祖良,高桐杰.我国大学群集聚—溢出发展研究:模式·状况·对策[J].现代教育管理,2011(8).

[64] 吴岩,刘永武,李政,等.建构中国高等教育区域发展新理论[J].中国高教研究,2010(2).

[65] 潘海生,周志刚,苑林峰.大学集群本质探悉与动力机制分析[J].西南交通大学学报:社会科学版,2011,12(3).

[66] 潘海生,周志刚.大学集群竞争优势及其形成机制研究[J].科技进步与对策,2011,28(7).

[67] 冒荣,宗晓华.合作博弈与区域集群:后大众化时代我国高等教育发展机制初析[J].高等教育研究,2010(4).

[68] 刘祖良,高桐杰.我国大学群集聚—溢出发展研究:模式·状况·对策[J].现代教育管理,2011(8).

[69] 李翠琴,贵志祥,周强,等.高校地缘集群及其生成机制[J].现代大学教育,2012(3).

[70] 卓泽林,杨体荣.粤港澳大湾区高校集群建设的发展导向及其路径[J].教育发展研究,2019(11).

[71] 陈先哲.粤港澳大湾区高等教育集群的竞合发展逻辑[J].华南师范大学学报(社会科学版),2021(5).

[72] 卢晓中,陈先哲.粤港澳大湾区高等教育集群发展:理论审思与实践策略[J].大学教育科学,2021(4).

[73] 卢晓中,武一婷.粤港澳大湾区高等教育集群发展的战略选择与基本路向[J].兰州大学学报(社会科学版),2021(5).

[74] 吴思,卢晓中.国际一流湾区高等教育集群发展的结构优化及对粤港澳大湾区的启示[J].北京教育(高教),2022(11).

[75] 李晶,刘晖.粤港澳大湾区高等教育整合的逻辑与进路[J].高等教育研究,2018(10).

[76] 许长青,卢晓中.粤港澳大湾区高等教育融合发展:理念、现实与制度同构[J].高等教育研究,2019(1).

[77] 李立国,曾旭萍.博士研究生教育的集聚效应研究[J].复旦教育论坛,2011(2).

[78] 梁妮,苗招弟,赵宏斌.中美研究型大学区域分布比较研究[J].江苏高教,2007(2).

[79] 梅海玲.中美高等教育区域布局比较研究[J].理工高教研究,2009,28(6).

[80] 梁妮.我国高校规模的区域分布研究[D].上海:上海交通大学,2008.

[81] 爱弥尔·涂尔干.教育思想史的演进[M].李康,译.上海:上海人民出版社,2003.

[82] 陈启能.书写历史[M].上海:上海三联书店,2004.

[83] 宋媛媛.美国金融混业经营制度变迁研究[D].开封:河南大学,2010.

[84] 约翰·S·布鲁贝克.高等教育哲学[M].王承绪,等译.杭州:浙江教育出版社,2001.

[85] 克拉克·克尔.高等教育不能回避的历史:21世纪的问题[M].王承绪,译.杭州:浙江教育出版社,2001.

[86] 何东昌.中华人民共和国重要教育文献(1949—1975)[M].海口:海南出版社,1998.

[87] 郝维谦.高等教育史[M].海口:海南出版社,2000.

[88] 关于高等学校1958年召开新生的规定[M]//杨学为.高考文献(上)(1949—1976).北京:高等教育出版社,2003.

[89] 郝维谦.高等教育史[M].海口:海南出版社,2000.

[90] 教育部人事司.高等教育学[M].北京:高等教育出版社,1999.

[91] 金忠明,李若驰,王冠.中国民办教育史[M].北京:中国社会科学出版社,2003.

[92] 周川.新一轮院系调整的特征与问题[J].高等教育研究,1998(2).

[93] 叶雨婷.打造"金专""金课",锻造中国"金师"[N].中国青年报,2022-8-8(5).

[94] 吴岩.以高等教育高质量发展全面服务支撑中国式现代化[N].中国教育报,2022-11-15(1).

[95] 瞿振元主编.当代中国高等教育:以变化适应未来人才需求[M].北京:中国人民大学出版社,2021.

[96] 刘宁宁,唐玉光.我国研究生教育规模的区域差异研究[J].研究生教育研究,2017(4).

[97] 张燕燕,王孙禺,王敏.我国高等教育资源区域分布历史演变驱动因素和作用机制[J].清华大学教育研究,2013(2).

[98] 张秀萍.中国省域高等教育竞争力研究[D].大连:大连理工大学,2013.

[99] 侯德础.抗日战争时期中国高校内迁史略[M].成都:四川教育出版社,2001.

[100] 卢建飞.我国高等教育区域发展不平衡性问题分析[J].理工高教研究,2005(4).

[101] 张燕燕,王孙禺,王敏.我国高等教育资源区域分布历史演变驱动因素和作用机制[J].清华大学教育研究,2013(2).

[102] 伍红军,罗英姿.中国高校的纵向分布结构:政治中心群聚现象[J].现代教育管理,2012(5).

[103] 张燕燕,王孙禺,王敏.我国高等教育资源区域分布历史演变驱动因素和作用机制[J].清华大学教育研究,2013(2).

[104] 贾云鹏.我国高等教育资源地域分布的现状、特点及成因[J].江苏高教,2009(2).

[105] 张秀萍.中国省域高等教育竞争力研究[D].大连:大连理工大学,2013.

[106] 陈上仁.我国区域高等教育发展失衡及其解决对策研究[J].中国高教研究,2005(3).

[107] 沈鸿敏,刘求实.我国高校地区分布非均衡问题及其影响分析[J].教育发展研究,2008(1).

[108] 温习勇.影响我国教育均衡发展的原因与矫治对策[J].陕西理工学院学报,2005(1).

[109] 张臻汉.高等教育与城市化的关系研究[J].兰州大学学报(社会科学版),2013(6).

[110] 翁京华,韩玉启.城市化与高等教育的相关性分析[J].城市发展研究,2012(5).

[111] 孙维胜,滕越.城市化进程与教育结构调整[J].当代教育科学,2003(1).

[112] 邬大光,刘铁.珠江三角洲城市化进程与高等教育的互动[M]//陈甬军,陈爱民.中国城市化:实证分析与对策研究.厦门:厦门大学出版社,2002.

[113] 黄栋.中国高等院校区位问题研究[D].上海:上海师范大学,2005.

[114] 游小珺等.中国高等教育经费投入空间格局及形成机理研究[J].地理科学,2016(2).

[115] 安虎森.空间经济学教程[M].北京:经济科学出版社,2006.

[116] 朱雪文.中国高等教育区域分布研究[D].上海:华东师范大学,2002.

[117] 姜巍,等.中国高等教育规模空间格局演变及影响因素[J].现代大学教育,2013(1).

[118] 郭湖斌,邓智团.新常态下长三角区域经济一体化高质量发展研究[J].经济与管理 2019,33(4).

[119] 刘美琳.总部经济发展能级和集聚辐射能力明显提升,企业(机构)总部数量累计增长20%[N].21世纪经济报道,2020-7-3(5).

[120] 张耀军,岑俏.中国人口空间流动格局与省际流动影响因素研究[J].人口研究,2014,38(5).

[121] 国家卫生健康委员会.中国流动人口发展报告2018[M].北京:中国人口出版社,2018.

[122] 郭湖斌,邓智团.新常态下长三角区域经济一体化高质量发展研究[J].经济与管理2019,33(4).

[123] 耿彦斌,孙鹏,陈璟,肖春阳.把准交通运输六大定位,加速长三角区域一体化[N].中国交通报,2020-5-8(3).

[124] 方大春,杨义武.高铁时代长三角城市群交通网络空间结构分形特征研究[J].地域研究与开发,2013(2).

[125] 吕永刚,吴勇民.高铁效应与长三角经济地理格局重塑:基于新产业革命的视角[J].现代经济探讨,2019(9).

[126] 杜宇玮.高质量发展目标下长三角开放型经济发展的战略选择[J].江南论坛,2018(7).

[127] 李婷,王斯敏,蒋新军,张梦泽.长三角释放更高层次对外开放推动力[N].光明日报,2019-12-24(7)

[128] "'长三角地区应用型本科高校联盟'在安徽成立"[J].教育与职业,2014(34).

[129] 吴颖,崔玉平.长三角区域高等教育一体化的演进历程与动力机制[J].高等教育研究,2020(1).

[130] 陈慧星.长三角一体化发展背景下区域高校创新联动策略探究[J].教育探索,2019(4).

[131] 侯蔚.长三角区域一体化下的高校协同发展战略选择与制度创新[J].中国高教研究,2014(4).

[132] 文雯,周京博.我国高等教育区域布局结构影响机制研究[J].高等教育研究,2019,40(10).

[133] 莫家豪.打造亚洲教育枢纽:香港的经验[J].北京大学教育评论,2016,14(4).

[134] 孙丽昕.粤港澳大湾区高等教育集群发展基础、差距与赶超策略[J].东莞理工学院学院学报,2020(4).

[135] 周光礼.区域发展的高等教育因素:概念框架与案例分析[J].湖南师范大学教育科学学报,2021(6).

[136] 江萍,任志成.高等教育集群发展研究:基于区域高等教育一体化的视角[J].江苏高教,2022,(9).

[137] 黎友焕.旧金山湾区政产学研协同创新对粤港澳大湾区的启示[J].华南理工大学学报(社会科学版),2020,22(1).

[138] 李化树.建设欧洲高等教育区:聚焦博洛尼亚进程[M].北京:人民出版社,2013.

[139] 许长青,郭孔生.粤港澳大湾区高等教育集群发展:国际经验与政策创新[J].高教探索,2019(9).

[140] 陈先哲.多重逻辑下的旧金山湾区高等教育集群崛起[J].比较教育研究,2020,42(10).

[141] 安纳利,萨克森宁.地区优势:硅谷和128公路地区的文化和竞争[M].曹蓬,等译.上海:上海远东出版社,1999.

[142] 秦冠英,刘芳静.海湾地区跨境高等教育发展状况及对中国教育"走出去"的启示[J].中国高教研究,2019(8).

[143] 李枭鹰.高等教育内外部关系规律的元研究[J].中国高教研究,2016,(11).

[144] 潘懋元.教育外部关系规律辨析[J].厦门大学学报(哲学社会科学版),1990,(2).

[145] 毕宪顺,张峰.改革开放以来中国高等教育的跨越式发展及其战略意义[J].教育研究,2014(11).

[146] 贺灿飞,谢秀珍,潘峰华.中国制造业省区分布及其影响因素[J].地理研究2008,27(3).

［147］ 贺灿飞,潘锋华,孙蕾.中国制造业的地理集聚与形成机制［J］.地理学报,2007(12).

［148］ 路江涌,陶志刚.我国制造业区域集聚程度决定因素的研究［J］.经济学(季刊),2007(3).

［149］ 金煌,陈钊,陆铭.中国的地区工业集聚:经济地理、新经济地理与经济政策［J］.经济研究,2006(4).

［150］ 贺灿飞,朱彦刚,朱晨君.产业特性、区域特征与中国制造业地理集聚［J］.地理学报,2010(10).

［151］ 刘军,段会娟.我国产业集聚新趋势及影响因素研究［J］.经济问题探索,2015(1).

［152］ 金祥荣,朱希伟.专业化产业区的起源与演化:一个历史与理论视角的考察田.经济研究［J］.经济研究,2002(8).

［153］ 王业强,魏后凯.产业特征、空间竞争与制造业地理集中:来自中国的经验证据［J］.管理世界,2007(4).

［154］ 贺灿飞,潘锋华,孙蕾.中国制造业的地理集聚与形成机制［J］.地理学报,2007(12).

［155］ 杨宝良.我国渐进式改革中的产业地理集聚与国际贸易［M］.上海:复旦大学出版社,2005.

［156］ 盛龙,陆根尧.中国生产性服务业集聚及其影响因素研究:基于行业和地区层面的分析［J］.南开经济研究,2013(5).

［157］ 潘懋元,王伟廉.高等教育学［M］.福州:福建教育出版社,2013.

［158］ 韩延明.高等教育学新论［M］.济南:山东人民出版社,2012.

［159］ 胡弼成.高等教育学［M］.长沙:湖南人民出版社,2010.

［160］ 杨德广,谢安邦.高等教育学［M］.北京:高等教育出版社,2009.

［161］ 胡建华,周川,陈列,等.高等教育学新论［M］.南京:江苏教育出版社,1995.

［162］ 田建国.高等教育学［M］.济南:山东教育出版社,1990.

[163] 严成樑,龚六堂.R&D规模,R&D结构与经济增长[J].南开经济研究,2013,2.

[164] 交通运输部党组.奋力从交通大国向交通强国迈进[J].中国公路,2017(21).

[165] 伯顿·克拉克.高等教育系统:学术组织的跨国研究[M].王承绪,等译.杭州:杭州大学出版社,1994.

[166] 彭湃.大学,政府与市场:高等教育三角关系模式探析:一个历史与比较的视角[J].高等教育研究,2006,27(9).

[167] 杨宇轩.高等教育层次结构调整与经济增长的关系研究[D].成都:西南财经大学,2012.

[168] 中国学位与研究生教育发展战略报告编写组.中国学位与研究生教育发展战略报告[J].学位与研究生教育,2002,(6).

[169] 刘泽云.上大学是有价值的投资吗:中国高等教育回报率的长期变动(1988—2007)[J].北京大学教育评论,2015(4).

[170] 陈平原.中国大学十讲[M].上海:复旦大学出版社,2002.

[171] 索罗斯比.文化政策经济学[M].易昕,译.大连:东北财经大学出版社,2013.

[172] 文雯,周京博.我国高等教育区域布局结构影响机制研究[J].清华大学教育研究,2019(10).

[173] 教育部学位与研究生教育发展中心.中国学位与研究生教育发展年度报告2016[R].

[174] 中央教育科学研究所编.中华人民共和国教育大事记1949—1982[M].北京:教育科学出版社,1984.

[175] 国家计委、经委关于科研、勘察设计、文教系统搬迁项目的报告[M]//陈夕.中国共产党与三线建设.北京:中共党史出版社,2014.

[176] 卢彩晨,廖霞.我国"双一流"建设高校扩张模式与区域走向研究:基于区域经济发展的视角[J].中国高教研究,2020(12).

[177]　李若建.高等教育布局与区域发展研究[J].未来与发展,1994(2).

[178]　宋林飞.西方社会学理论[M].南京:南京大学出版社,1997.

[179]　许美德.中国大学 1895—1995:一个文化冲突的世纪[M].许洁英,译.
北京:教育科学出版社,2000.

[180]　张季信.中国教育行政大纲[M]上海:商务印书馆,1934.

[181]　郑利霞.我国高等教育布局结构及其逻辑研究[D].武汉:华中科技大
学,2009.

[182]　争辉.中国优质高等教育资源区域分布非均衡化的历史演变与现实思
考[J].高等教育研究,2012,(5).

[183]　刘娜娜,王效俐,韩海彬.高校科技创新与高技术产业创新耦合协调发
展的时空特征及驱动机制研究[J].科学学与科学技术管理,2015(10).

[184]　叶初生,闻斌.经济新常态呼唤发展经济学的新发展[N].光明日报,
2014-12-17(15).

[185]　贾康.把握经济发展"新常态"打造中国经济升级版[J].国家行政学院
学报,2015(1).

[186]　郭克莎.中国经济发展进入新常态的理论根据—中国特色社会主义政
治经济学的分析视角[J].经济研究.2016,51(9).

[187]　李江源.论教育制度创新[J].河北师范大学学报:教育科学版,2002,4
(3).

[188]　纪宝成.世纪之交中国高等教育管理体制改革的历史回顾[J].中国高
教研究,2013(8).

[189]　楠玉.中国迈向高质量发展的人力资本差距[J].北京工业大学学报(社
会科学版),2020(4).

[190]　安虎森.增长极理论评述[J].南开经济研究.1997(1).

[191]　俞路.20 世纪 90 年代中国迁移人口分布格局及其空间极化效应[D].
上海:华东师范大学,2006.

[192]　韩纪江,郭熙保.扩散:回波效应的研究脉络及其新进展[J].经济学动
态,2014(2).

［193］ 卢彩晨,廖霞.我国"双一流"建设高校扩张模式与区域走向研究——基于区域经济发展的视角[J].中国高教研究,2020(12).

［194］ 方中雄.京津冀教育发展研究报告(2016—2017)[M].北京:社会科学文献出版社,2017.

［195］ 别敦荣,易梦春.普及化趋势与世界高等教育发展格局:基于联合国教科文组织统计研究所相关数据的分析[J].教育研究,2018(4).

［196］ 闫亚林.高等教育层次和科类结构研究[D].上海:华东师范大学,2005.

［197］ 张建新.走向多元:英国高校分类与定位的发展历[J].比较教育研究,2005(3).

［198］ 陈先哲,卢晓中.普及化时代高等教育体系的构建逻辑:从共存秩序到共荣秩序[J].高等教育研究,2019(8).

［199］ 孔磊,殷双绪.欧洲和北美学分积累与转换系统的比较研究:以欧洲ECTS与加拿大不列颠哥伦比亚省BCTS为例[J].远程教育杂志,2012(3).

［200］ 潘懋元,肖海涛.中国高等教育大众化结构与体系变革[J].高等教育研究,2008(5).

［201］ 刘志林.高等教育层次结构与社会经济发展关系分析[J].高等工程教育研究教育与经济,2019(5).

［202］ 张应强.全面深化改革需要对高等教育改革进行改革[J].中国高教研究,2014(10).

［203］ 余小波蒋家琼李震声.新时代高等教育科学研究的使命担当——著名教育家潘懋元先生访谈录[J].大学教育科学,2020(1).

［204］ 雷家彬.高校分类管理制度与政策:国外经验与启示[J].中国高教研究,2019(7).

［205］ 韩梦洁.美国高等教育层次结构变迁及影响因素分析[J].大连理工大学学报(社会科学版),2014(1).

[206] 张耀萍,袁建辉.当前我国部分高校定位混乱的文化因素透视[J].大学教育科学,2005(6).

[207] 文雯,李乐夫,谢维和.中国高等教育大众化初期学科结构变化的主要特点与实证分析[J].中国高教研究,2007(3).

[208] 杨宇轩.高等教育层次结构调整与经济增长的关系研究:基于1978—2010年的数据分析[D].成都:西南财经大学,2012.

[209] 吴丽卿.关于我国高等教育层次结构调整的思考[J].大学教育科学,2007(3).

[210] 潘懋元,王琪.从高等教育分类看我国特色型大学发展[J].中国高等教育,2010(5).

[211] 何晓芳.大众化进程中的中美高等教育层次结构比较研究[J].中国高教研究,2012(1).

[212] 马丁·特罗.从精英到大众再到普及高等教育的反思:二战后现代社会高等教育的形态与阶段[J].徐舟,连进军,译.谢作栩,校.大学教育科学,2009,(3).

[213] 陈先哲,卢晓中.层类交错:迈向普及化时代的中国高等教育体系构建[J].教育研究,2018(7).

英文文献

[1] KALDOR N. The Case for Regional Policies[J]. Journal of Political Economy, 1970,(17).

[2] JEFFREY A. Effects of Human Resource Systems on Manufacturing Performance and Turnover[J]. Academy of Management Journal,1994,37(4).

[3] PARSON T S. The Social System[M]. New York:The Free Press,1951.

[4] MARSHALL A. Principles of economics[M]. London:Macmillan,1920.

[5] WEBER A. Theory of the Location of Industries[M]. Chicago：University of Chicago Press,1962.

[6] KRUGMAN P. History and industry location：The case of the manufacturing belt[J]. TheAmerican Economic Review,1991 b,81(2).

[7] FUJITA M. Economics of agglomeration：Cities,industrial location,and region-algrowth[M]. London：Cambridge university press,2002.

[8] CAPELLO R. Spatial transfer of knowledge in Hi−Tech Milieux：Learning versus collective learning progresses. Regional Studies,1998,33(4).

[9] FUJITA M,SMITH T E. Additive interaction model of spatial agglomeration [J]. Journalof Regional Science,1990,30(1).

[10] JAFFE A B,TRAJTENBERG M,HENDERSON R. Geographic localization of knowledge spillovers as evidenced by patent citations[J]. Quarterly Journal of Economics,1993,108(3).

[11] PORTER M E. Clusters and the new economics of competition[J]. Harvard Business Review,1998,76(6).

[12] KARLSSON C,ANDERSSON M. The location of industry R & D and the location of university R & D – how are they related[R]. Royal Institute of Technology, CESIS – Centre of Excellence for Science and Innovation Studies,2005.

[13] WOODWARD D,FIGUEIREDO O,GUIMARAES P. Beyond the Silicon Valley：University R & D and high−technology location[J]. Journal of Urban Economics,2006,60(1).

[14] WARREN A, HANKE R, TROTZER D. Models for university technology transfer：resolving conflicts between mission and methods and the dependency on geographic location[J]. Cambridge Journal of Regions,Economy and Society,2008,1(2).

[15] AUDRETSCH D B,LEHMANN E E,WARNING S. University spillovers and new firm location[J]. Research policy,2005,34(7).

[16] RAUCH J E. Productivity gains from geographic concentration of human capital:evidence from the cities[J]. Journal of Urban Economics,1993,34.

[17] FUJITA M,THISSE J F. Does geographical agglomeration foster economic growth? And who gains and loses from it? [J]. Japanese Economic Review,2003,54(2).

[18] BATTERBURY S,HILL S. Assessing the impact of higher education on regional development:using a realist approach for policy enhancement[J]. Higher Education Management and Policy,2004,16(3).

[19] VOGER KEEN W H. Public higher education and New York state's economy [J]. Economic Development Quarterly,2010,24(4).

[20] LUECK J A. Culture of Silicon Valley[M]. PoCo Alto:Stanford University press,2002.

[21] KIM S. Expansion of market and the geography distribution of economic activities:the trends in U. S. regional manufacturing structure,1986 – 1987[J]. Quarterly Journal of Economics,1995(110).

[22] KIM S. Regions,resources and economic geography:source of US regional comparative advantage,1880 – 1987[J]. Regional Science and Urban Economics,1999(29).

[23] ELLISON G,GLAESER E L. The geographic concentration of industry:does natural advantage explain agglomeration? [J]. American Economic Review,1999(89).

[24] DAVIES D R,WEINSTEIN D E. Economic geograph and regional production structure:an empirical investigation[J]. European Economic Review,1999(43).

[25] OHLIN B. Interregional and International Trade[M]. Combridge:Harvard University Press,1957.

[26] BRULHART M. Economic geography, industry location and trade: the evidence [J]. World Economy, 1998(13).

[27] HOLMES T J, STEVENS J J. Geographic concentration and establishment scale [J]. Review of Economics and Statistics, 2002(84).

[28] PALUZIE E, PONS J, TIRADO D. Regional integration and specialization patterns in Spain[J]. Regional Studies, 2001(35).

[29] BRAUNERHJELM P, JOHANSSON D. The determinants of spatial concentration: the manufacturing and sectors in an international perspective[J]. Industry and Innovation, 2003(10).

[30] ELLISON G, GLAESER E L. Geographic concentration in U. S manufacturing industries: a dartboard approach [J]. Journal of Political Economy, 1997 (105).

[31] HANSON G H. Scale economies and the geographical concentration of industry[J]. Journal of Economic Geography, 2001(1).

[32] AUDRETSCH D, FELDMAN M. spillovers and the geography of innovation and production[J]. American Economic Review, 1996(86).

[33] BRULHART M. Evolving geography concentration of European manufacturing industries[J]. Weltwirtschaftliches Archiv, 2001(137).

[34] DEVEREUX M P, GRIFFITH R, SIMPSON H. The geographic distribution of production activity in the UK[J]. Regional Science and Urban Economic Review, 2004(43).

[35] BAI C, DU Y, TAO Z. Local protectionism and regional specialization: evidence from China's industries[J]. Journal of International Economics, 2004 (63).

[36] MICHAEL S. Thatcherism and British higher education: university and the enterprise culture[J]. Change21, 1989.

[37] JEFFREY A. Effects of Human Resource Systems on Manufacturing Performance and Turnover[J]. Academy of Management Journal, 1994, 37(4).

[38] UNESCO-CEPES. Universities, colleges, and others: diversity of structures for higher education: discussion of themes [J]. Higher Education in Europe, 1994,19(4).

[39] MCCLANE C L. Announcement of the first junior college in California[J]. Junior College Journal, 1930(11).

[40] NYE J S. Comparative regional integration: Concept and measurement[J]. International Organization, 1968 22(4).

[41] BALASSA B A. The theory of economic integration [M]. New York: Greenwood Press, 1961.

[42] CURSON V. The Essentials of Economic Integration [M]. New York,: St. Martin's Press, 1974.